三七 四七 五七 六七 七七 八七 九七 〇八 一八 二八 三八 四八 五八 六八 七八 八八 九八 〇九 一九 二九 三九 四九 五九 六九 七九 八九

九九 一〇〇 一〇一 一〇二 一〇三 一〇四 一〇五 一〇六 一〇七 一〇八 一〇九 一一〇 一一一 一一二 一一三 一一四 一一五 一一六 一一七 一一八 一一九 一二〇 一二一 一二二 一二三

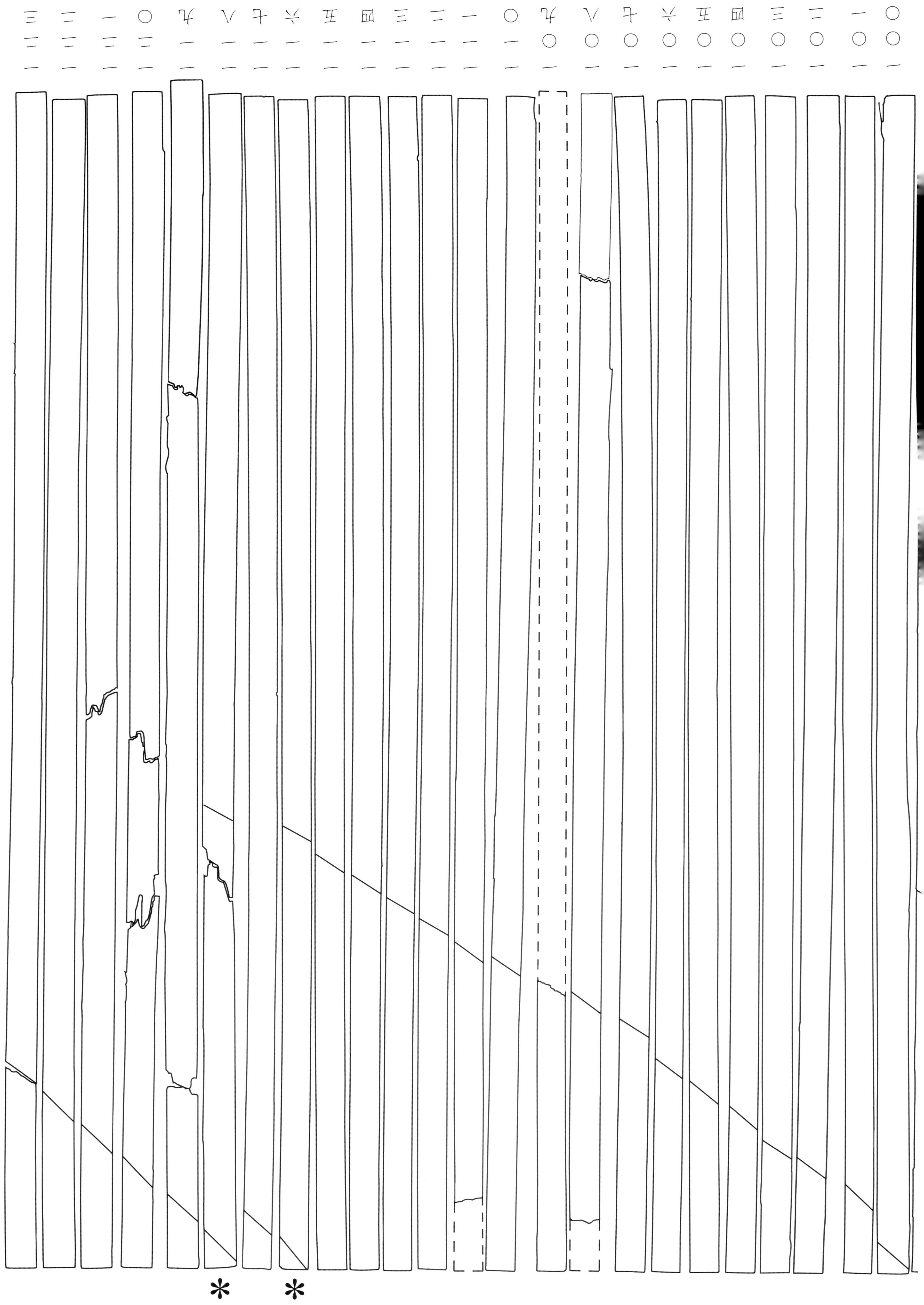
三二一
二二一
一二一
〇二一
九一
八一
七一
六一
五一
四一
三一
二一
一一
〇一
九〇一
八〇一
七〇一
六〇一
五〇一
四〇一
三〇一
二〇一
一〇一
〇〇一
*
*

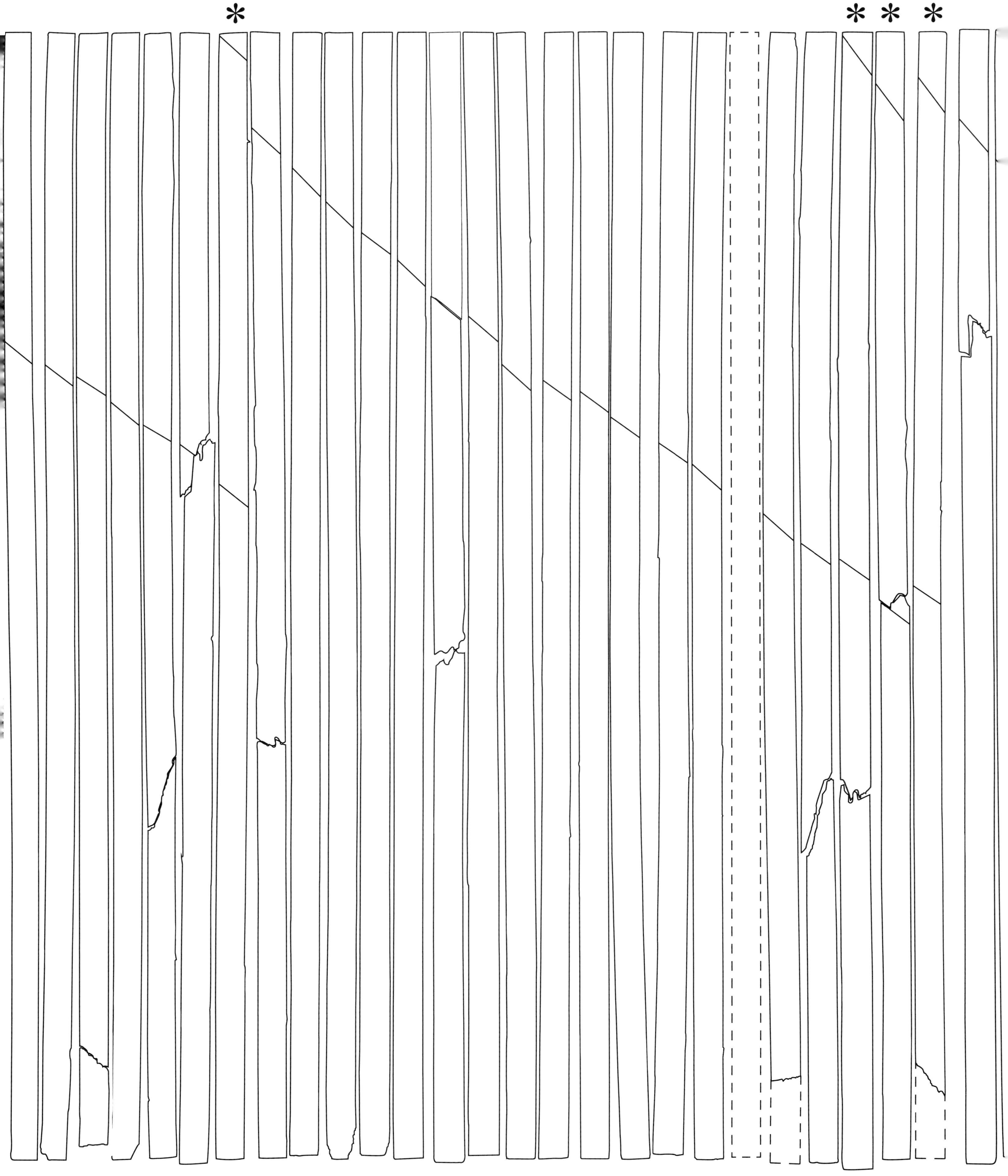

四七　四八　四九　五〇　五一　五二　五三　五四　五五　五六　五七　五八　五九　六〇　六一　六二　六三　六四　六五　六六　六七　六八　六九　七〇　七一　七二

有餘脩之鄉其德乃長脩之國其德乃逢脩之天下其德乃博以身觀身 四六
以家觀家以鄉觀鄉以國觀國以天下觀天下吾何以智天下然哉以此 四七
含德之厚者比於赤子蜂蠆虫蛇弗赫猛獸攫鳥弗搏骨弱筋柔而握固 四八
未智牝牡之合而朘怒精之至也終日號而不嚘和之至也和曰常智和 四九
曰明益生曰祥心使氣曰強物壯則老謂之不=道=蚤已 五〇
智者弗言=者弗智塞其脫閉其門和其光同其塵挫其兌解其紛是謂玄 五一
同故不可得而親亦不可得而疎不可得而利亦不可得而害不可得而 五二
貴亦不可得而賤故為天下貴 五三
以正之國以畸用兵以無事取天下吾何以智其然也夫天多忌諱而民 五四
彌貧民多利器而國家茲昏人多智而奇物茲起法物茲章而盜賊多有 五五
故聖人之言云我無為而民自化我無事而民自富我好靜而民自正我 五六
欲不欲而民自樸 五七
·其正昏=其民萅=其正計=其國夬=福禍之所倚禍福之所伏夫·孰智其極其 五八
無正=復為奇善復為芺人之廢其日固久矣 五九
·方而不割廉而不刖直而不肆光而不燿治人事天莫如嗇夫唯嗇是以 六〇
蚤=服=是謂重=積=德=則無=不=克=則莫=智=其=極=則可以有=國=之母可以長久是 六一
謂深根固柢長生久視之道也 六二
·治大國若亨小鮮以道位天下其鬼不神非其鬼不神其神不傷人非其 六三
神不傷人也聖人亦弗傷夫兩不相傷故德交歸焉 六四
·大國者下流也天下之牝也天下之交也牝恆以靜勝牡以其靜也故為 六五
下故大國以下小國則取小=國=以下大國則取於大國故或下以取或下 六六
為下 六七
道者萬物之橐也善人之葆不善人之所葆也美言可以市尊行可以賀 六八
人=之不善何棄之有故立天子置三公唯有共之璧以先四馬不如坐而 六九
進此古之所以貴此者何也不曰以得有罪以免與故為天下貴 七〇
·為無為事無事味無味小大多少報怨以德圖難乎其易也為大乎其細 七一
也天下之難事作於易天下之大事作於細是以聖人終不為大故能成 七二

老子上經

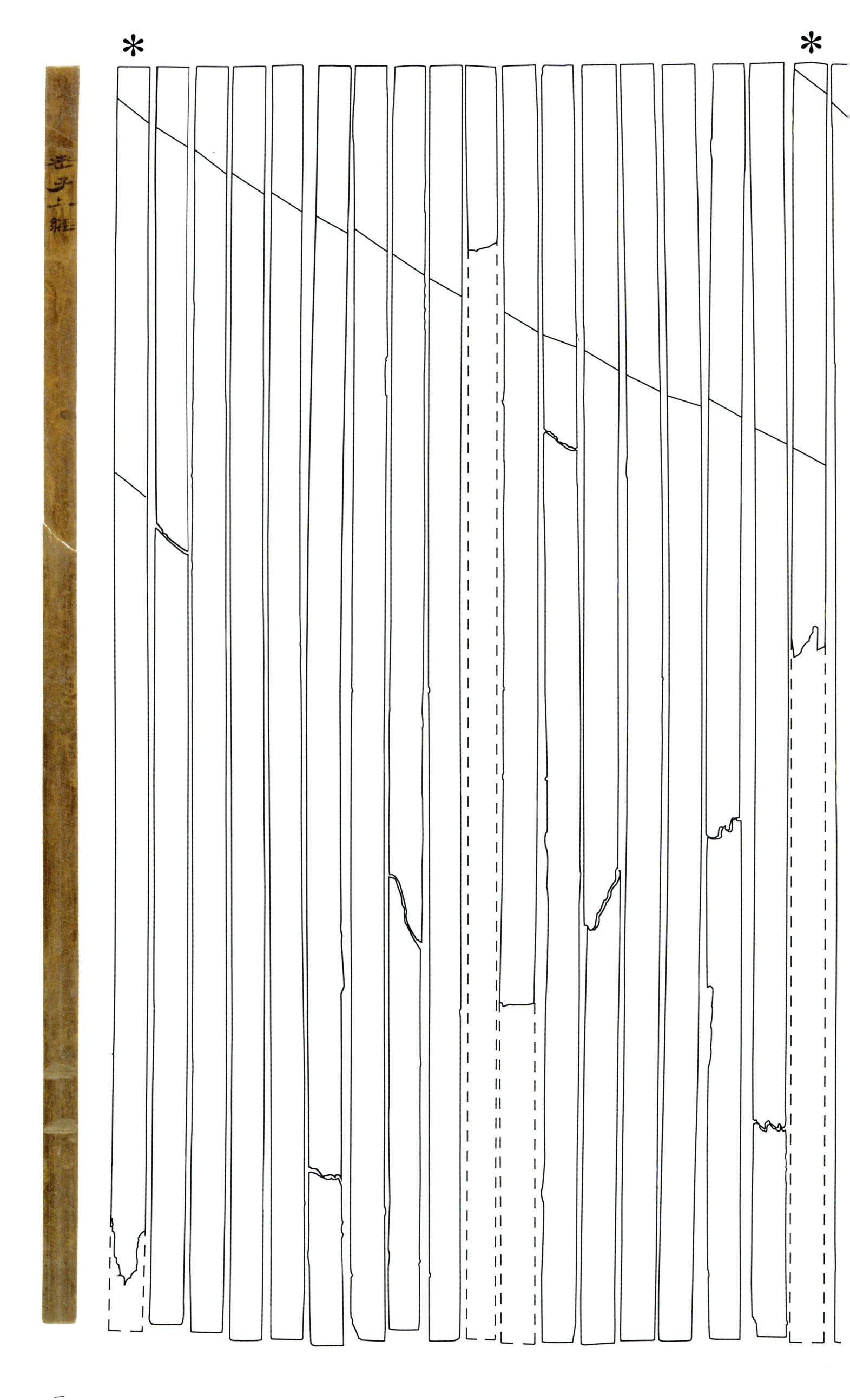

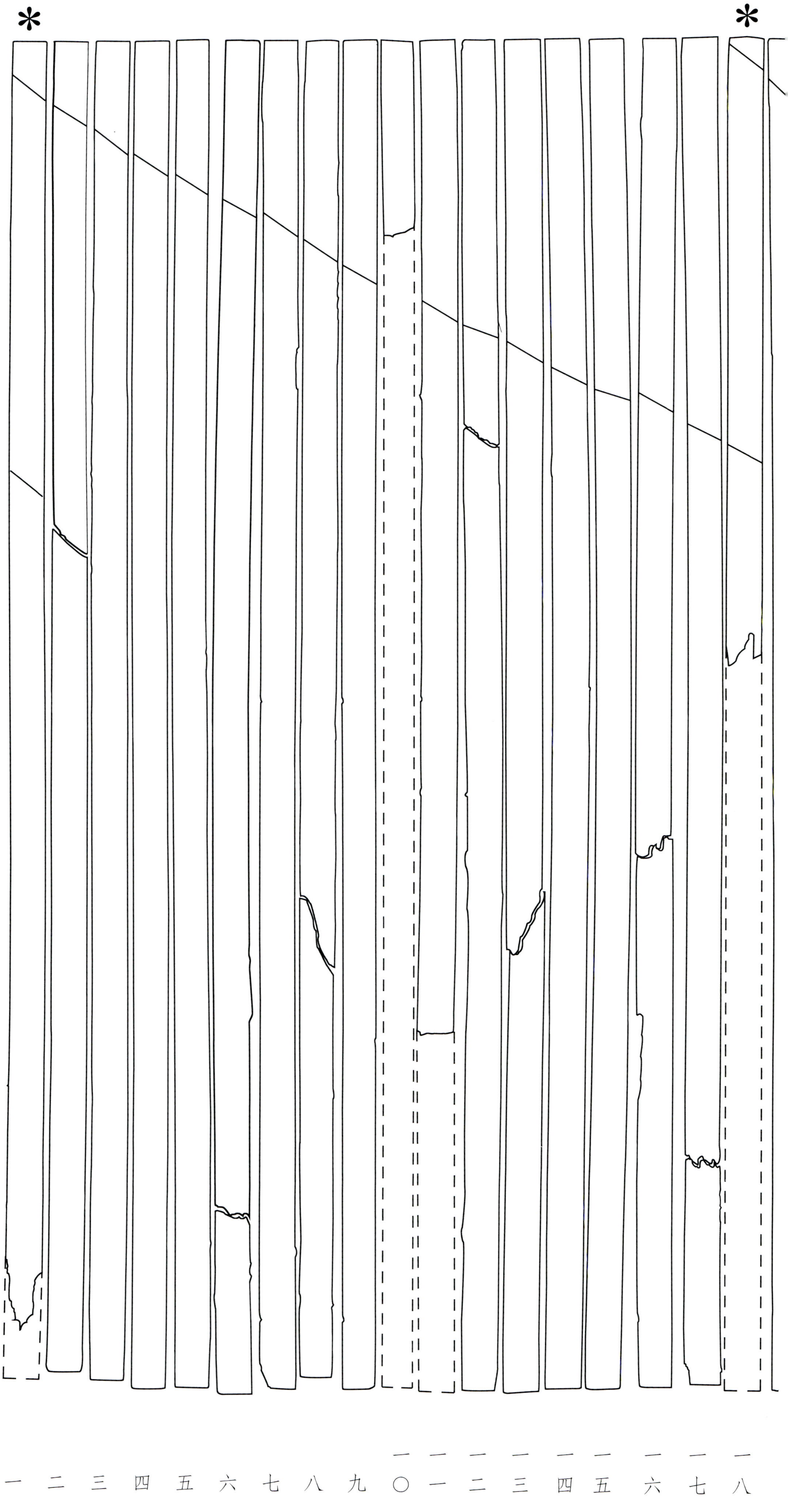
二背
一
二
三
四
五
六
七
八
九
一〇
一一
一二
一三
一四
一五
一六
一七
一八

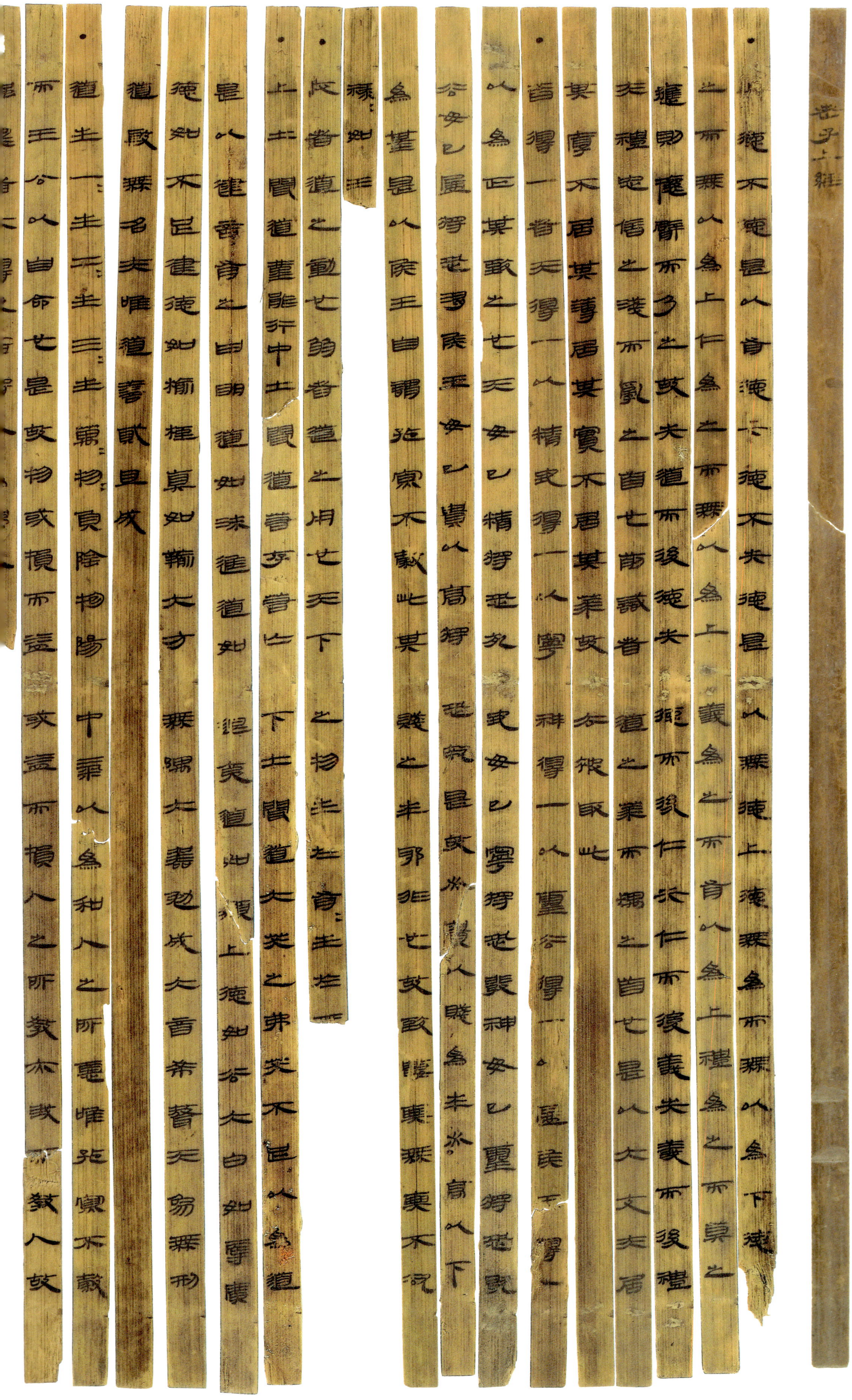

二背　一　二　三　四　五　六　七　八　九　一〇　一一　一二　一三　一四　一五　一六　一七

一九 二〇 二一 二二 二三 二四 二五 二六 二七 二八 二九 三〇 三一 三二 三三 三四 三五 三六 三七 三八 三九 四〇 四一 四二 四三 四四 四五

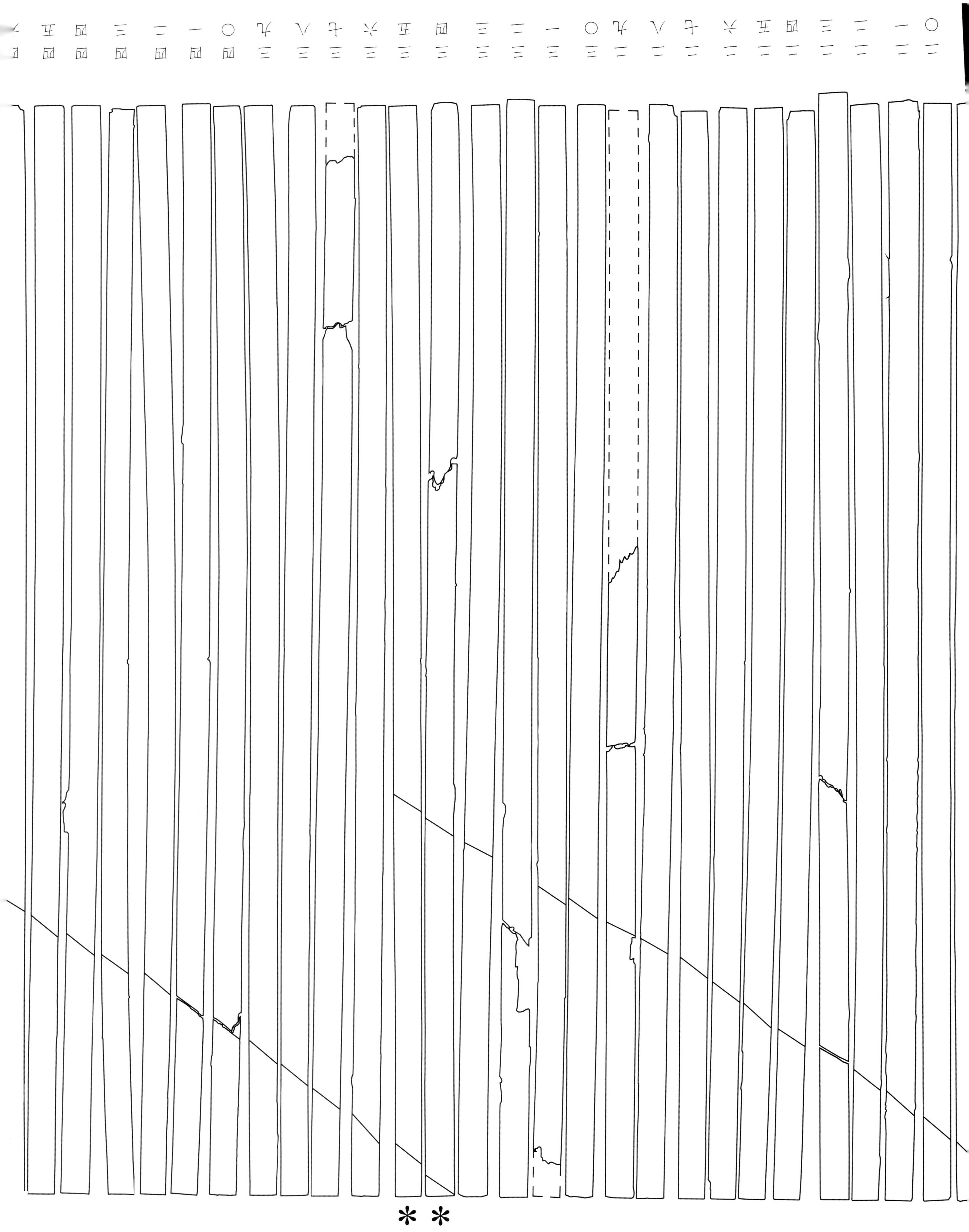

国家出版基金项目
NATIONAL PUBLICATION FOUNDATION

北京大學藏西漢竹書

貳

北京大學出土文獻研究所 編

上海古籍出版社

本書爲教育部哲學社會科學研究重大課題攻關項目「西漢竹書整理與研究」（2009JZD770041）、國家科技支撑計劃「中華文明探源工程及其相關文物保護技術研究」課題「古代簡牘保護與整理研究」（2010BAK67B14）成果。

本書得到國家出版基金資助出版。

本卷編撰人

韓　巍

前言

二〇〇九年初，北京大學接受捐贈，獲得了一批從海外回歸的西漢竹簡。這批竹簡在入藏北京大學前，曾聘請簡牘專家作過鑒定。二〇〇九年一月十一日下午，竹簡運抵北京大學賽克勒考古與藝術博物館。當時，全部竹簡均被乙二醛溶液浸泡，大致按長短分裝於九個大小不等的塑料盒中。竹簡表面多呈黄褐或暗褐色，質地較硬，墨色凝重，字跡非常清晰。簡上用朱砂書寫或繪製的文字、欄格與圖表，顔色尚鮮豔如新。竹簡兩端均修治平齊，簡上多刻有用以固定編繩的契口，很多還殘留有小段編繩或編繩印痕。

一月中旬，我們邀請長沙簡牘博物館經驗豐富的簡牘保護專家主持進行了對竹簡的初步清理。同時由北京大學考古文博學院文物保護教研室針對竹簡現狀制定了保護方案。

爲了做好這批重要竹簡的保護、整理與研究工作，並以此爲契機整合北京大學在出土文獻研究方面的科研力量，我們向學校遞交了成立「北京大學出土文獻研究所」的申請，很快得到批准。「北京大學出土文獻研究所」由北京大學中國古代史研究中心與考古文博學院聯合組建（掛靠中國古代史研究中心），由歷史、考古、中文三個院系的專家學者組成。

同年三月十三日至三十日，北京大學出土文獻研究所組織力量，對這批竹簡進行了清理、測量和拍照。長沙簡牘博物館的專家參加了清理工作，並給予了技術指導。

經整理清點，全部竹簡共編號三千三百四十六個，其中完整簡約一千六百枚，殘斷簡多數也可綴合。竹簡按照長度，可分爲長、中、短三種。長簡長約四十六厘米，相當於漢尺二尺，三道編繩，屬於三種選擇類的數術書；短簡長約二十三厘米，相當於漢尺一尺，兩道編繩，内容均爲醫方。其餘内容的竹簡均爲中等簡，長約二十九·五至三十二·五厘米，相當於漢尺一尺三寸至一尺四寸，三道編繩。

需要特别説明的是，二〇一〇年初，我們在整理北京大學藏秦簡牘時，瞭解到其中部分竹簡背面存在整齊的刻劃痕跡，於是重新檢視西漢竹簡，發現大多數竹簡背面也存在既淺且細的斜直劃痕。相鄰竹簡的劃痕往往可以接續，有助於簡册的編聯復原。因此，二〇一〇年十二月至二〇一一年一月，我們又對全部漢簡簡背的劃痕進行了測量、繪圖。同時，還對部分簡質發黑或字跡模糊的竹簡拍攝了紅外照片。

在掌握了西漢竹簡的全部圖像與數據資料後，我們即着手進行簡文内容的釋讀與分篇工作，初步掌握了這批竹簡的基本情況。

這批漢簡全部屬於古代書籍，未見文書類文獻，因此可稱之爲「西漢竹書」。竹書含有近二十種古代文獻，基本涵蓋了《漢書·藝文志》的古書分類法「六略」中的各大門類，内容相當豐富，也是迄今發現的古書類竹簡中數量最大的一批。其中包括迄今所見存字最多的秦漢字書《蒼頡篇》，篇章結構最爲完整的出土《老子》古本，西漢前期人講述秦末重要史事的古佚書《趙正書》，《漢書·藝文志》「諸子略」曾經著録且久已失傳的道家著作《周馴（訓）》，目前所見我國年代最早的古小説《妄稽》，與枚乘《七發》年代接近、内容相關的「七」體漢賦《反淫》，總數達一千六百餘枚竹簡的種類繁多、内容豐富的數術書，保存一百八十餘個醫方、可與馬王堆帛書《五十二病方》對勘並補充其不足的古醫書。同時，這批竹書的書法極爲精美，包含至少七八種不同的書風，堪稱西漢隸書藝術的瑰寶。

西漢竹書中未見漢武帝以後的年號，僅在一枚數術類竹簡上發現有「孝景元年」紀年。各篇竹書的書法與字體特徵雖不盡相同，抄寫年代當略有早晚，但大體上可以認爲已近於成熟的漢隸，與西漢早期的張家山二四七號墓及馬王堆漢墓出土的簡帛中近於秦隸的書體有明顯的區别，與下葬於武帝早期的銀雀山漢墓出土的竹簡書體相比亦顯稍晚。但即使是其中最接近成熟漢隸的書體，與宣帝時期的定州八角廊漢墓出土的竹簡文字相比，仍略顯古樸。由書體特徵並結合對全部竹書内容的分析，我們推測這批竹書的抄寫年代應主要在漢武帝後期，下限不晚於宣帝。

綜合多種因素分析，北大西漢竹書的原主人應與阜陽雙古堆漢簡、定州八角廊漢簡的墓主人身份接近，有可能屬於漢代的王侯一級。這批竹書的内容，反映出西漢中期社會上層所具備的知識結構和思想意趣。

可以説，北大西漢竹書是繼二十世紀發現的馬王堆帛書、銀雀山漢簡之後問世的又一座重要漢代典籍寶庫，對歷史文獻學、文字學、先秦史、秦漢史、古代思想史、醫學史、書法藝術史以及簡帛書籍制度等諸多領域的研究，均具有非同尋常的學術價值。

這批重要竹書資料的整理、編纂和出版工作由北京大學出土文獻研究所主持進行。全部竹書的資料報告集以《北京大學藏西漢竹書》爲題，採用多卷本形式出版，各卷内容計劃爲：

第一卷《蒼頡篇》

第二卷《老子》

第三卷《周馴》、《趙正書》、子書叢殘

第四卷《妄稽》、《反淫》

第五卷《節》、《荊決》、《六博》、《雨書》、《揕輿》

第六卷《日書》、《日忌》、《日約》

第七卷 醫方

未能確定歸屬的殘簡和無字簡一併附於最後一卷。各卷均包括竹簡的彩色原大照片與放大照片、紅外照片、簡背劃痕示意圖、簡文的釋文與注釋以及附録。附録收入竹簡一覽表、與各卷竹書内容相關的文獻資料以及整理者的論文等。此外，我們還將編纂和出版《北京大學藏西漢竹書文字編》。

這套西漢竹書資料報告集的各卷，均實行該卷編撰者個人負責制。但每卷書稿付印前，均由本所主持召集相關專家進行多次討論，提出修改意見，各卷編撰者在聽取大家意見並作出修訂後定稿。囿於學識與能力，這套書中肯定會有這樣或那樣的疏誤，我們誠摯地期望得到方家的教正。

在這套書出版之際，尤其需要感謝的是：

教育部社會科學司和國家文物局的領導對於北大西漢竹書的整理與研究工作給予了及時的指導和支持。

北京大學藏西漢竹書的保護、整理與研究工作先後獲得了教育部哲學社會科學重大課題攻關項目「西漢竹書整理與研究」（09JZD770041）與國家科技支撐計劃「中華文明探源工程及其相關文物保護技術研究」項目子課題「古代簡牘保護與整理研究」（2010BAK67B14）的資助。

清華大學、復旦大學、中山大學、武漢大學、吉林大學、首都師範大學、中國文化遺産研究院等單位的專家學者在北大西漢竹書的整理、研究及科研立項工作中均給予了多方面的指教。

西漢竹書在入藏、整理、保護與研究過程中，始終得到北京大學校領導的親切關懷與支持。北京大學社會科學部、財務部、教育基金會及歷史學系、中國古代史研究中心、考古文博學院等各部門、院系的領導也給予了熱情幫助。

在這裏還要感謝上海古籍出版社爲這套系列資料報告集的編撰、出版所提供的大力支持。

北京大學出土文獻研究所

二〇一二年二月

凡例

一　本書採用多卷本形式，收入北京大學藏西漢竹書的全部資料。各卷均包括圖版、釋文與注釋、附録三部分。

二　竹書各篇凡原有篇題者均以原篇題爲名，原無篇題者依簡文内容擬定篇名並加【】號。

三　圖版分爲原大彩色圖版、放大彩色圖版、放大紅外圖版和簡背劃痕示意圖四部分。其中放大彩色和紅外圖版按照竹簡原大的200%影印，紅外照片衹選取字跡模糊的片段。放大彩色圖版每簡左側均有與簡文一一對應的釋文，保留重文、合文符號和其他符號，不加括注和標點。簡背劃痕示意圖根據竹簡測量數據繪製，尺寸爲竹簡原大的50%。

四　圖版中竹簡的照片按照綴合、編聯後的順序，分篇排列和編號。簡號用小寫漢字數字一、二、三等標示於每簡之下。由多段殘簡拼綴而成的竹簡，僅標一個簡號，另外在每段殘簡的右下角用小寫英文字母標明其序號。紅外照片的編號與原簡號相同，若一枚竹簡有多段紅外照片，則在簡號之後加阿拉伯數字以示區别。簡文如分欄書寫，在每欄最上一字右側用大寫漢字數字壹、貳、叁等標明欄次。

五　釋文按照簡文原有的篇章結構來安排。簡文原不分章而篇幅較長者，根據内容適當劃分段落。不能與竹書各篇正文連讀的簡文，凡據内容可推定歸屬的，即置於所屬篇章之後，彩色圖版照片亦按照同樣原則來安排。

六　簡文原有的句讀勾識符號，釋文均予以省略，另加新式標點；重文、合文符號皆寫作相應的文字，分章符號予以保留。釋文中在每簡最後一字右下方標注簡號。通假字和異體字，在其後用（）號標注現代通行字，明顯的誤字用〈〉號標注正字；原有的脱文或衍文，釋文不作更動，在注釋中説明。簡文中的常見異體字，釋文統一寫作現代通行字。

七　釋文中凡遇簡文殘缺或漫漶不可辨識之處，可根據殘存筆畫或上下文補出者，即按照所缺字數補足並加【】號；殘缺文字無法補出，但字數可以推定者，用相應的□號表示；字數無法推定者用……號表示。

八　注釋置於釋文每章或段之後，内容主要是簡釋文字、分析詞義、疏通文句，以及與相關傳世或出土文獻的對讀等。在每篇釋文之前另加「説明」，簡要介紹該篇的簡數與形制、分章情況、内容和性質以及其他需要説明的事項。

九　附録主要包括本卷所收竹簡一覽表、與本卷竹書内容有關的傳世或出土文獻資料以及整理者撰寫的研究論文等。

目録

老子圖版

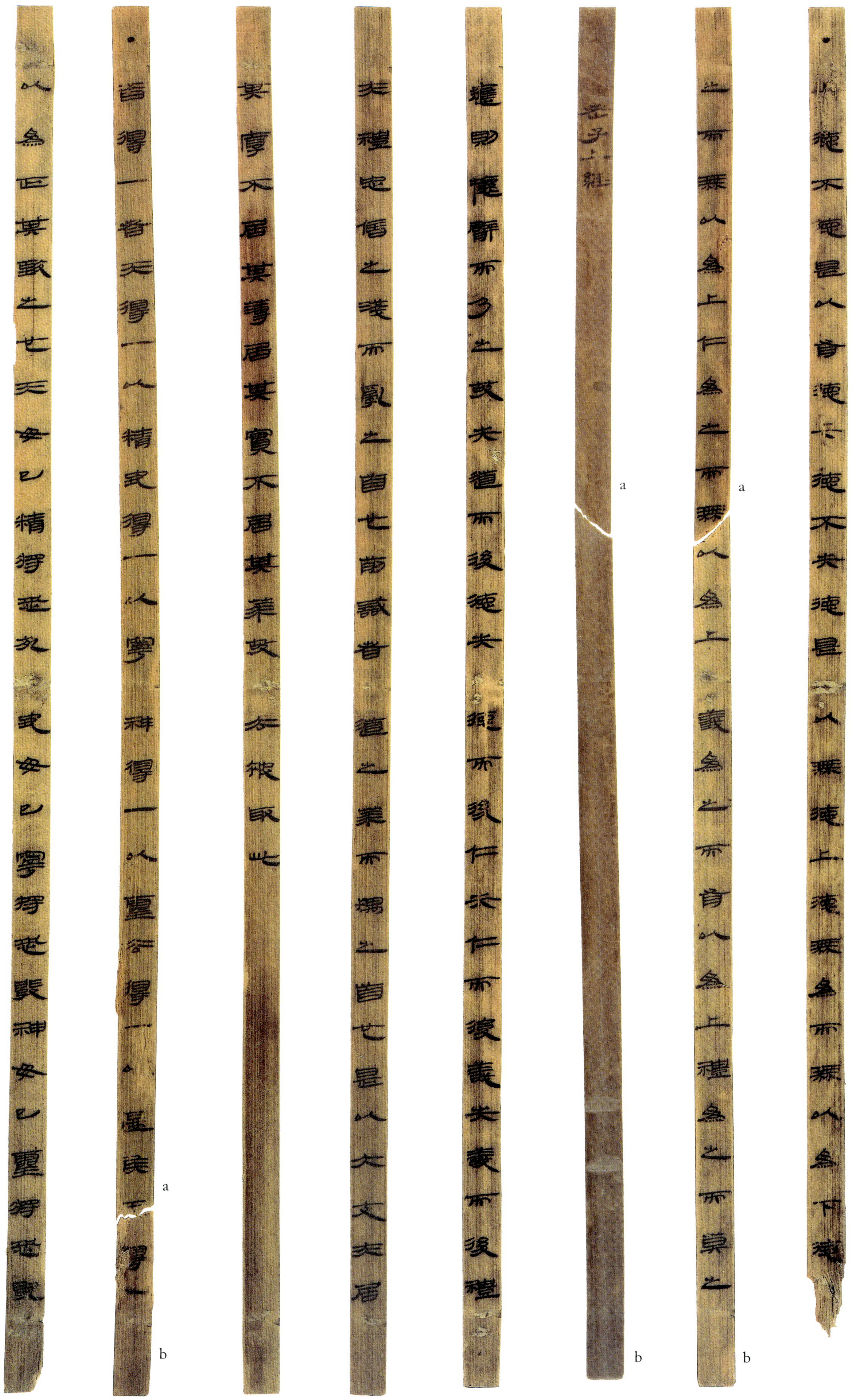

七　六　五　四　三　二背　二　一

一五 一四 一三 一二 一一 一〇 九 八

二三
二二
二一
二〇
一九
一八
一七
一六

a
b
三一
三〇
二九
二八
二七
二六
二五
二四

三九　三八　三七　三六　三五　三四　三三　三二

四七　四六　四五　四四　四三　四二　四一　四〇

四八　四九　五〇　五一　五二　五三　五四　五五

五六　五七　五八　五九　六〇　六一　六二　六三

六四　六五　六六　六七　六八　六九　七〇

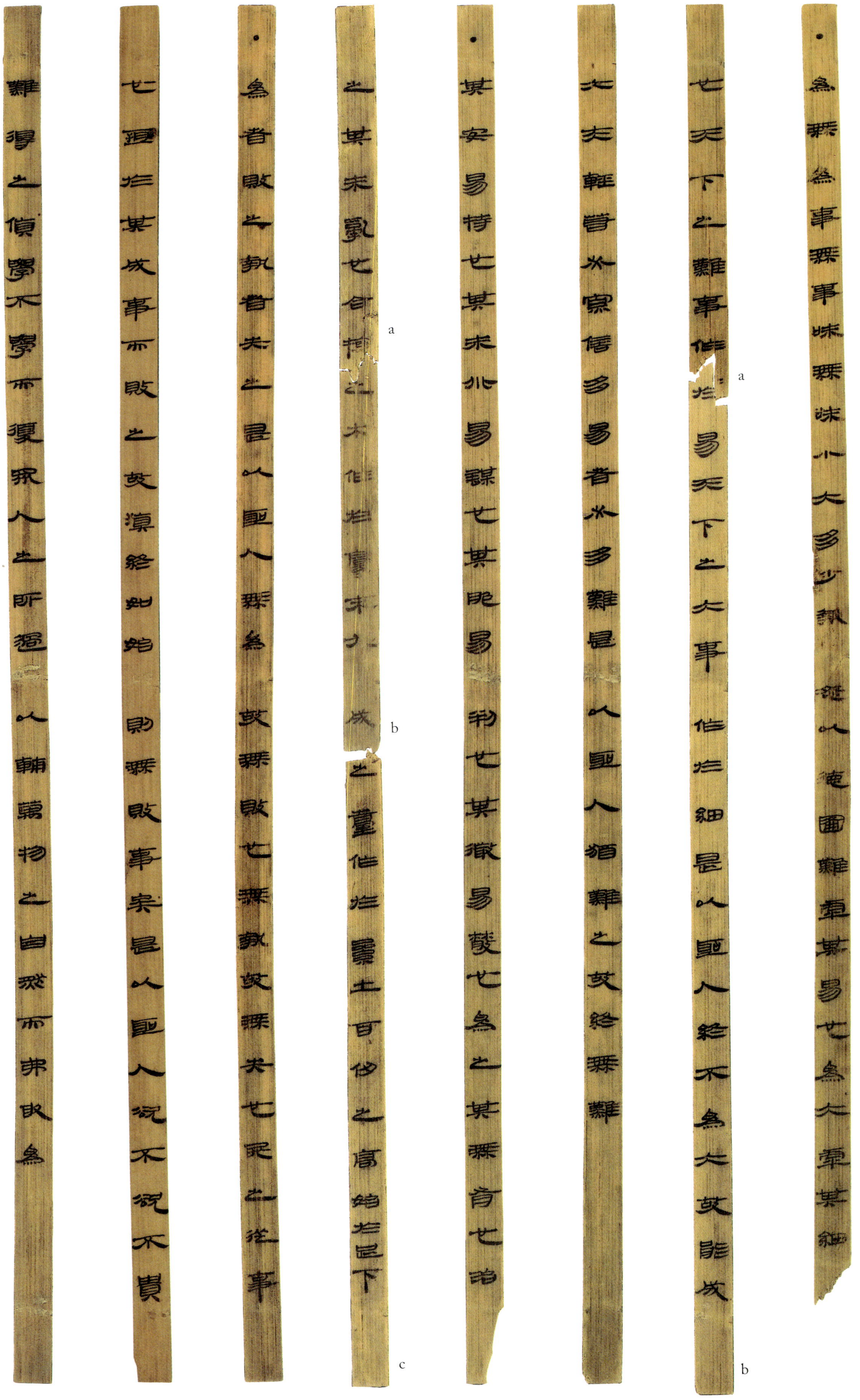

七一　七二　七三　七四　七五　七六　七七　七八

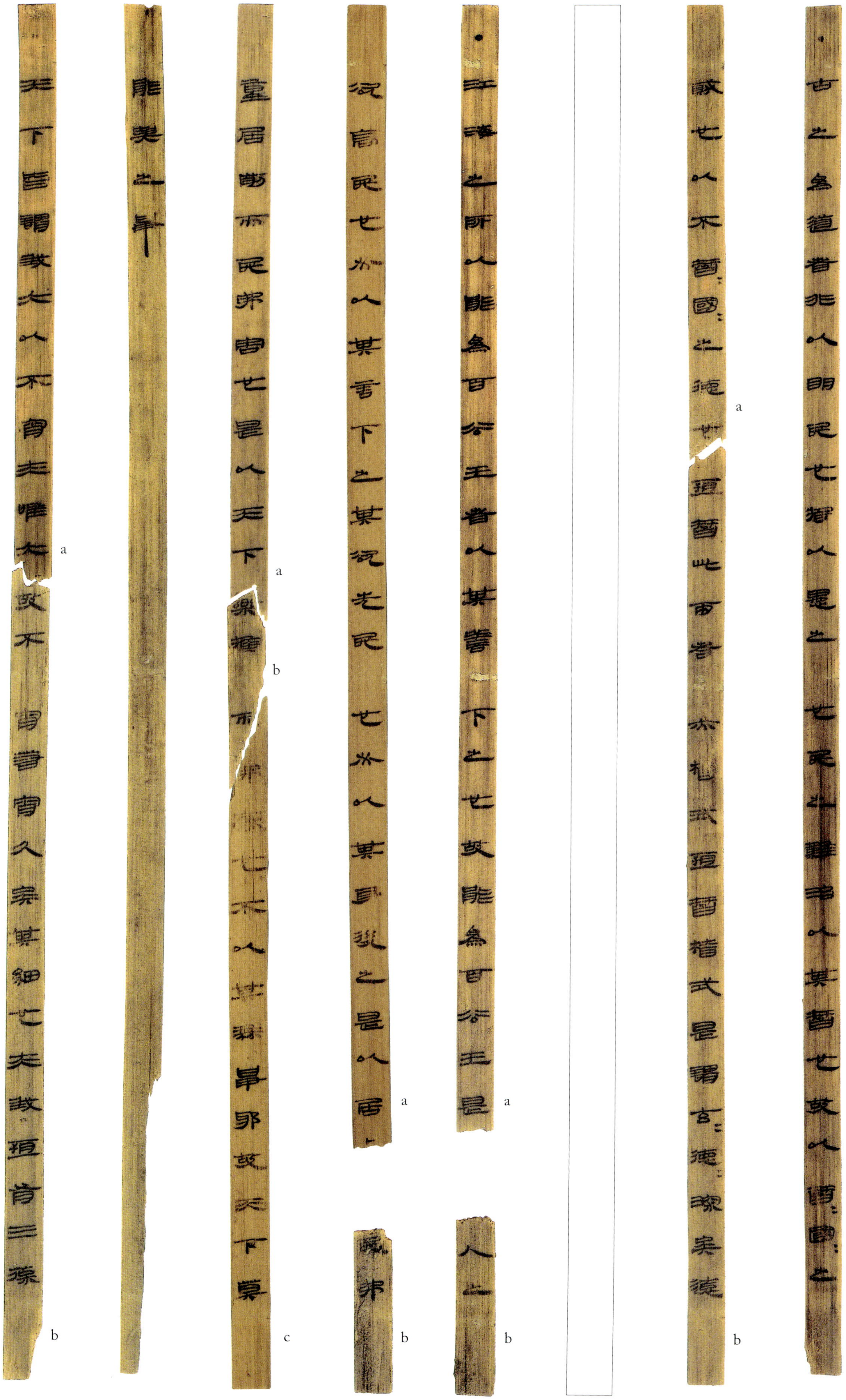

八五　八四　八三　八二　八一　八〇　七九

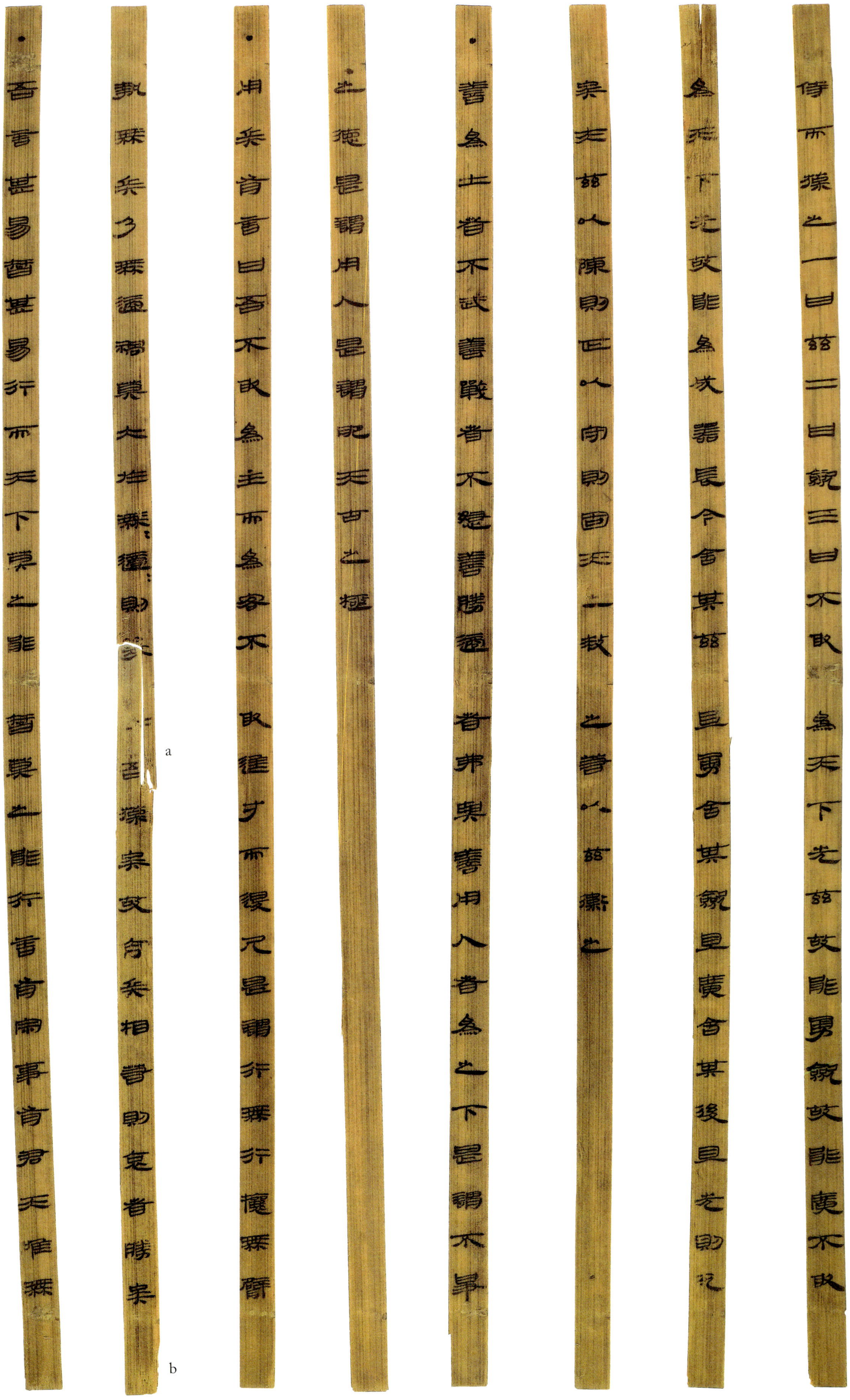

九三 九二 九一 九〇 八九 八八 八七 八六

一〇一　一〇〇　九九　九八　九七　九六　九五　九四

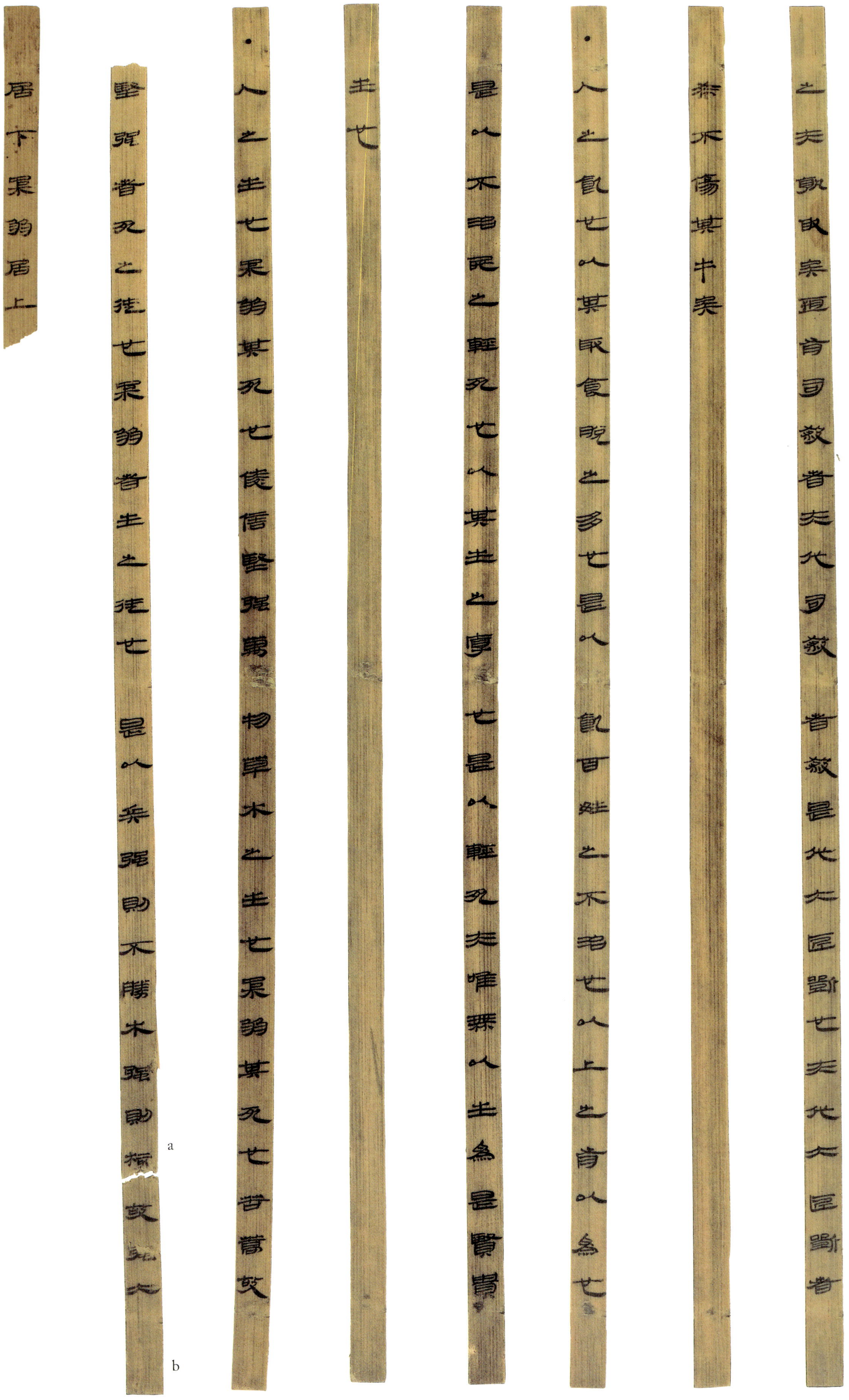

一〇二 一〇三 一〇四 一〇五 一〇六 一〇七 一〇八 一〇九

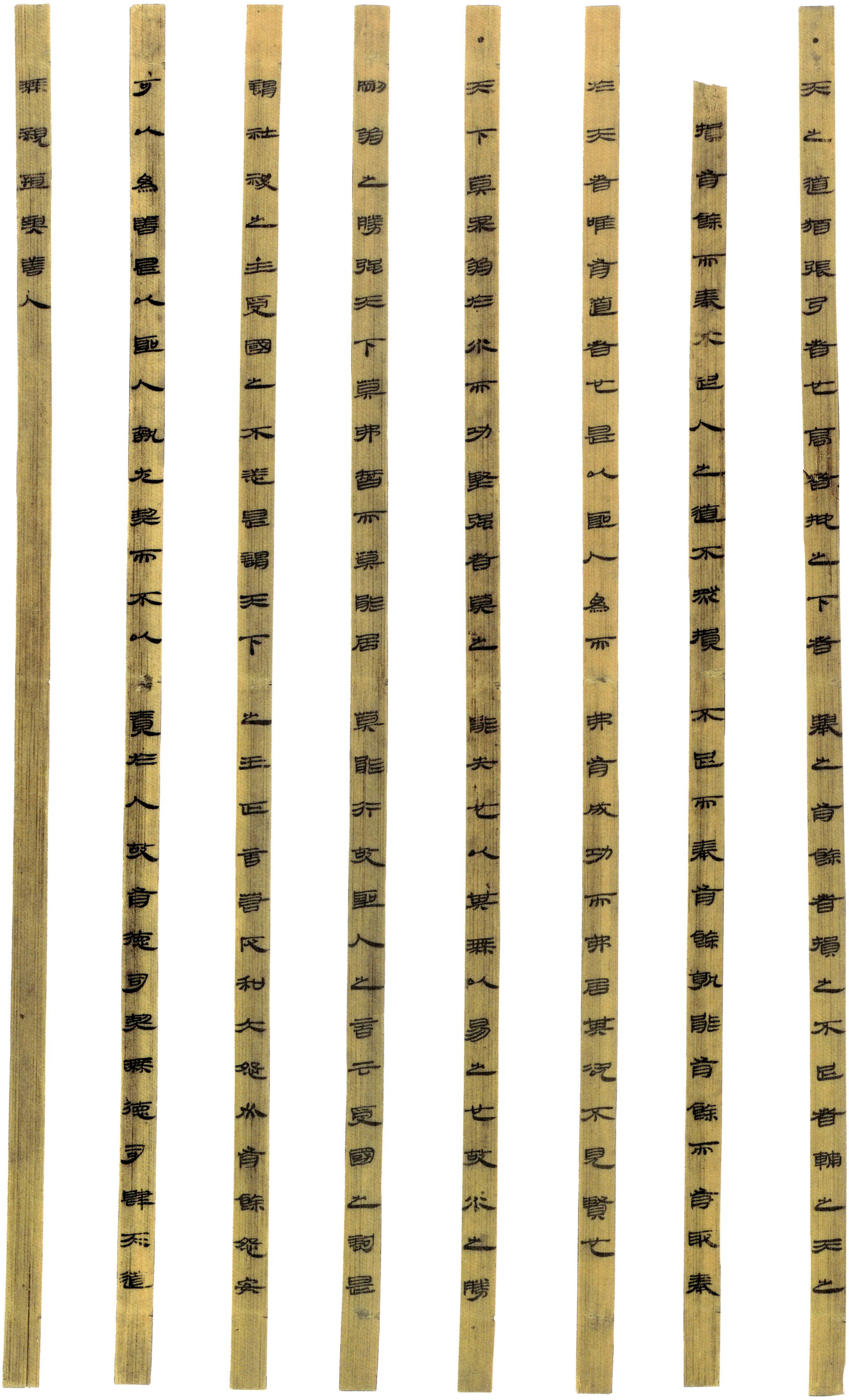

一一七　一一六　一一五　一一四　一一三　一一二　一一一　一一〇

一二三　一二二　一二一　一二〇　一一九　一一八

一二四　一二四背　一二五　一二六　一二七　一二八　一二九　一三〇

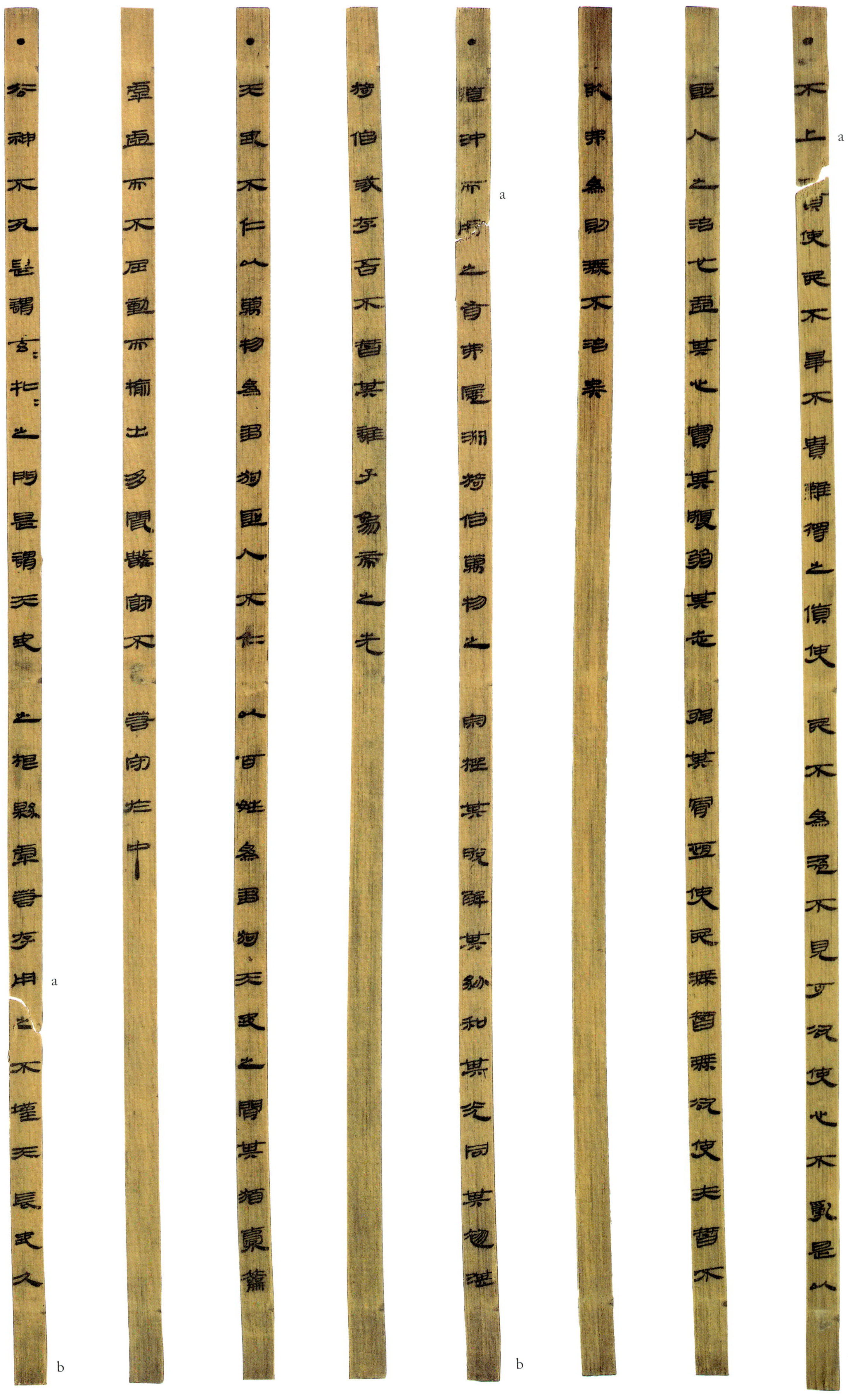

一三一 一三二 一三三 一三四 一三五 一三六 一三七 一三八

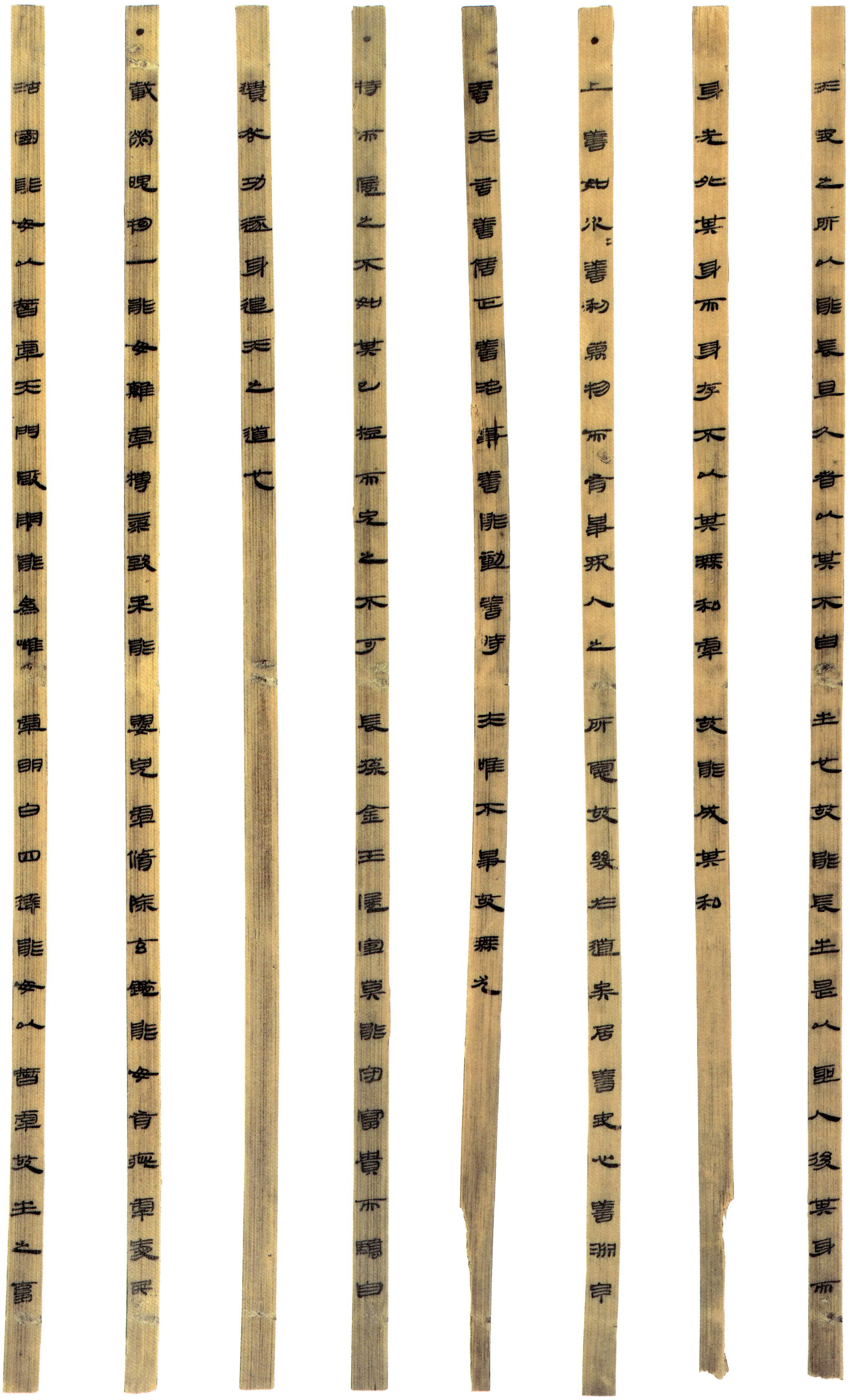

一四六　一四五　一四四　一四三　一四二　一四一　一四〇　一三九

一四七 一四八 一四九 一五〇 一五一 一五二 一五三 一五四

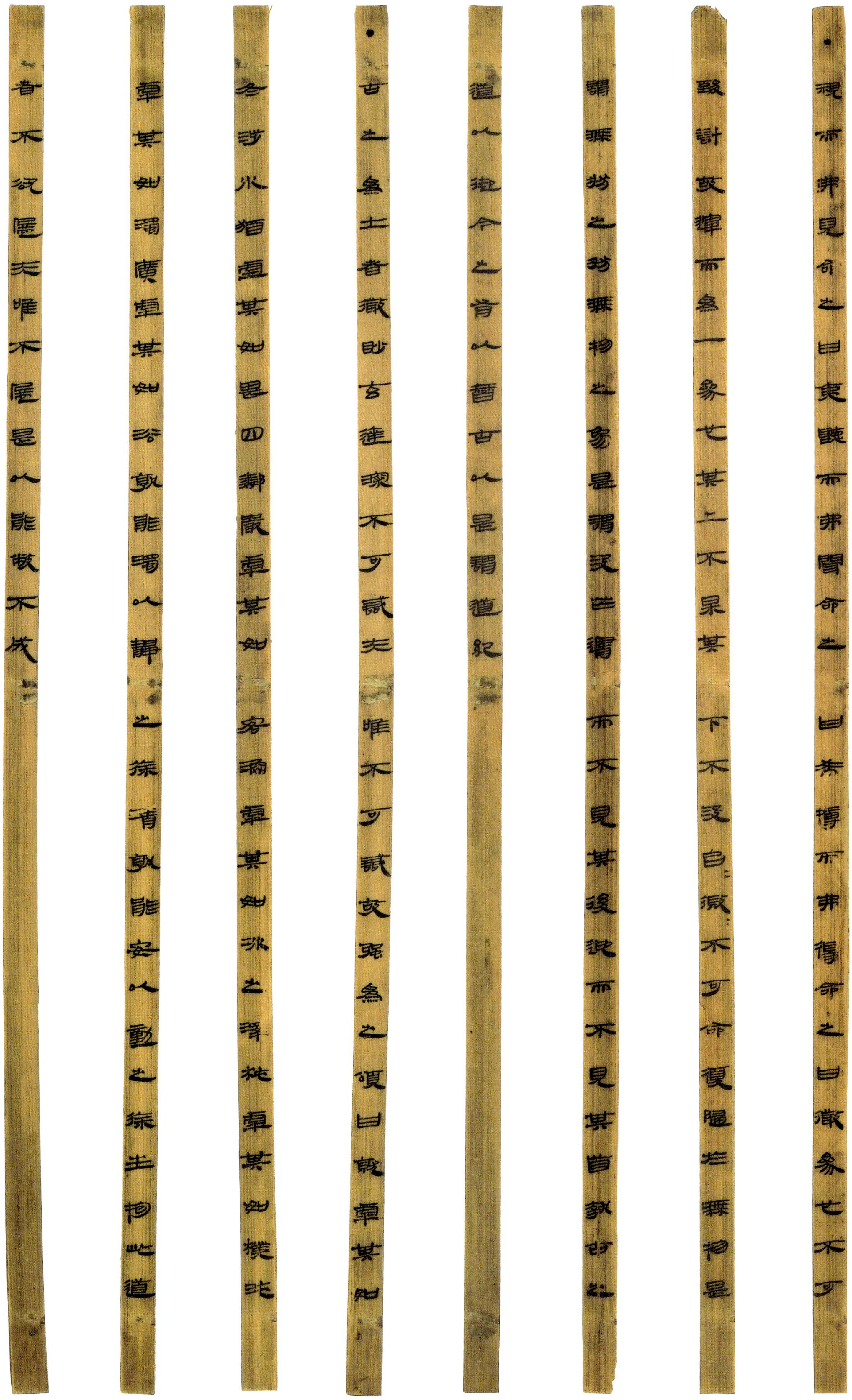

一五五　一五六　一五七　一五八　一五九　一六〇　一六一　一六二

一七〇　一六九　一六八　一六七　一六六　一六五　一六四　一六三

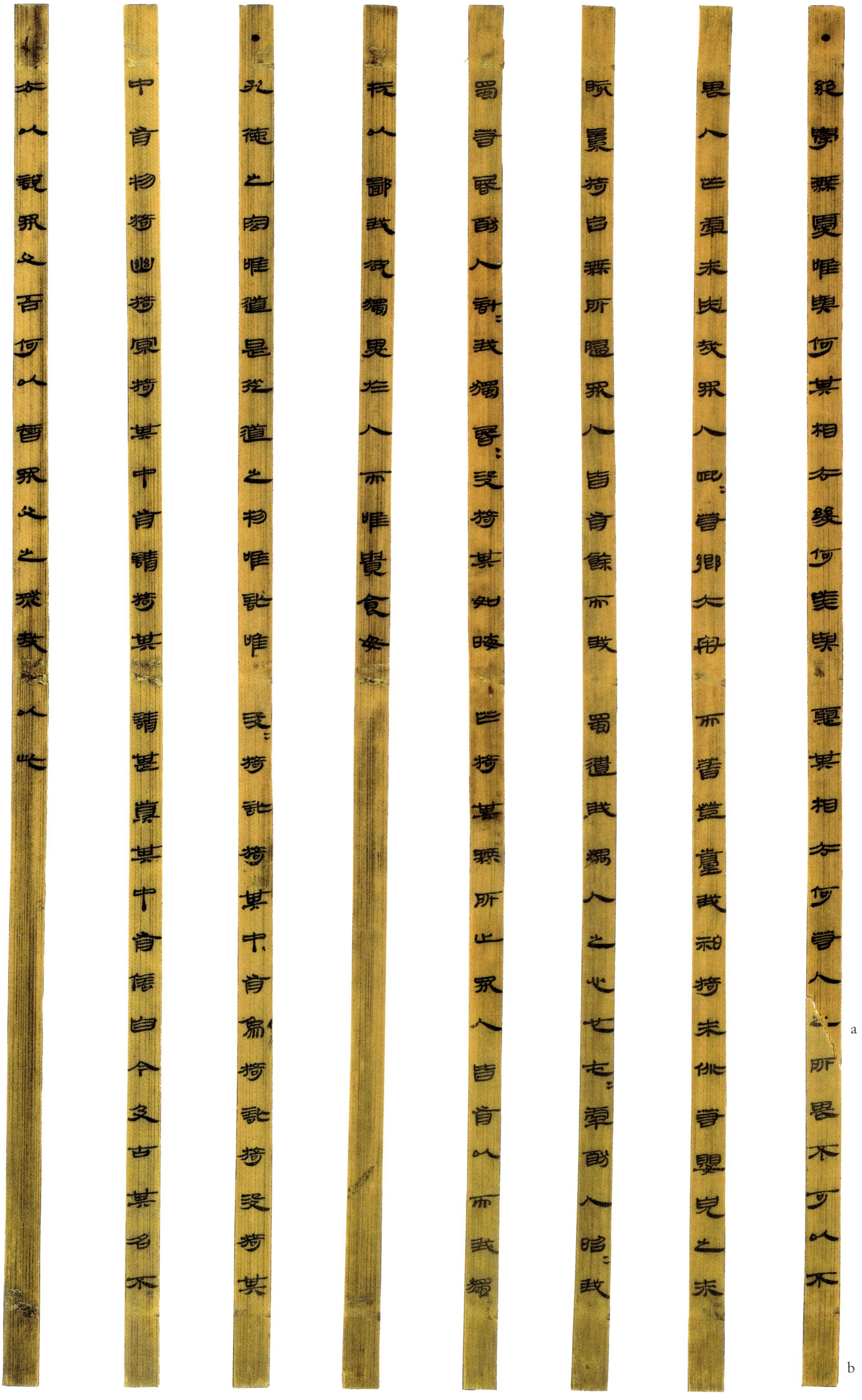

一七八　一七七　一七六　一七五　一七四　一七三　一七二　一七一

一七九　一八〇　一八一　一八二　一八三　一八四　一八五　一八六

一八七　一八八　一八九　一九〇　一九一　一九二　一九三　一九四

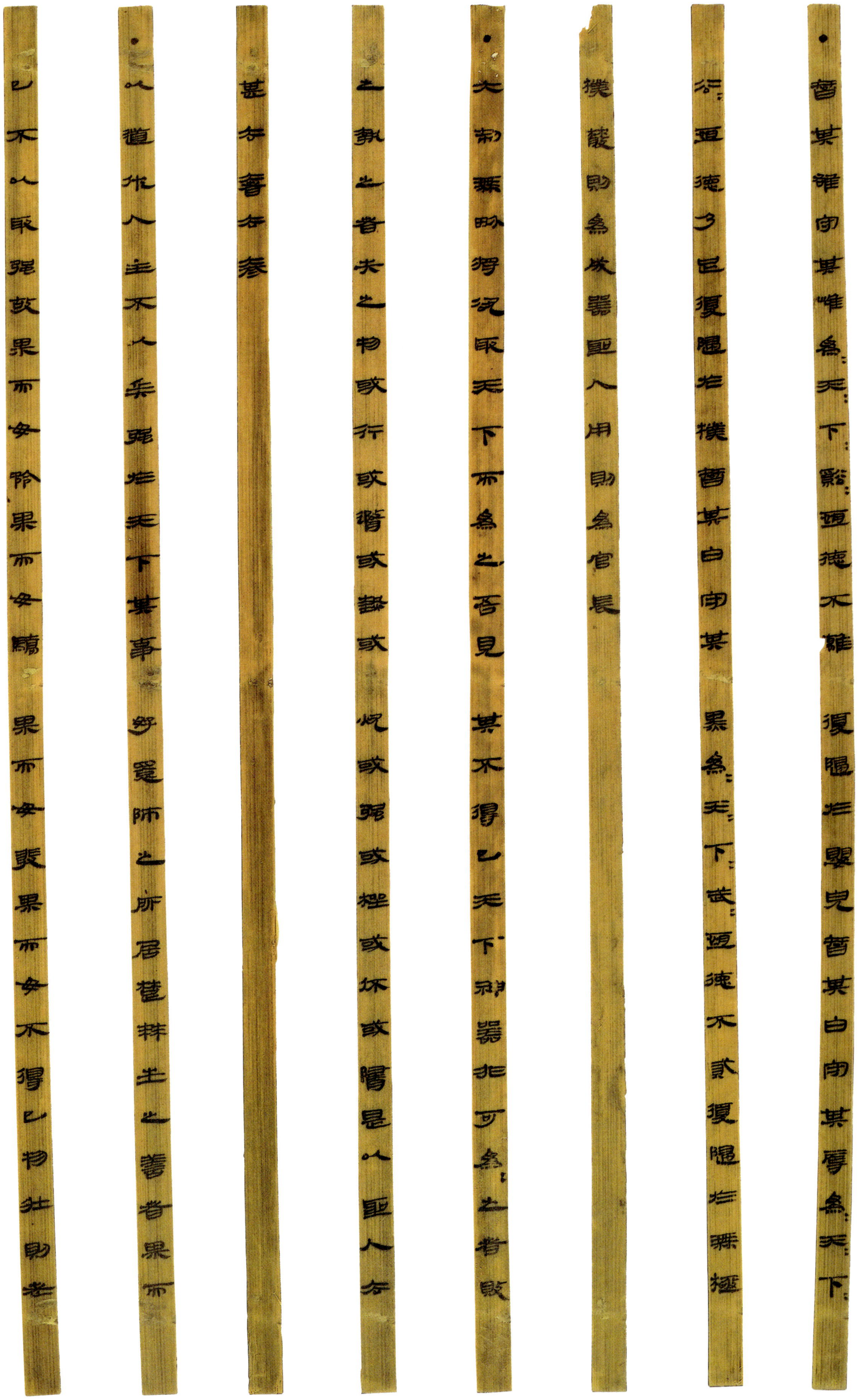

二〇二　二〇一　二〇〇　一九九　一九八　一九七　一九六　一九五

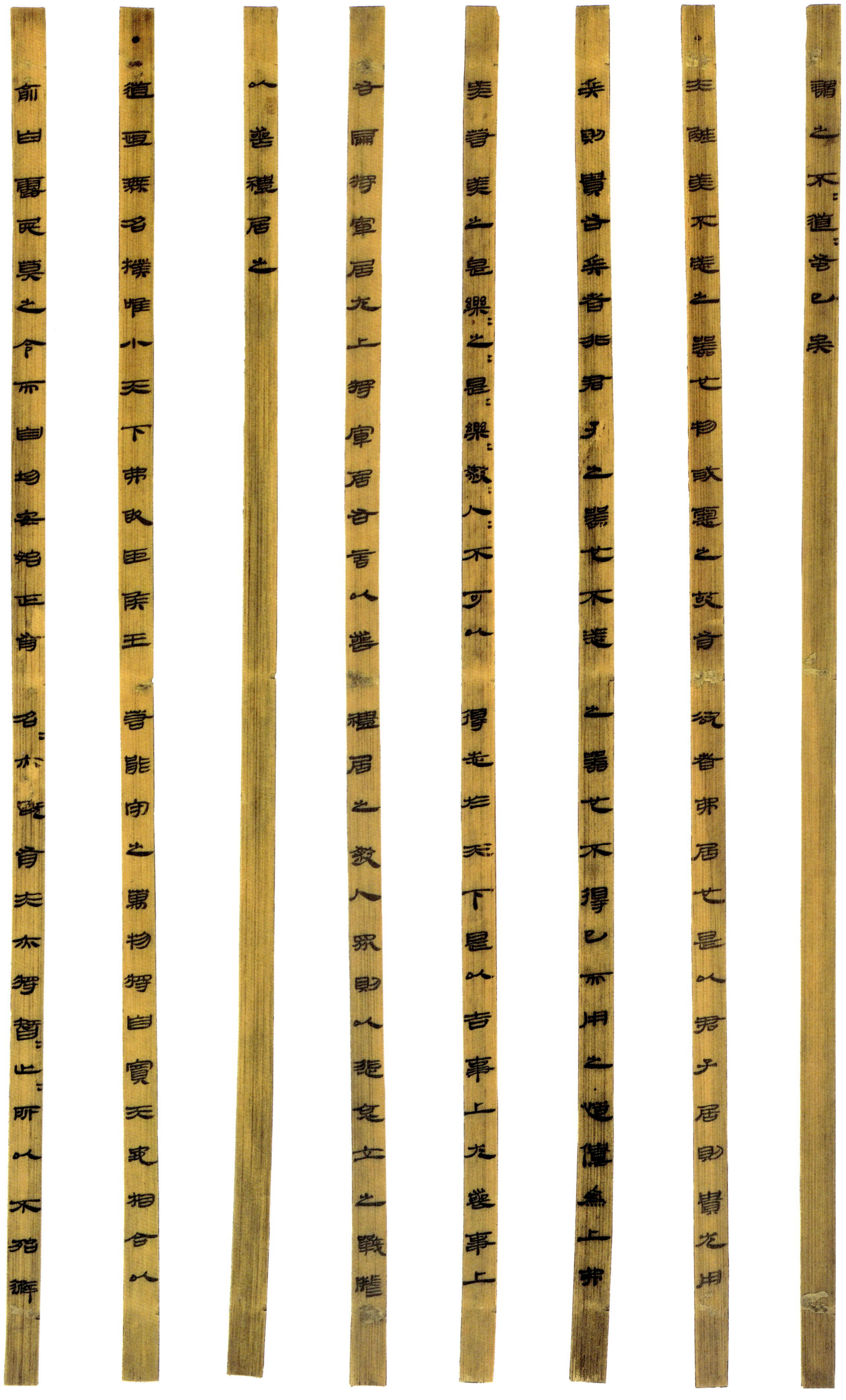

二一〇　二〇九　二〇八　二〇七　二〇六　二〇五　二〇四　二〇三

二一八　二一七　二一六　二一五　二一四　二一三　二一二　二一一

以古帛之是謂微明柔弱勝強魚不可說於淵國之利器不可以視人

道亘無為侯王若能守之萬物將自化化而欲作吾將貞之以無名之樸夫

亦將不辱不辱以靜天地將自正元二千三百三

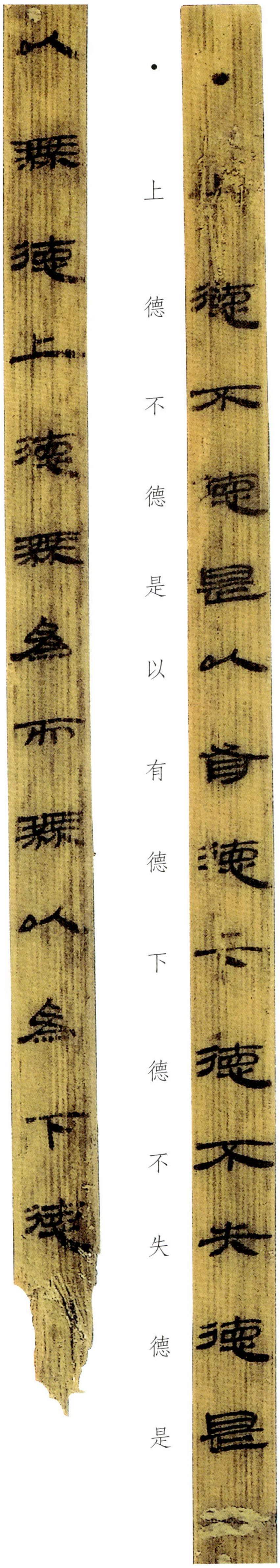

・上德不德是以有德下德不失德是
以無德上德無爲而無以爲下德【爲】

一

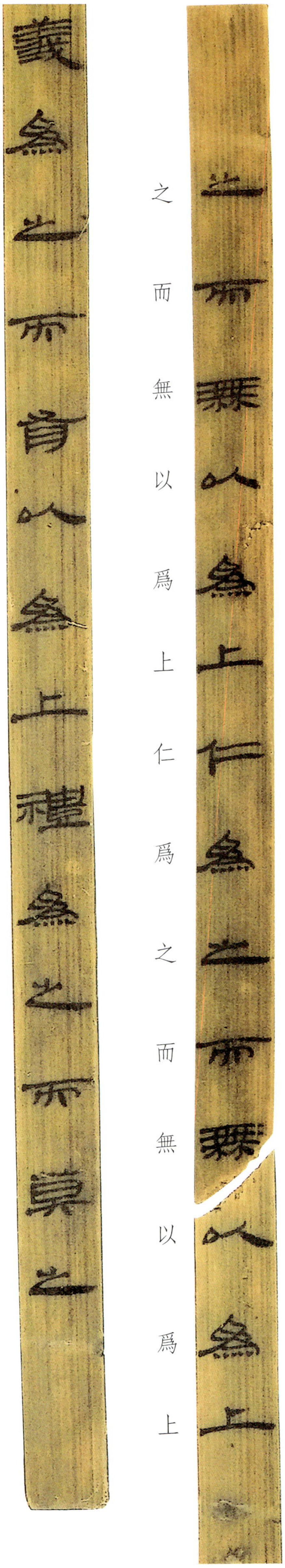

之而無以爲上仁爲之而無以爲上
義爲之而有以爲上禮爲之而莫之

二正

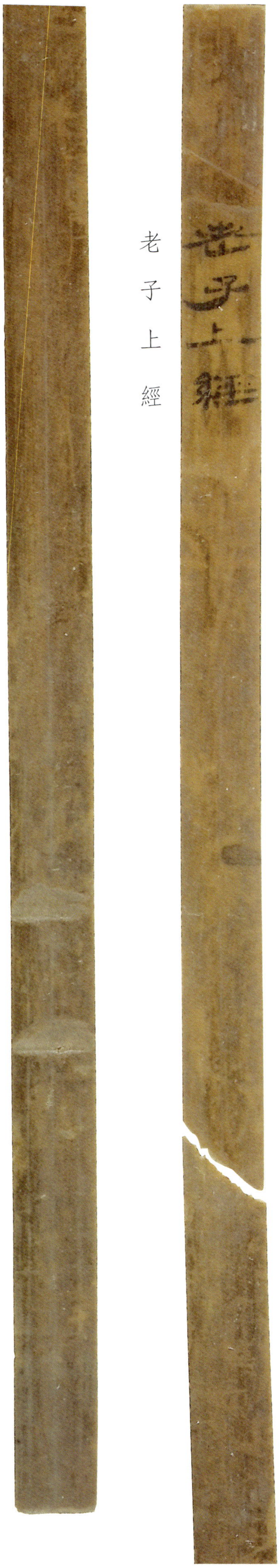

老子上經

二背

應則攘臂而乃之故失道而後德失

德而後仁失仁而後義失義而後禮

三

夫禮忠信之淺而亂之首也前識者

道之華而愚之首也是以大丈夫居

四

其厚不居其薄居其實不居其華故

去被取此

五

•昔得一者天得一以精地得一以寧

神得一以靈谷得一以盈侯王得一

六

以爲正其致之也天毋已精將恐死

地毋已寧將恐發神毋已靈將恐歇

七

谷毋已盈將恐渴侯王毋已貴以高將

恐厥是故必貴以賤爲本必高以下

八

爲基是以侯王自謂孤寡不穀此其

賤之本邪非也故致數輿無輿不欲

九

祿=如玉

一〇

·反者道之動也弱者道之用也天下

之物生於有=生於無

一一

·上士聞道堇能行中士聞道若存若亡

下士聞道大芙之弗芙不足以爲道

一二

是以建言有之曰明道如沫進道如

退夷道如類上德如谷大白如辱廣

一三

德如不足建德如榆桎真如輸大方

無隅大器勉成大音希聲天象無刑

一四

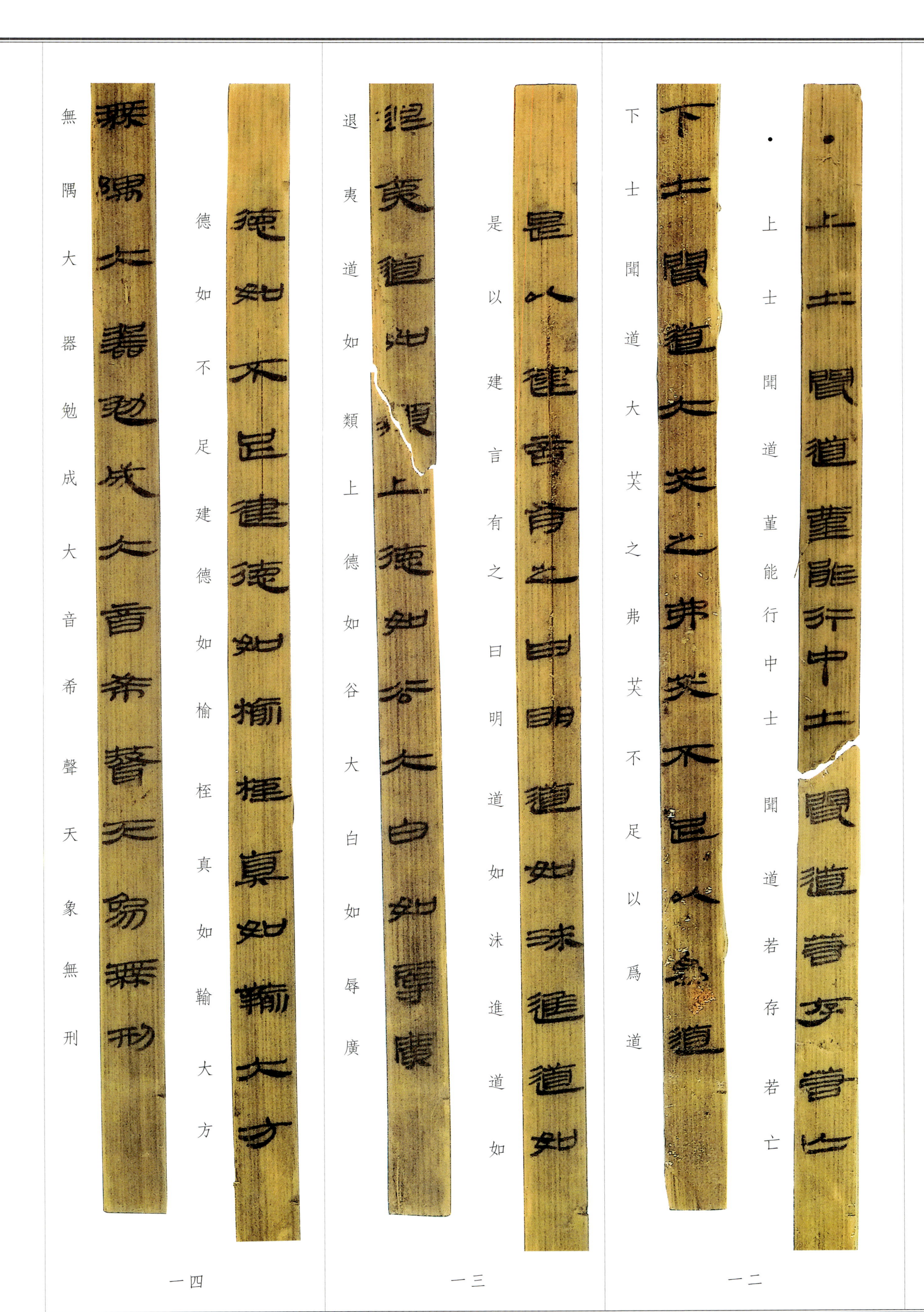

道殷無名夫唯道善貣且成

一五

·道生一=生二=生三=生萬=物=負陰抱陽

中氣以爲和人之所惡唯孤寡不穀

一六

而王公以自命也是故物或損而益

或益而損人之所教亦我而教人故

一七

强梁者不得死吾將以爲學父

一八

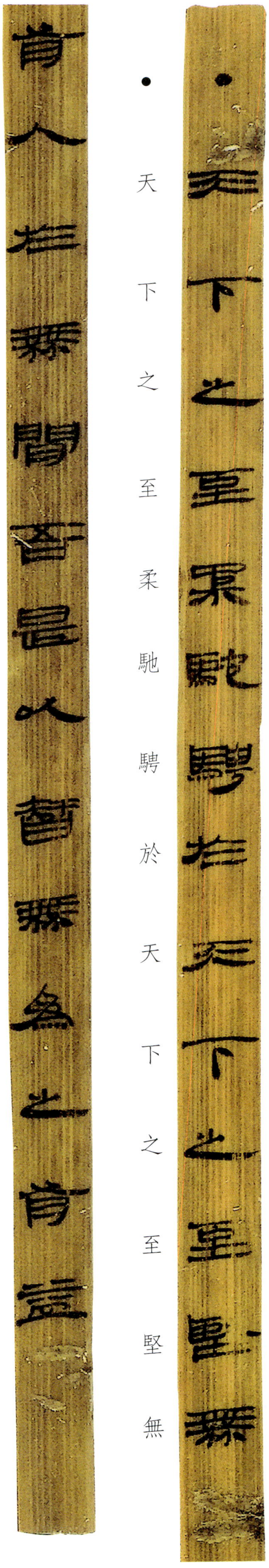

天下之至柔馳騁於天下之至堅無有入於無間吾是以智無爲之有益

一九

也不言之教無爲之益天下希及之矣

二〇

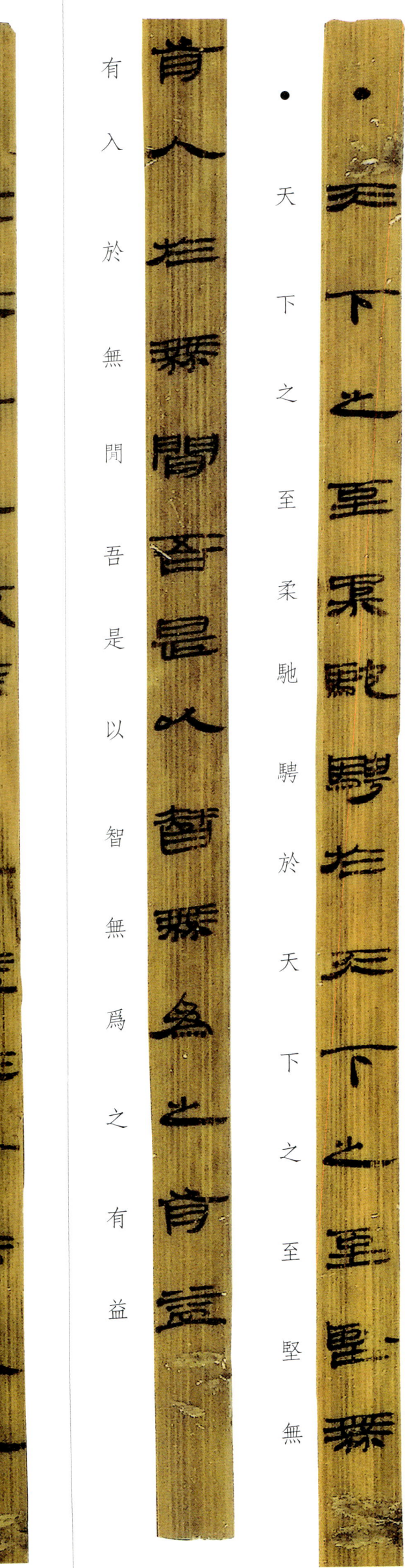

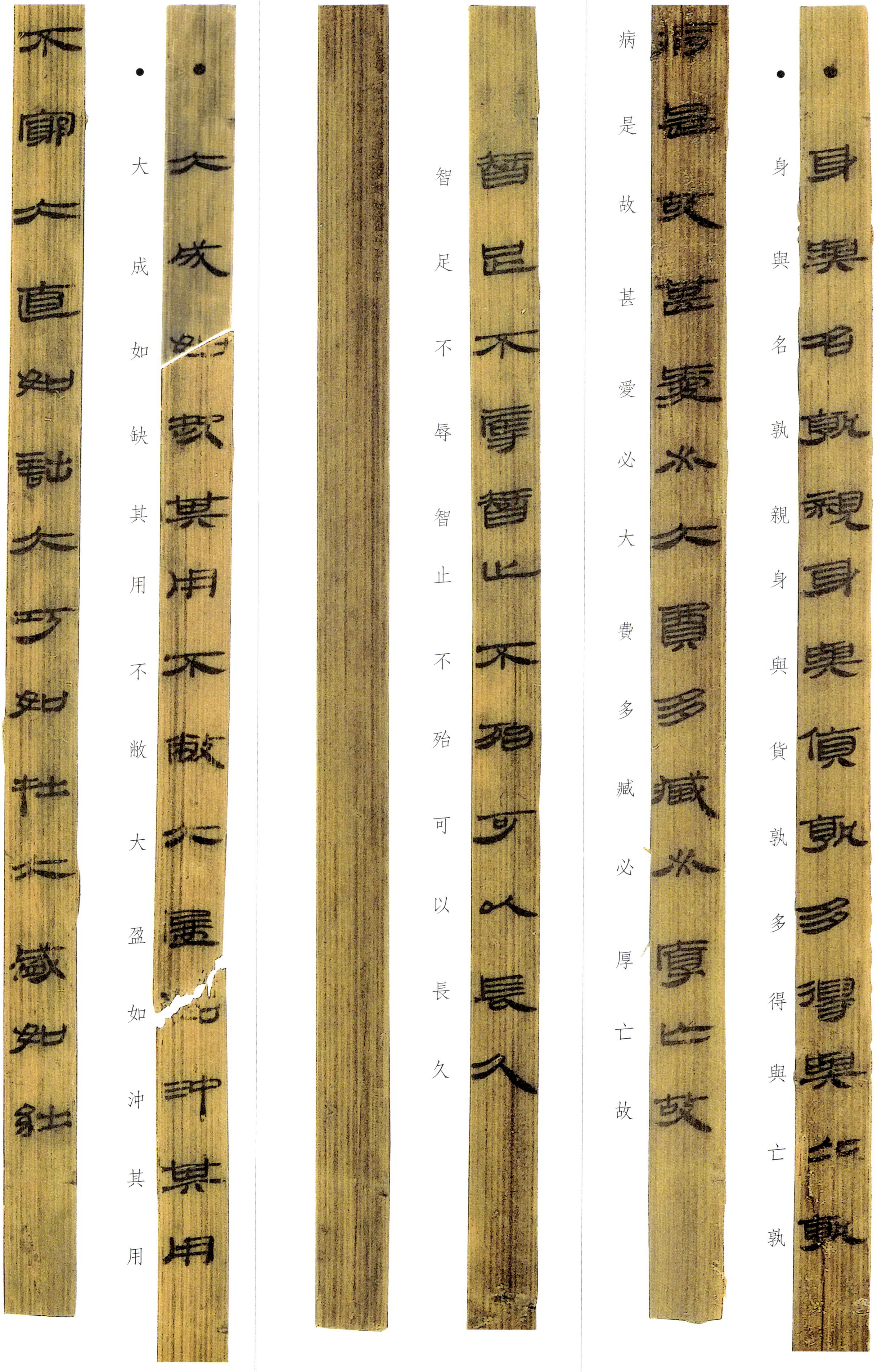

二一

·身與名孰親身與貨孰多得與亡孰

病是故甚愛必大費多臧必厚亡故

二二

智足不辱智止不殆可以長久

二三

·大成如缺其用不敝大盈如沖其用

不窮大直如詘大巧如拙大盛如絀

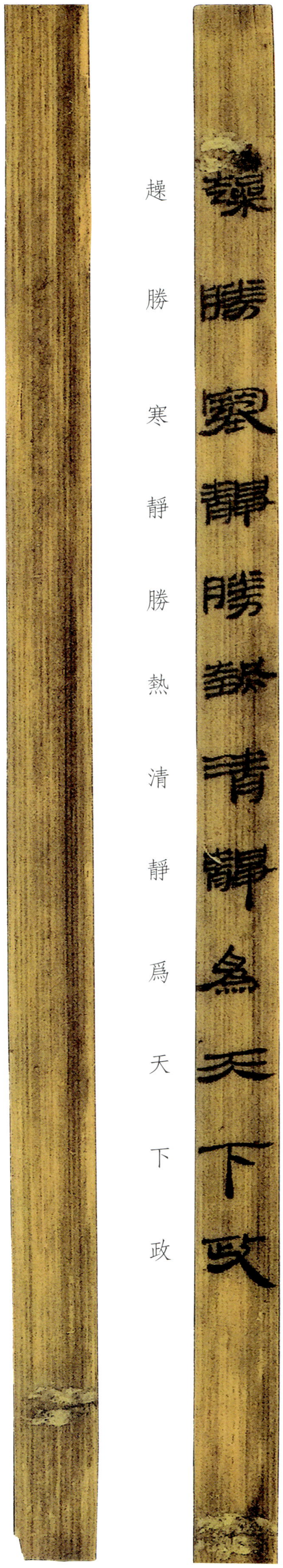

趮勝寒靜勝熱清靜爲天下政

二四

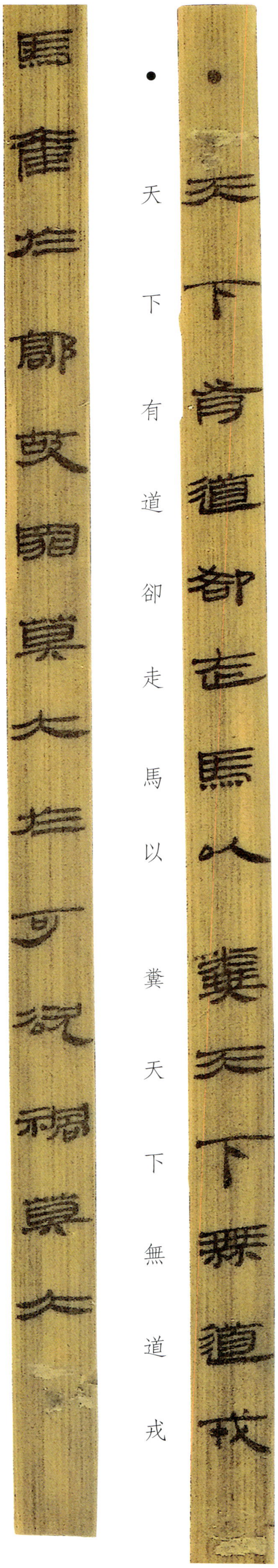

•天下有道卻走馬以糞天下無道戎

馬產於鄗故罪莫大於可欲禍莫大

二五

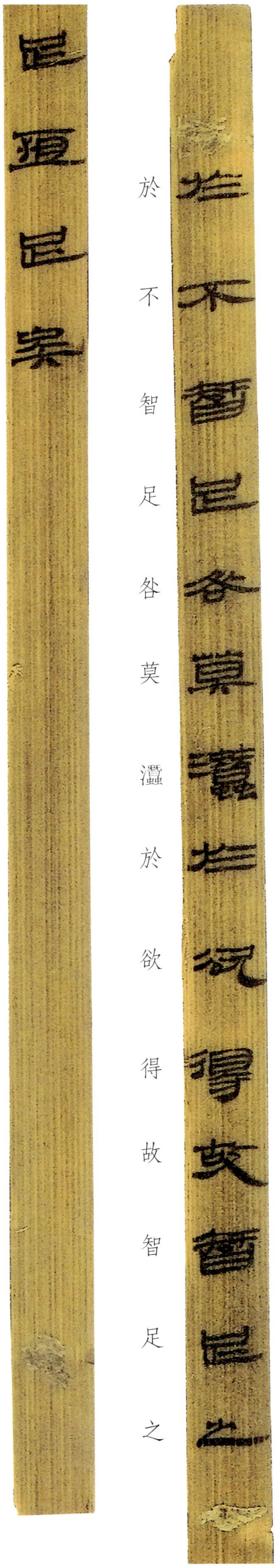

於不智足咎莫憯於欲得故智足之

足恒足矣

二六

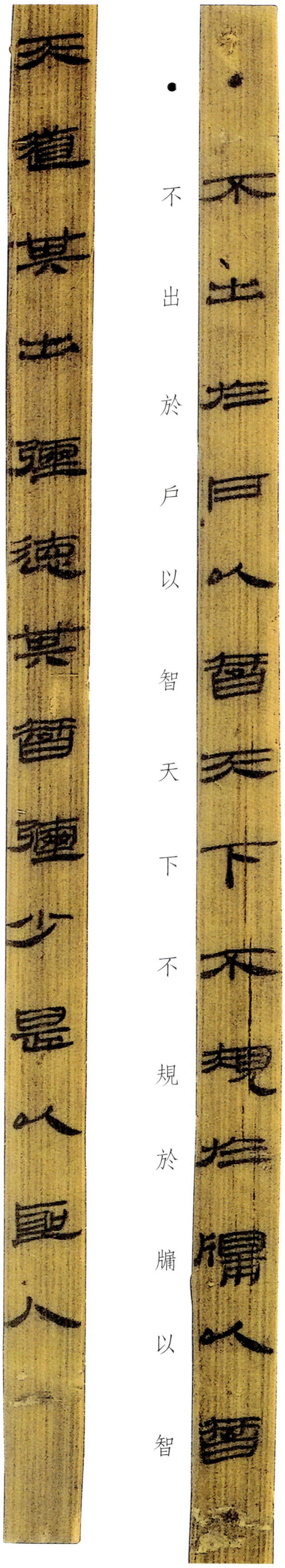

·不出於戶以智天下不規於牖以智

天道其出彌遠其智彌少是以聖人

二七

弗行而智弗見而命弗爲而成

二八

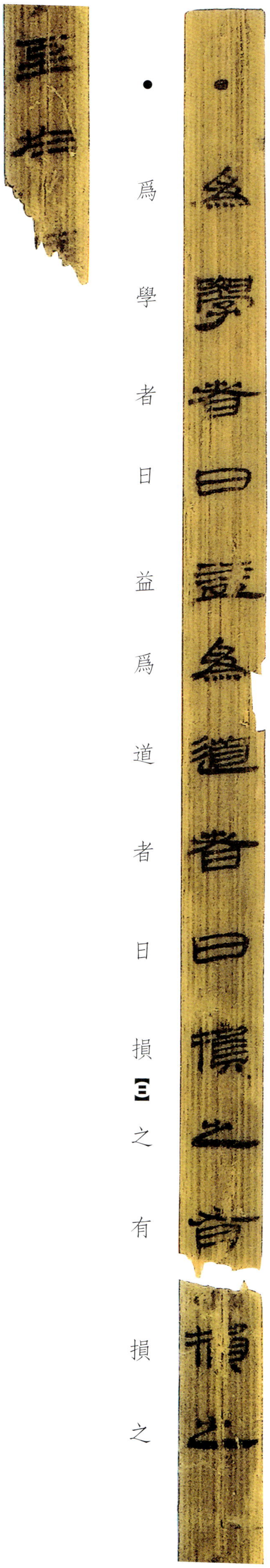

·爲學者日益爲道者日損【三】之有損之

至於無

二九

無事及其有事有不足以取天下

三〇

【•】聖人恒無心以百生之心爲心善者

虖亦善之不善者虖亦善之直善也

三一

信者虖信之不信者虖亦信之直信

也聖人之在天下也匧=然爲天下渾

三二

三三

【心】而百姓皆屬其耳目焉聖人而皆
晐之

三四

• 出生入死生之徒十有三死之徒十
有三而民姓生焉動皆之死地之十

三五

有三夫何故也以其姓生也蓋聞善
聶生者陵行不避冢虎入軍不被兵

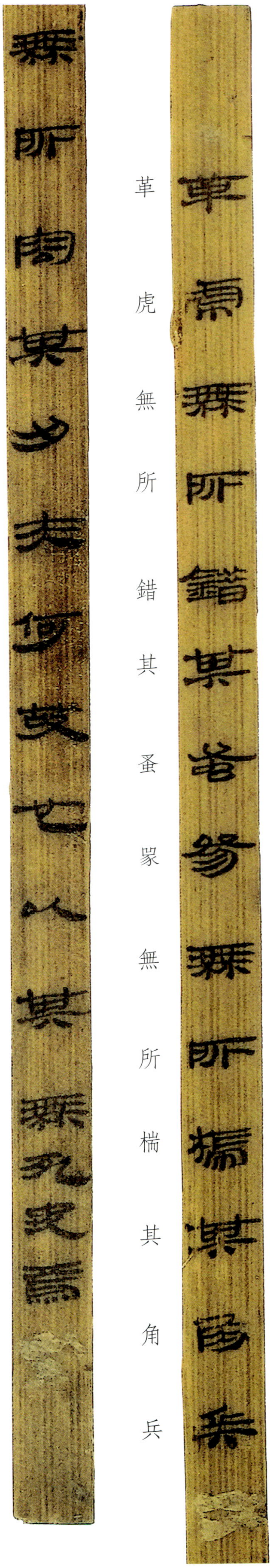

革虎無所錯其蚤冡無所椯其角兵

無所容其刃夫何故也以其無死地焉

三六

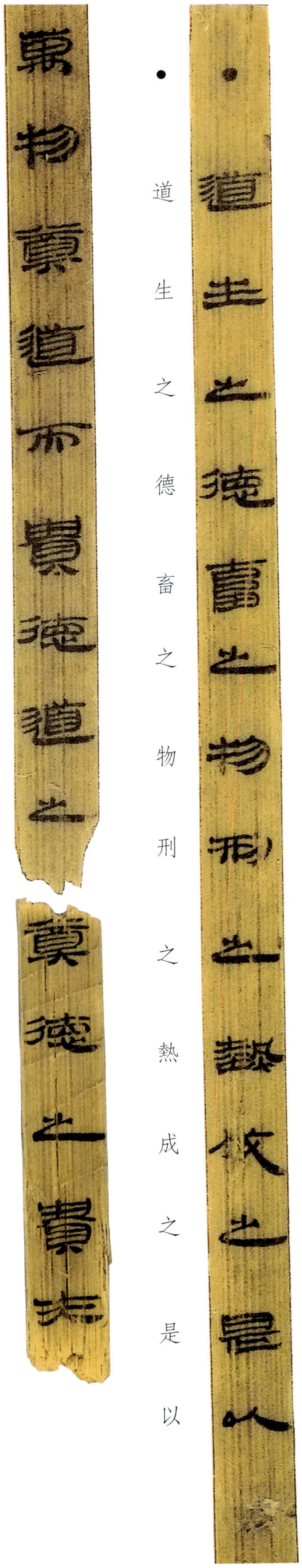

• 道生之德畜之物刑之埶成之是以

萬物莫道而貴德道之莫德之貴夫

三七

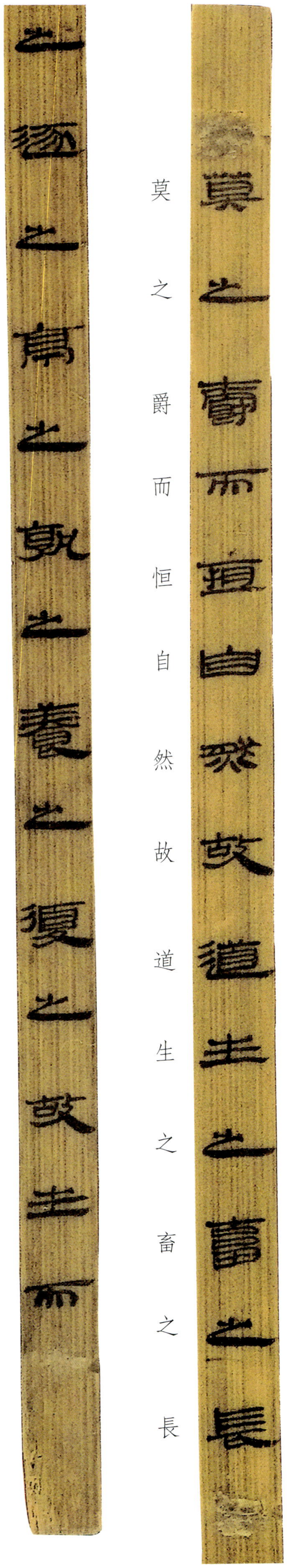

莫之爵而恒自然故道生之畜之長

之逐之亭之孰之養之復之故生而

三八

弗有爲而弗持長而弗宰是謂玄德

三九

•天下有始可以爲天下母既得其母

以智其子既智其子復守其母殁身

四〇

不殆塞其脫閉其門終身不僅啟其

脫齊其事終身不來見小曰明守柔

四一

曰强用其光復歸其明毋遺身央是謂襲常

四二

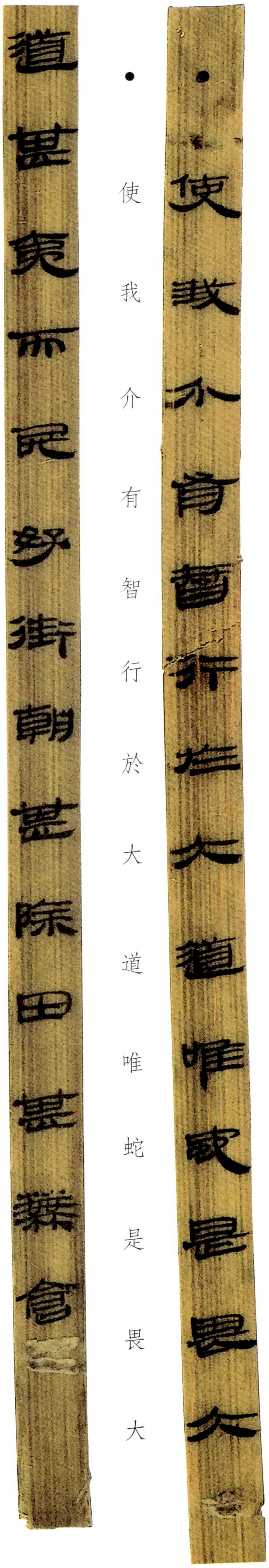

使我介有智行於大道唯蛇是畏大道甚夷而民好街朝甚除田甚蕪倉

四三

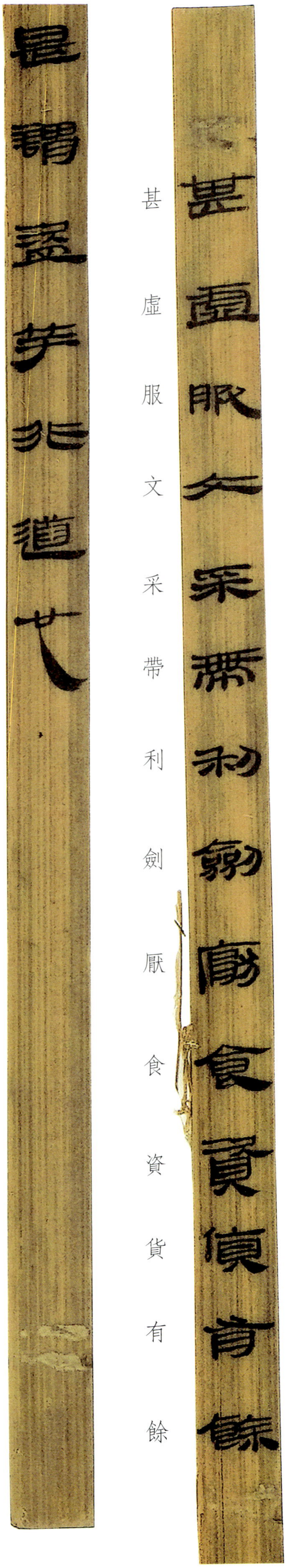

甚虛服文采帶利劍厭食資貨有餘是謂盜竽非道也

四四

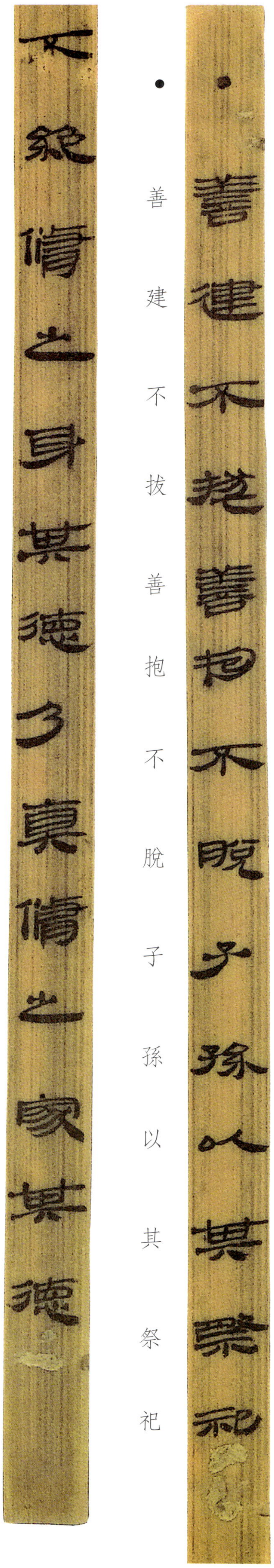

•善建不拔善抱不脫子孫以其祭祀

不絕脩之身其德乃真脩之家其德

四五

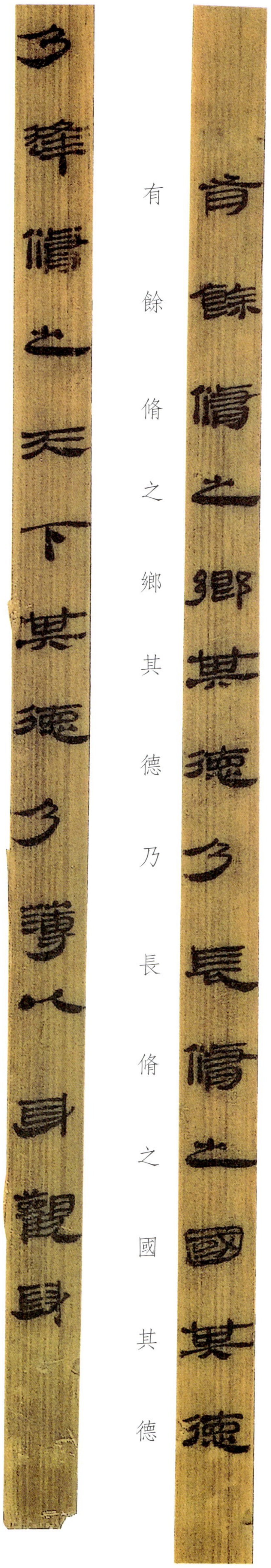

有餘脩之鄉其德乃長脩之國其德

乃逢脩之天下其德乃薄以身觀身

四六

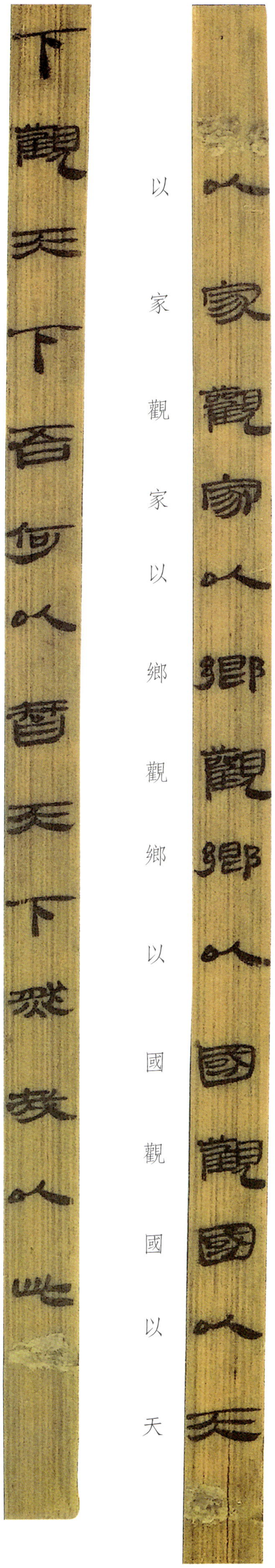

以家觀家以鄉觀鄉以國觀國以天

下觀天下吾何以智天下然哉以此

四七

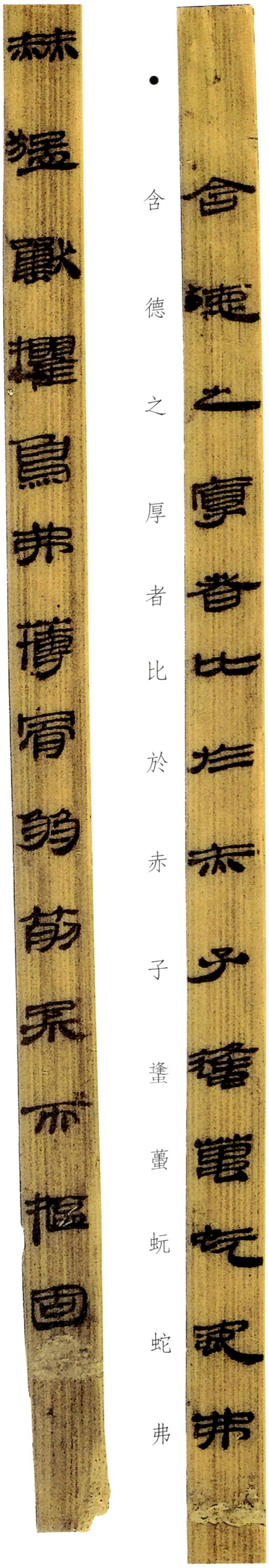

• 含德之厚者比於赤子逢蠆蚖蛇弗

赫猛獸攫鳥弗薄骨弱筋柔而握固

四八

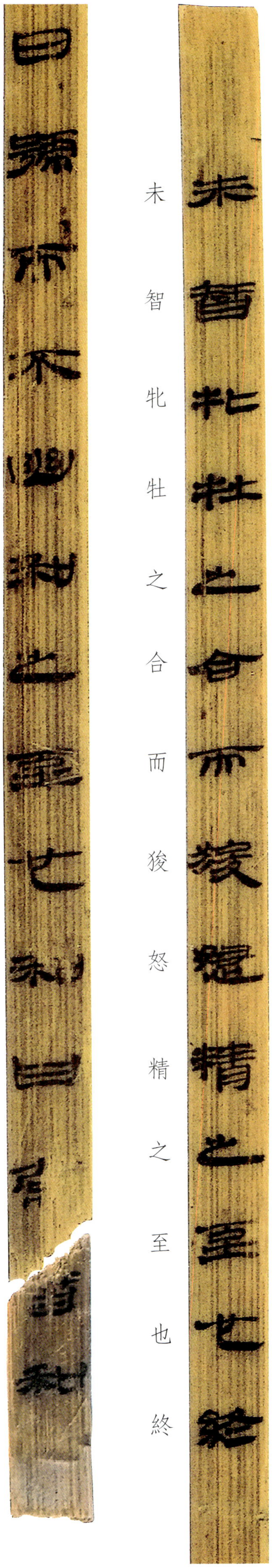

未智牝牡之合而狻怒精之至也終

曰號而不幽和之至也和曰常智和

四九

曰明益生曰詳心使氣曰强物壯則

老謂之不=道=蚤已

五〇

● 智者弗言=者弗智塞其脫閉其門和

其光同其眕挫其兌解其紛是謂玄

五一

同故不可得而親亦不可得而疏不

可得而利亦不可得而害不可得而

五二

貴亦不可得而賤故爲天下貴

五三

•以正之國以倚用兵以無事取天下

吾何以智其然也夫天多忌諱而民

五四

彌貧民多利器而固家茲昏人多智

而苛物茲起瀍物茲章而盜賊多有

五五

故聖人之言云我無爲而民自化我

無事而民自富我好靜而民自正我

五六

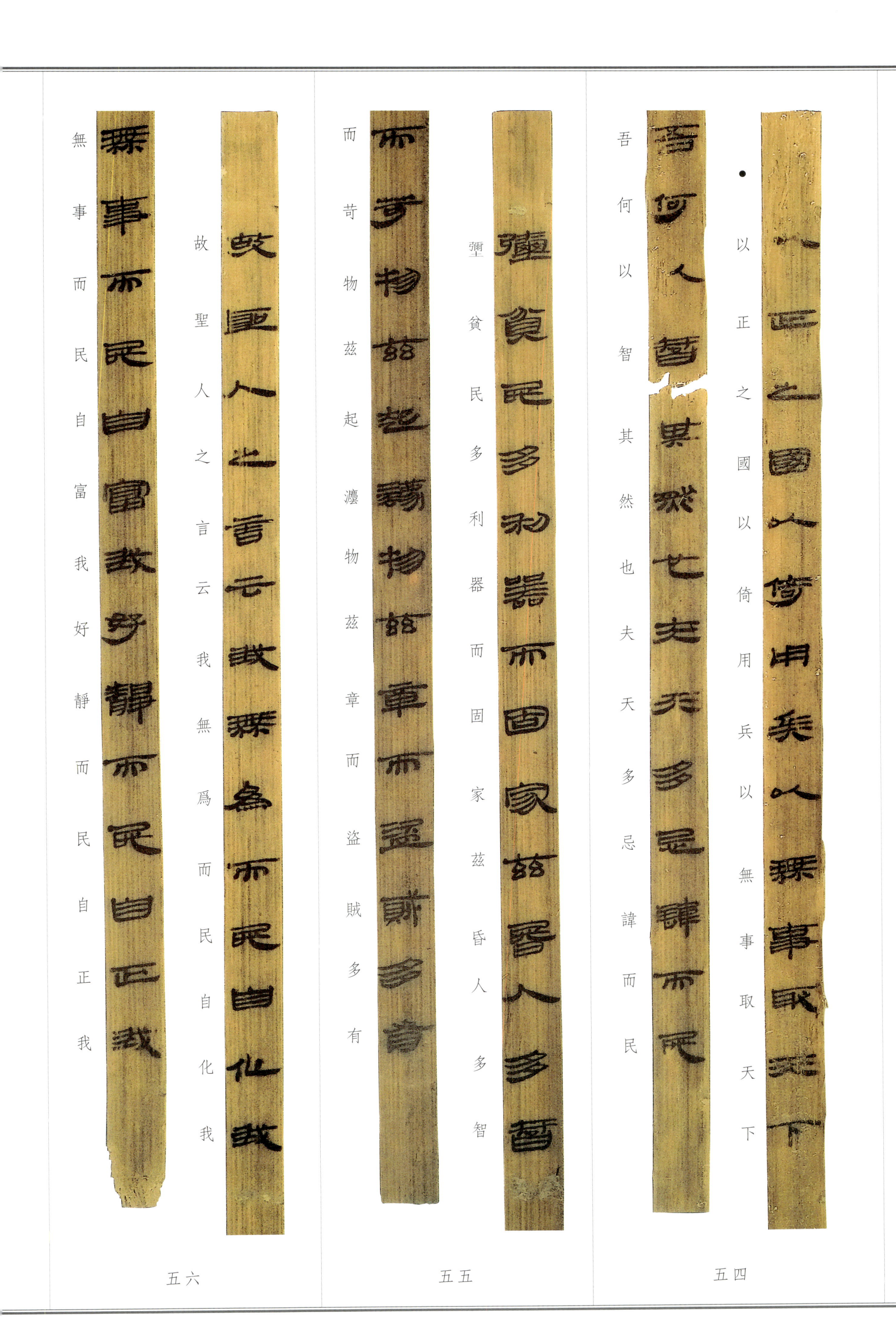

欲不欲而民自樸

五七

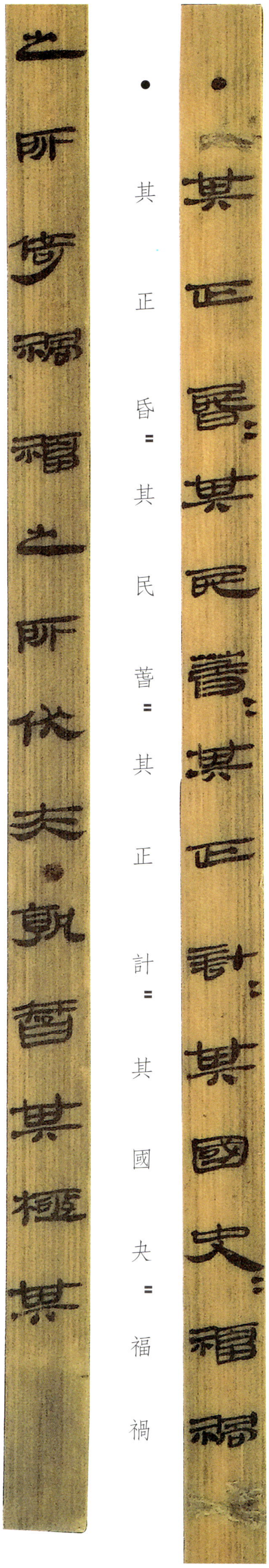

●其正昏=其民萅=其正計=其國夬=福禍

之所倚禍福之所伏夫孰智其極其

五八

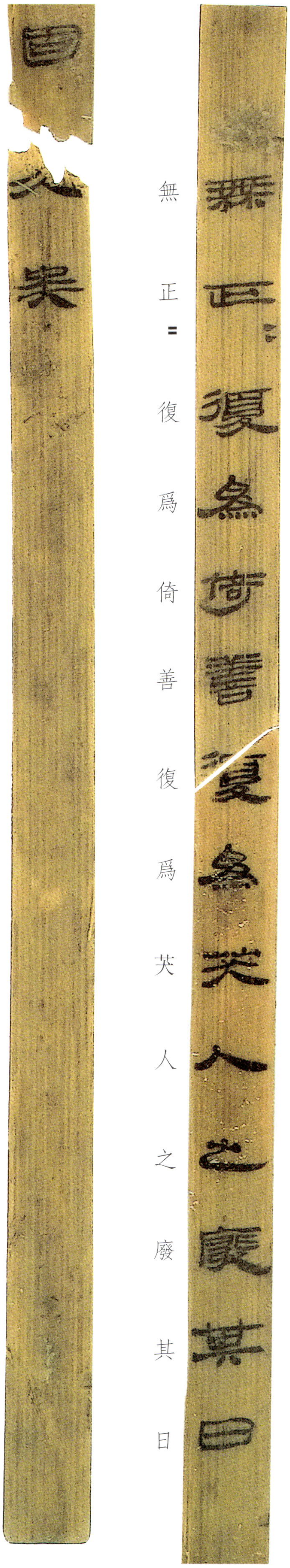

無正=復爲倚善復爲芺人之廢其日

固久矣

五九

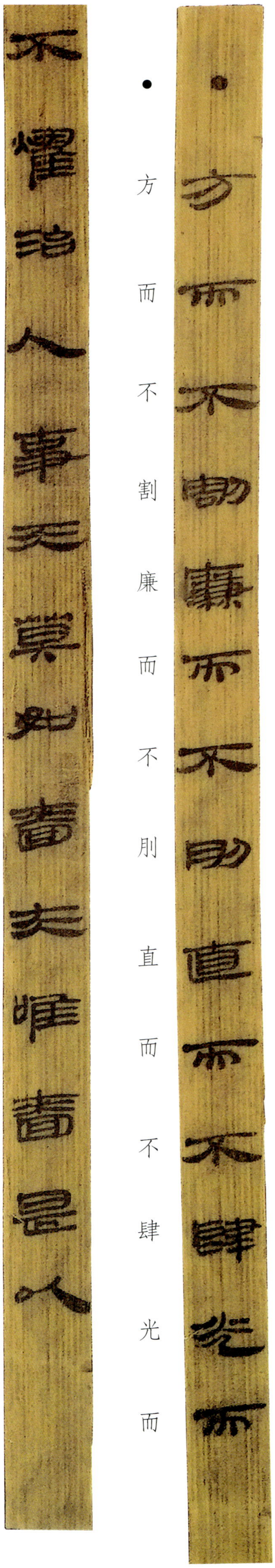

•方而不割廉而不刖直而不肆光而

不燿治人事天莫如嗇夫唯嗇是以

六〇

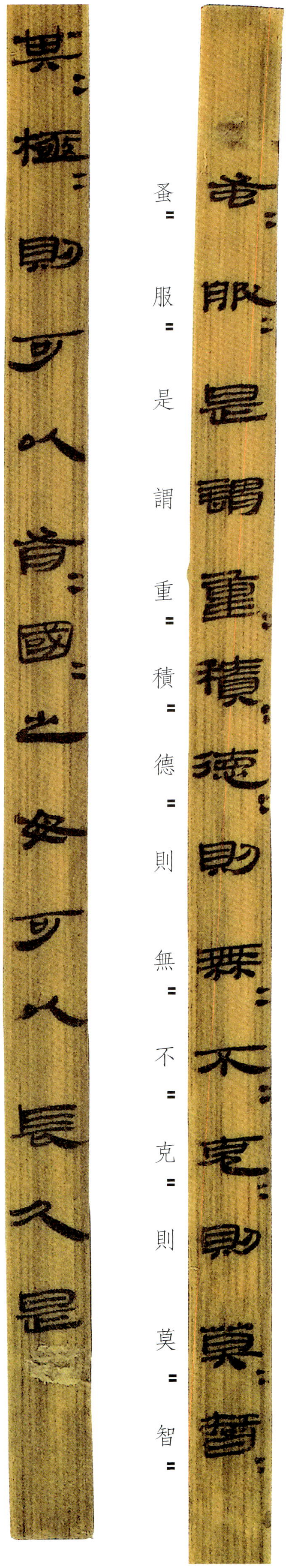

蚤=服=是謂重=積=德=則無=不=克=則莫=智=

其=極=則可以有=國=之母可以長久是

六一

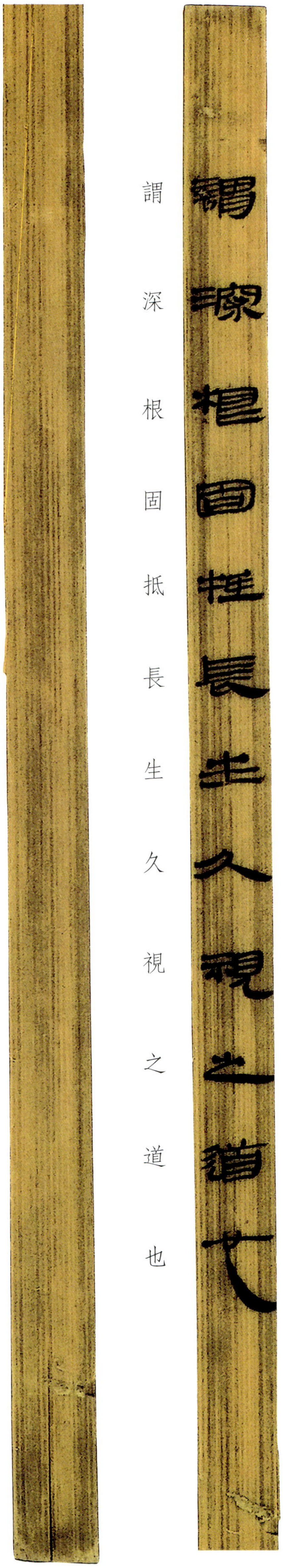

謂深根固抵長生久視之道也

六二

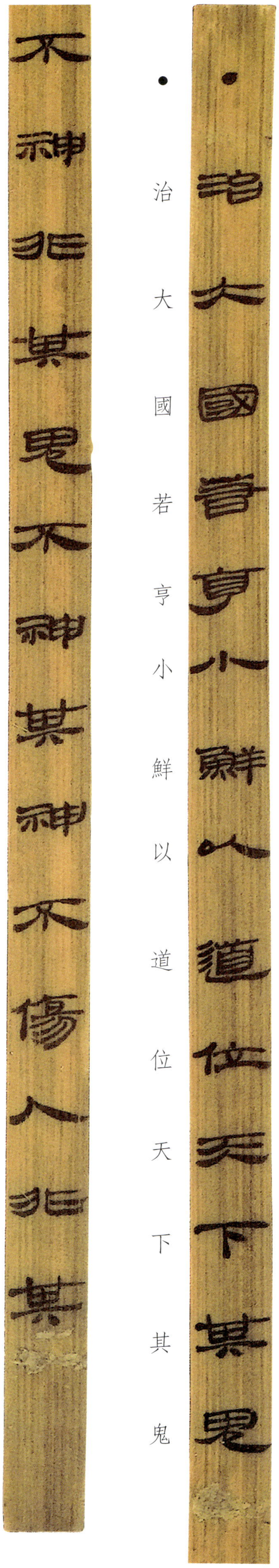

• 治大國若亨小鮮以道位天下其鬼

不神非其鬼不神其神不傷人非其

六三

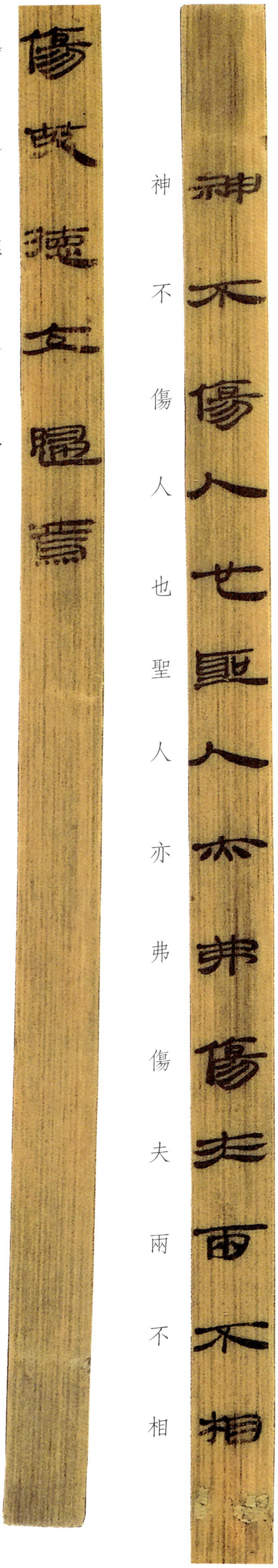

神不傷人也聖人亦弗傷夫兩不相

傷故德交歸焉

六四

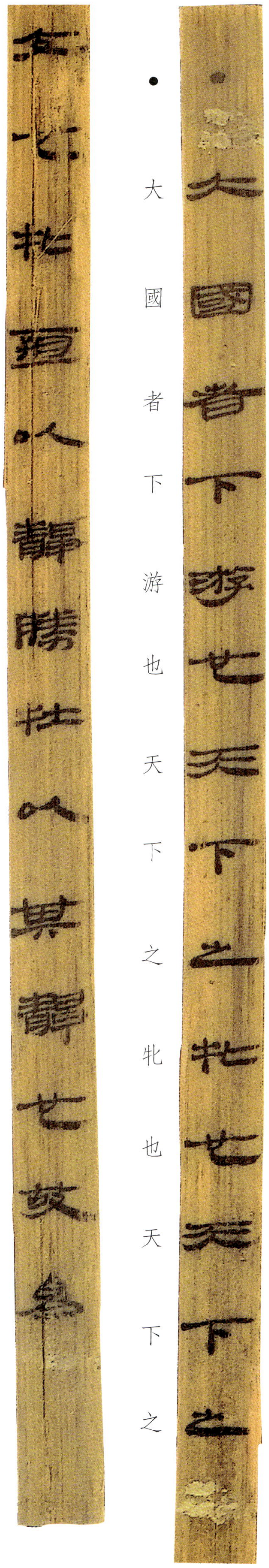

• 大國者下游也天下之牝也天下之

交也牝恒以靜勝牡以其靜也故爲

六五

下故大國以下小國則取小=國=以下

大國則取於大國故或下以取或下

六六

爲下

六七

•道者萬物之椯也善人之葆不善人

之所葆也美言可以市莫行可以賀

六八

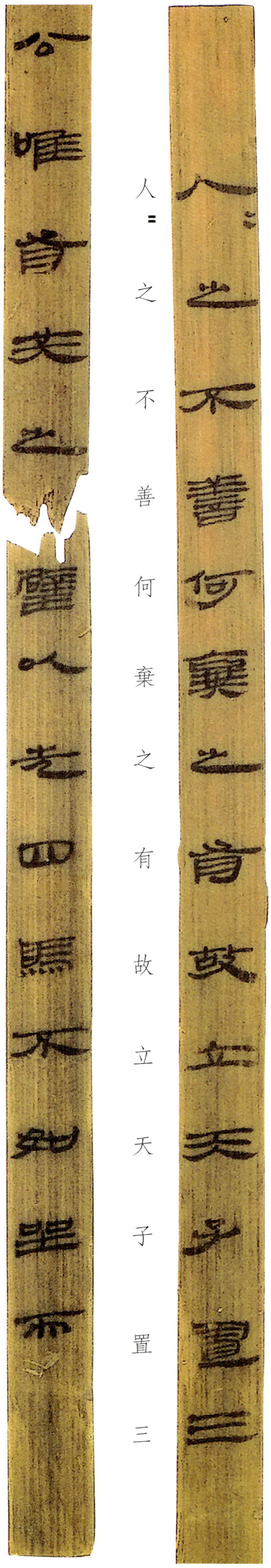

人=之不善何棄之有故立天子置三

公唯有共之璧以先四馬不如坐而

六九

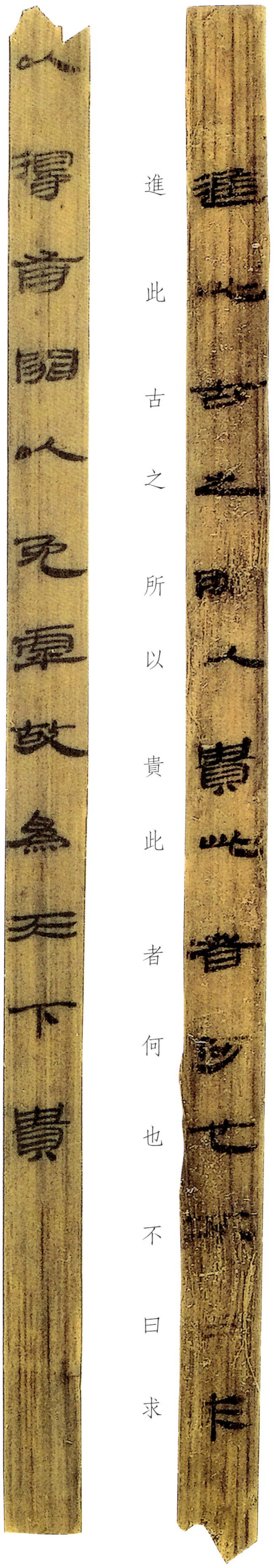

進此古之所以貴此者何也不曰求

以得有罪以免虖故爲天下貴

七〇

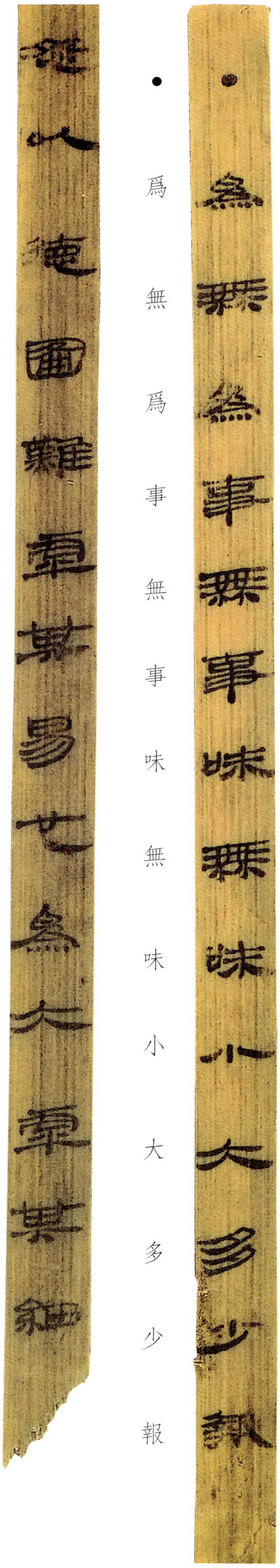

•爲無爲事無事味無味小大多少報

怨以德圖難虖其易也爲大虖其細

七一

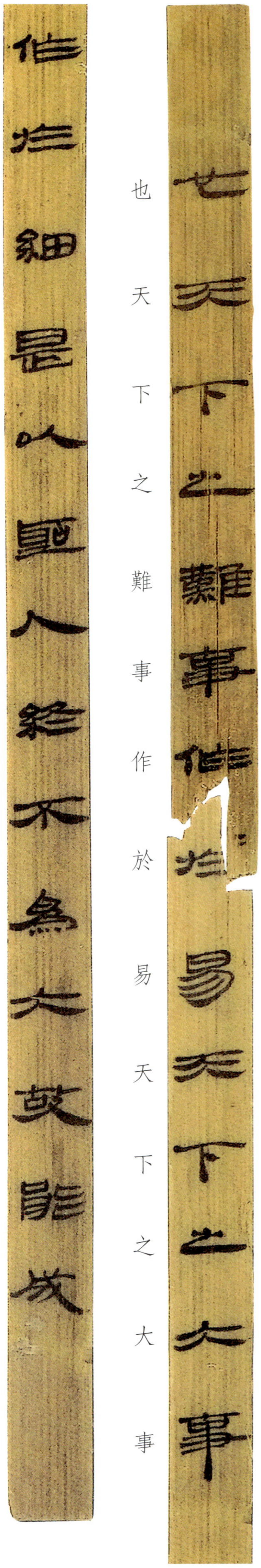

也天下之難事作於易天下之大事

作於細是以聖人終不爲大故能成

七二

大夫輕若必寡信多易者必多難是

以聖人猶難之故終無難

七三

•其安易持也其未兆易謀也其脃易

判也其微易散也爲之其無有也治

七四

之其未亂也合抱之木作於豪末九

成之臺作於纍土百仞之高始於足下

七五

• 爲者敗之執者失之是以聖人無爲

故無敗也無執故無失也民之從事

七六

也恒於其成事而敗之故慎終如始

則無敗事矣是以聖人欲不欲不貴

七七

難得之貨學不學而復眾人之所過

以輔萬物之自然而弗敢爲

七八

•古之爲道者非以明民也將以愚之

也民之難治以其智也故以智=國=之

七九

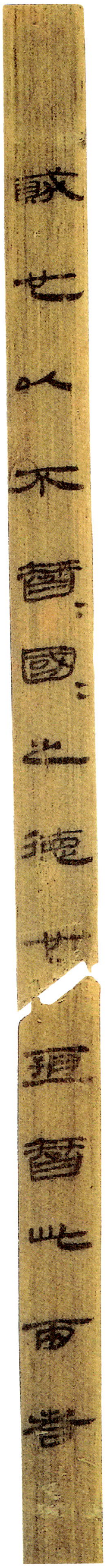

賊也以不智=國=之德也恒智此兩者

亦楷式恒智楷式是謂玄=德=深矣遠

八〇

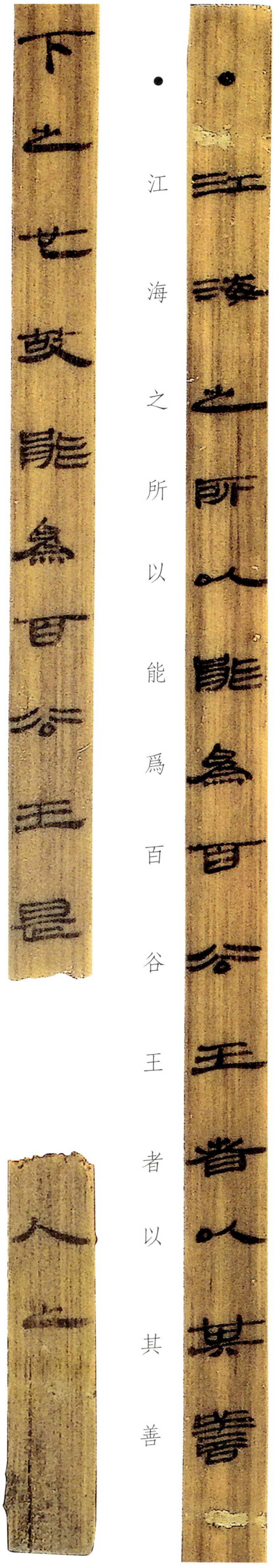

•江海之所以能爲百谷王者以其善

下之也故能爲百谷王是【以聖】人之

八一

欲高民也必以其言下之其欲先民

也必以其身後之是以居上【而】民弗

八二

重居前而民弗害也是以天下樂推

而弗厭也不以其無爭邪故天下莫

八三

能與之爭

八四

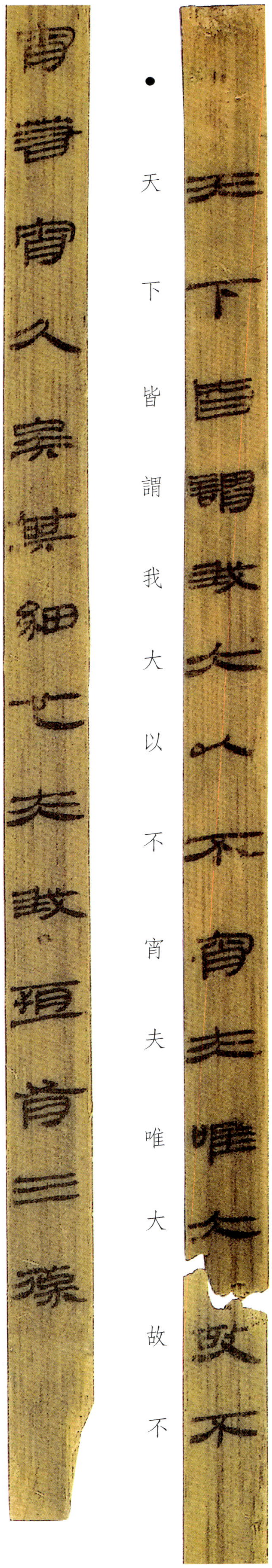

·天下皆謂我大以不宵夫唯大故不

宵若宵久矣其細也夫我恒有三葆

八五

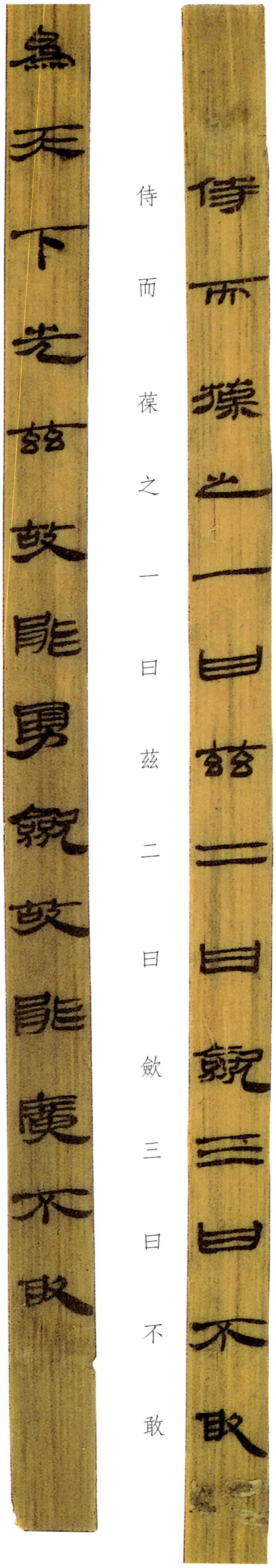

侍而葆之一曰茲二曰歛三曰不敢

爲天下先茲故能勇歛故能廣不敢

八六

爲天下先故能爲成器長今舍其茲

且勇舍其儉且廣舍其後且先則死

八七

矣夫茲以陳則正以守則固天之救

之若以茲衛之

八八

• 善爲士者不武善戰者不怒善勝適

者弗與善用人者爲之下是謂不爭

八九

之德是謂用人是謂肥天古之極

九〇

•用兵有言曰吾不敢爲主而爲客不

敢進寸而退尺是謂行無行攘無臂

九一

執無兵乃無適禍莫大於無=適=則幾

亡吾葆矣故亢兵相若則哀者勝矣

九二

·吾言甚易智甚易行而天下莫之能

智莫之能行言有宗事有君天唯無

九三

智是以不吾智=我者希則我貴矣是

以聖人被褐而懷玉

九四

·智不智上矣不智=病矣夫唯病=是以

不病聖人【之不】病以其不病

九五

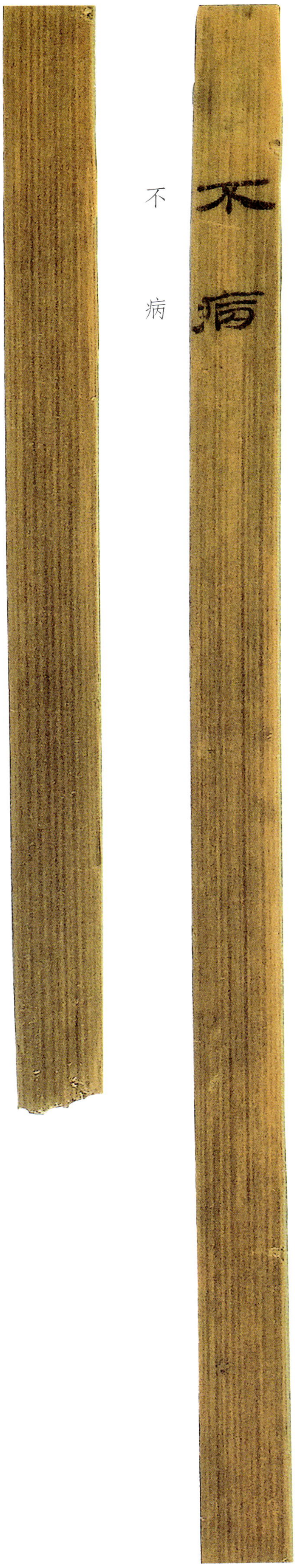

不病

九六

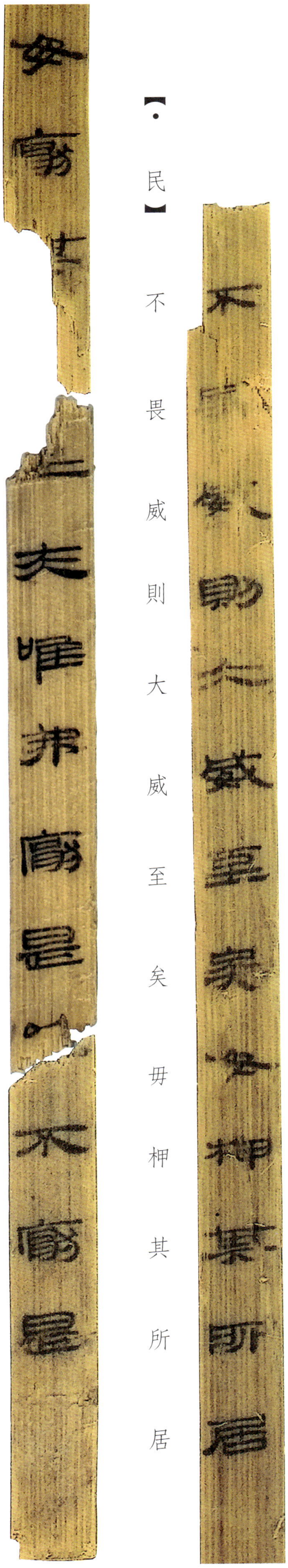

【·民】不畏威則大威至矣毋柙其所居

毋厭其【所】生夫唯弗厭是以不厭是

九七

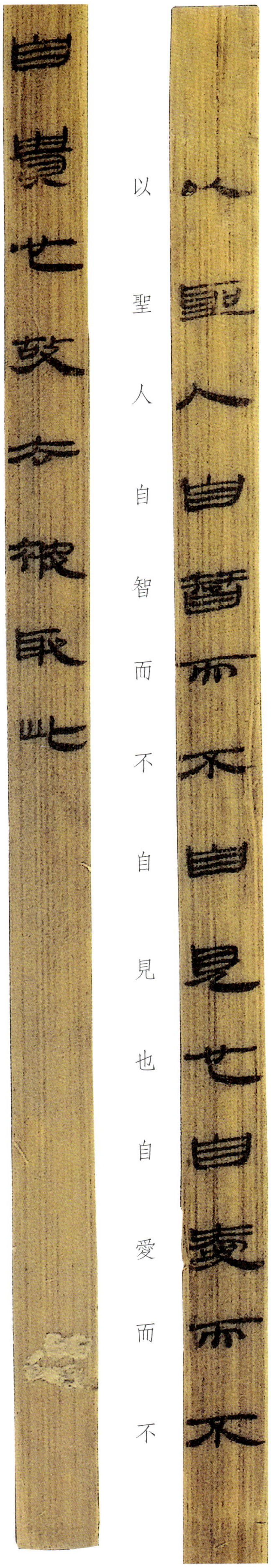

以聖人自智而不自見也自愛而不

自貴也故去被取此

九八

• 勇於敢則殺勇於不敢則枯此兩者

或利或害天之所惡孰智其故天之

九九

道不爭而善勝不言而善應弗召自來

諯然善謀天罔怪=疏而不失

一〇〇

• 民恒不畏死奈何其以殺懼之也若

使民恒不畏死而爲畸者吾得而殺

一〇一

之夫孰敢矣恒有司殺者夫代司殺
者殺是代大匠斲也夫代大匠斲者
一〇二

希不傷其手矣
一〇三

·人之飢也以其取食脫之多也是以
飢百姓之不治也以上之有以爲也
一〇四

是以不治民之輕死也以其生之厚

也是以輕死夫唯無以生爲是賢貴

一〇五

生也

一〇六

•人之生也柔弱其死也倰信堅强萬

物草木之生也柔弱其死也苦蒿故

一〇七

堅强者死之徒也柔弱者生之徒也

是以兵强則不勝木强則核故强大

一〇八

居下柔弱居上

一〇九

• 天之道猶張弓者也高者抑之下者

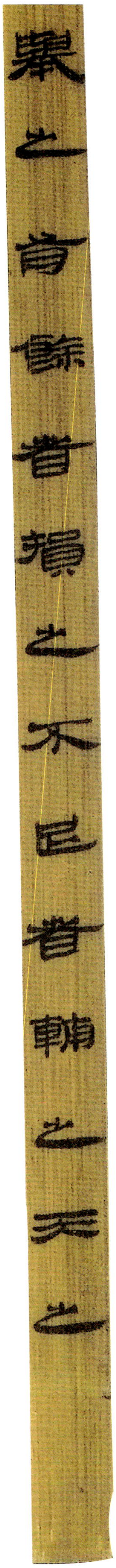

舉之有餘者損之不足者輔之天之

一一〇

【道】損有餘而奉不足人之道不然損

不足而奉有餘孰能有餘而有取奉

一一一

於天者唯有道者也是以聖人爲而

弗有成功而弗居其欲不見賢也

一一二

•天下莫柔弱於水而功堅强者莫之

能失也以其無以易之也故水之勝

一一三

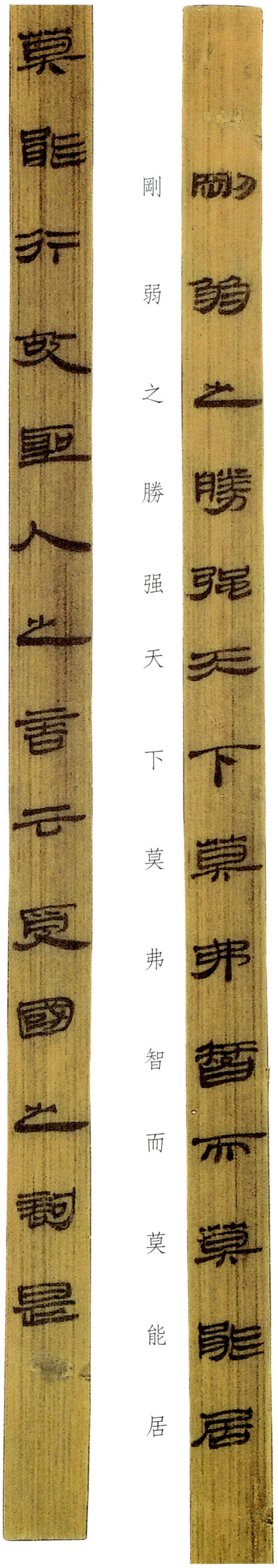

剛弱之勝强天下莫弗智而莫能居

莫能行故聖人之言云受國之詬是

一一四

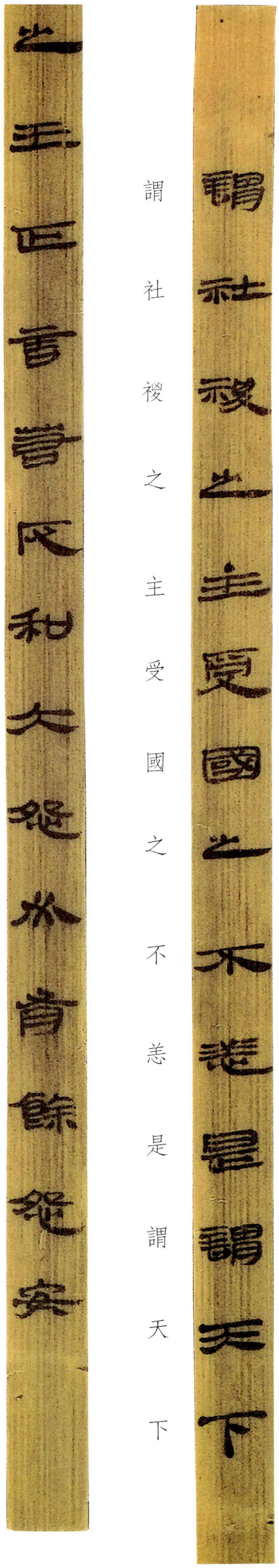

謂社稷之主受國之不恙是謂天下

之王正言若反和大怨必有餘怨安

一一五

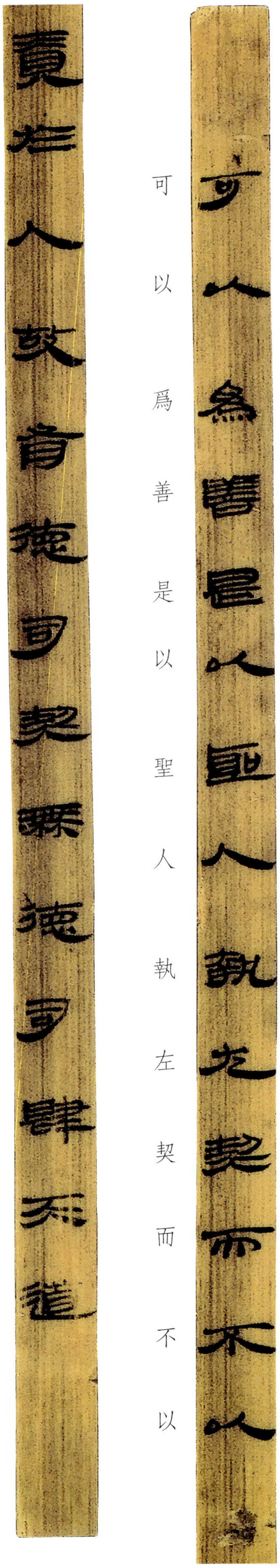

可以爲善是以聖人執左契而不以

責於人故有德司契無德司肆天道

一一六

一一七

無親恒與善人

一一八

•小國寡民使有什佰人之氣而勿用

使民重死而遠徙有舟車無所乘之

一一九

有甲兵無所陳之使民復結繩而用

之甘其食美其服樂其俗安其居鄰

國相望雞狗之音相聞民至老而死

不相往來

一二〇

●信言不美=言不信智者不博=者不智

善者不辯=者不善聖人無責氣以爲

一二一

人己俞有氣以予人己俞多天之道

利而弗害人之道爲而弗爭也●凡

一二二

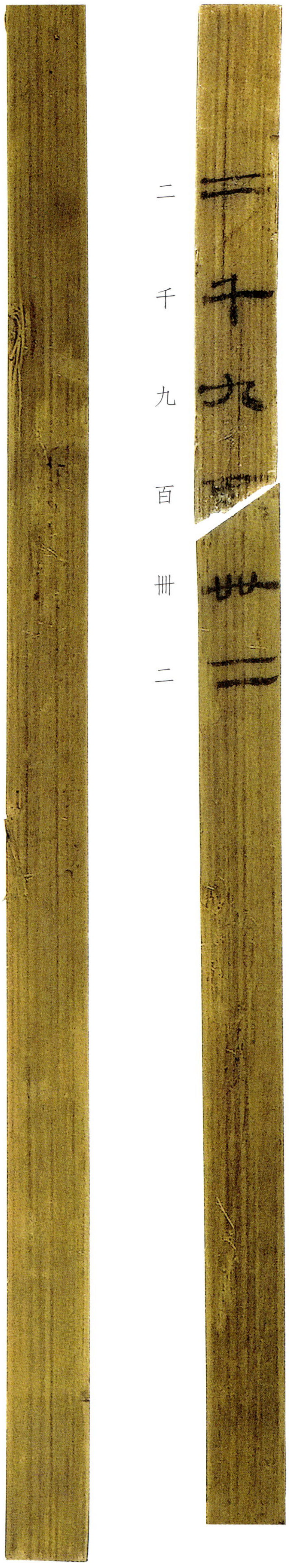

二千九百卌二

一二三

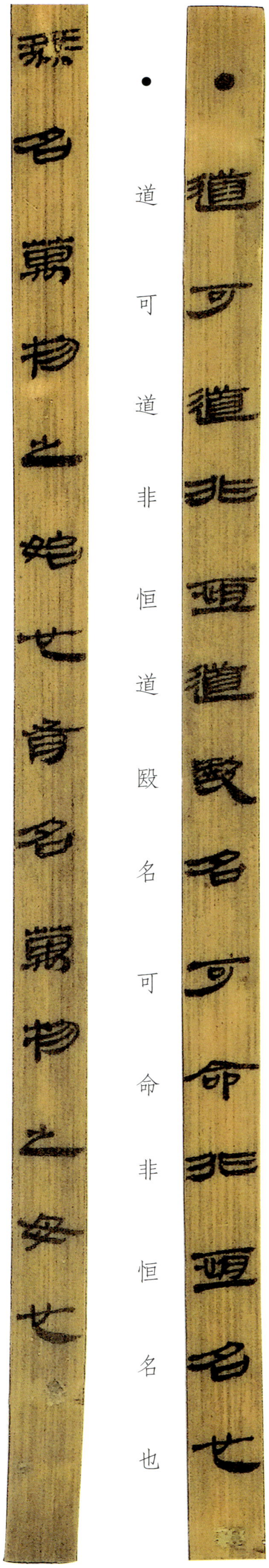

•道可道非恒道殹名可命非恒名也

無名萬物之始也有名萬物之母也

一二四　正

老子下經

一二四　背

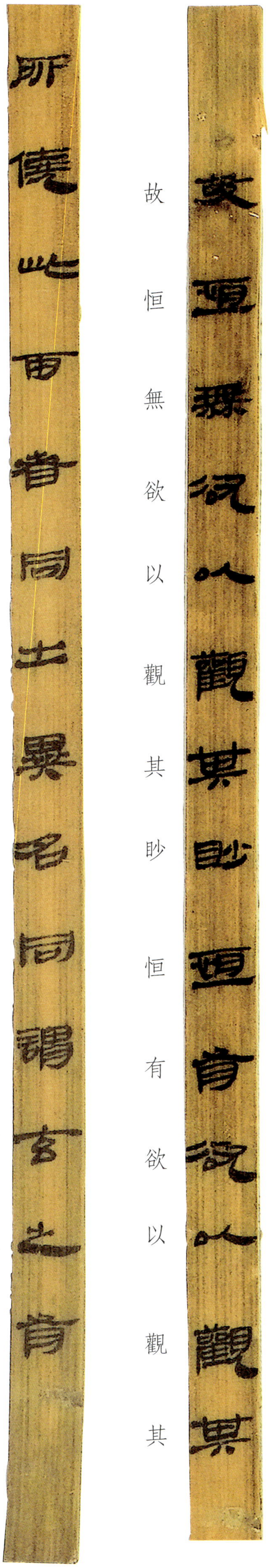

故恒無欲以觀其眇恒有欲以觀其

所僥此兩者同出異名同謂玄之有

一二五

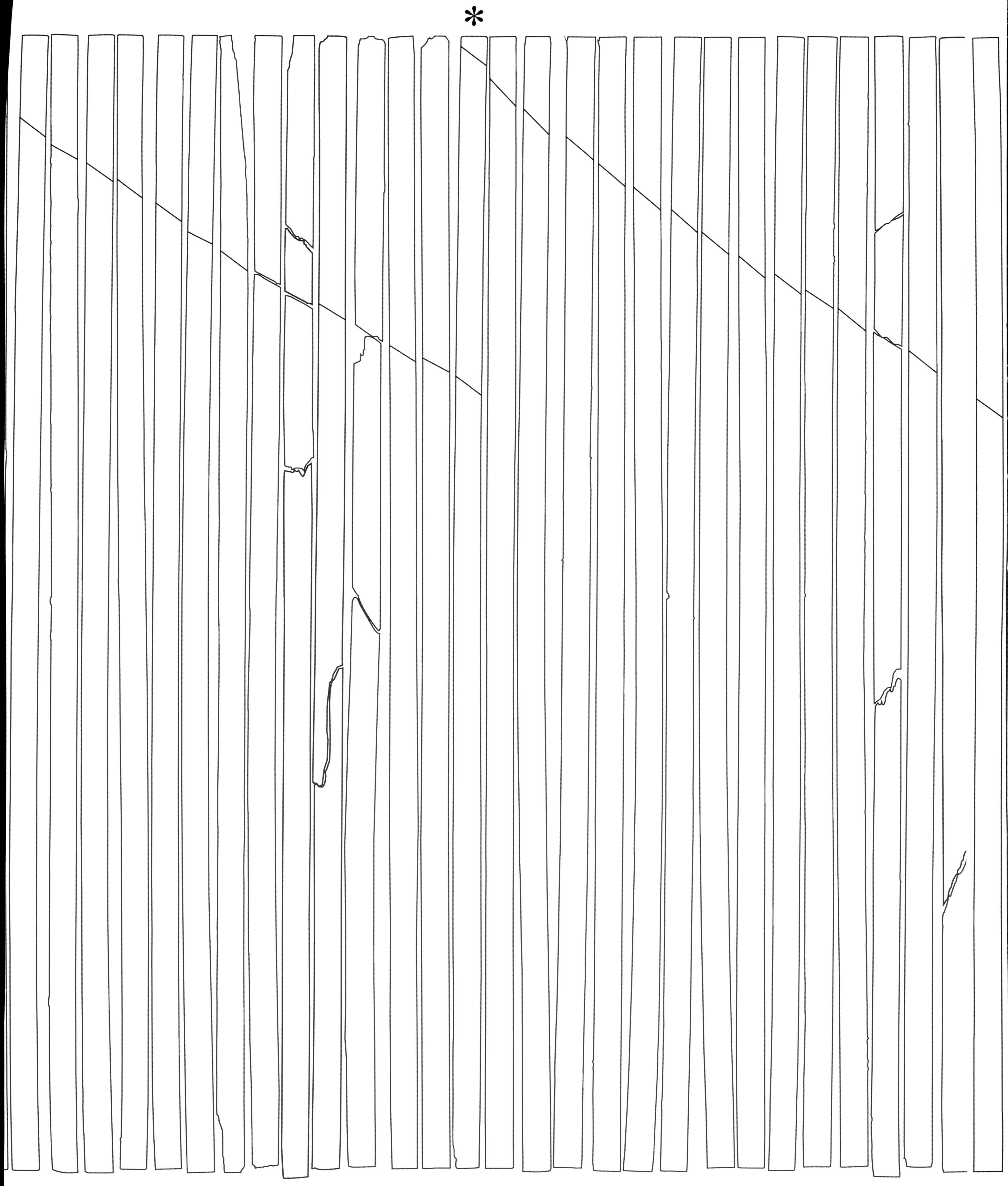

一四四 一四五 一四六 一四七 一四八 一四九 一五〇 一五一 一五二 一五三 一五四 一五五 一五六 一五七 一五八 一五九 一六〇 一六一 一六二 一六三 一六四 一六五 一六六 一六七 一六八 一六九 一七〇 一七一 一七二

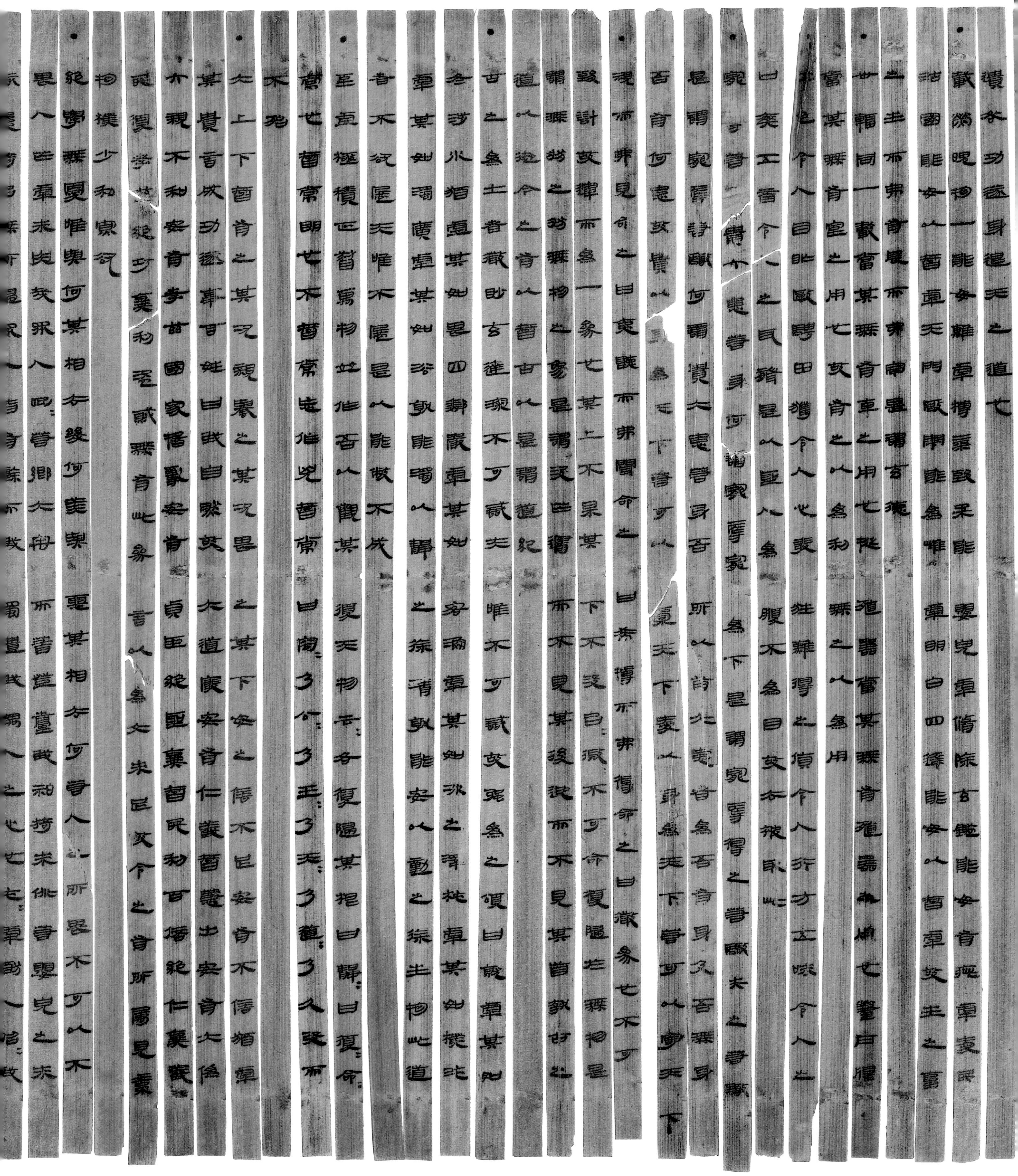

一四四 一四五 一四六 一四七 一四八 一四九 一五〇 一五一 一五二 一五三 一五四 一五五 一五六 一五七 一五八 一五九 一六〇 一六一 一六二 一六三 一六四 一六五 一六六 一六七 一六八 一六九 一七〇 一七一 一七二 一七三

一二四背　一二四　一二五　一二六　一二七　一二八　一二九　一三〇　一三一　一三二　一三三　一三四　一三五　一三六　一三七　一三八　一三九　一四〇　一四一　一四二　一四三

一二四背

一二四 一二五 一二六 一二七 一二八 一二九 一三〇 一三一 一三二 一三三 一三四 一三五 一三六 一三七 一三八 一三九 一四〇 一四一 一四二 一四三

一七四 一七五 一七六 一七七 一七八 一七九 一八〇 一八一 一八二 一八三 一八四 一八五 一八六 一八七 一八八 一八九 一九〇 一九一 一九二 一九三 一九四 一九五 一九六 一九七 一九八 一九九 二〇〇 二〇一 二〇二 二〇三

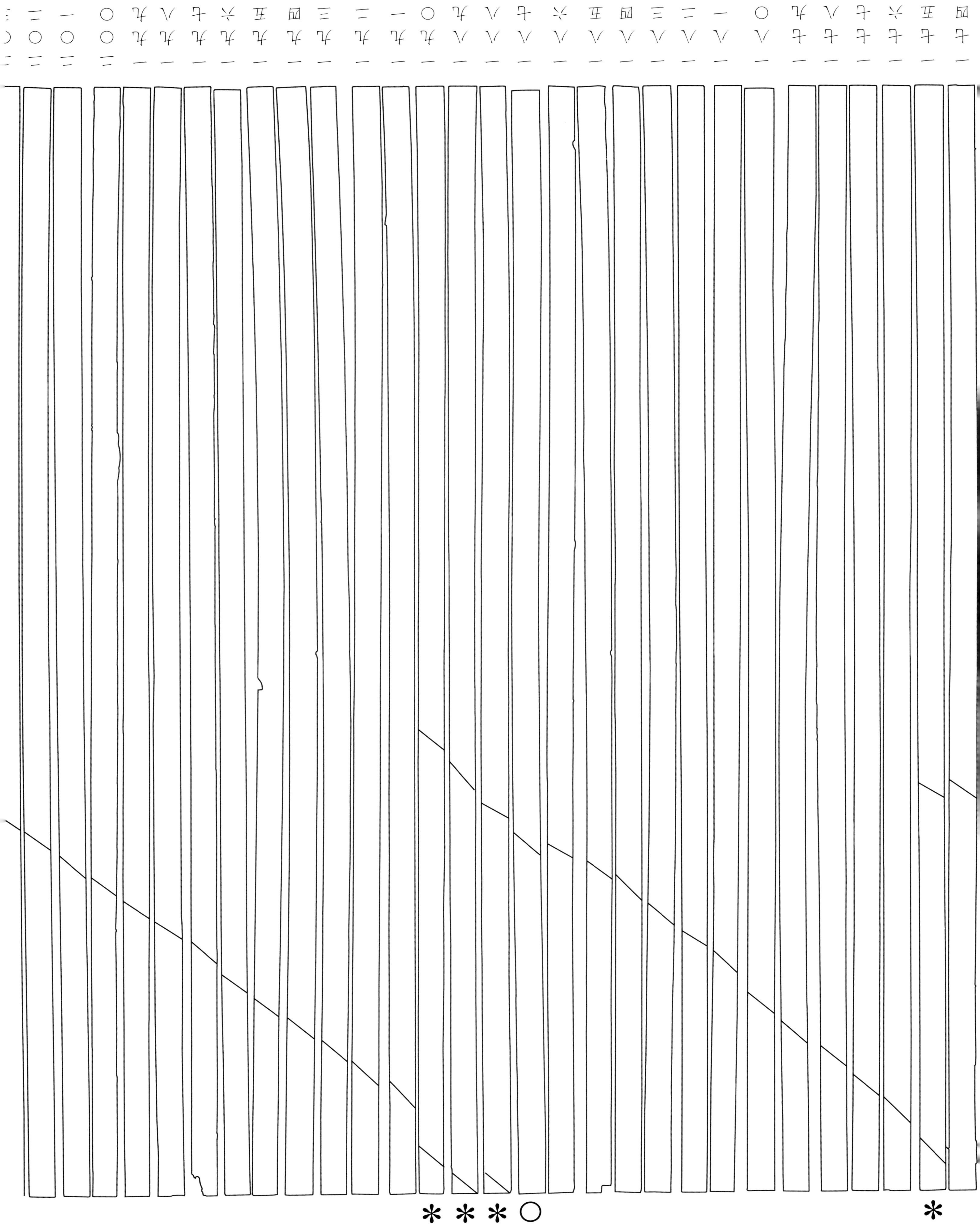

一七四 一七五 一七六 一七七 一七八 一七九 一八〇 一八一 一八二 一八三 一八四 一八五 一八六 一八七 一八八 一八九 一九〇 一九一 一九二 一九三 一九四 一九五 一九六 一九七 一九八 一九九 二〇〇 二〇一 二〇二 二〇三

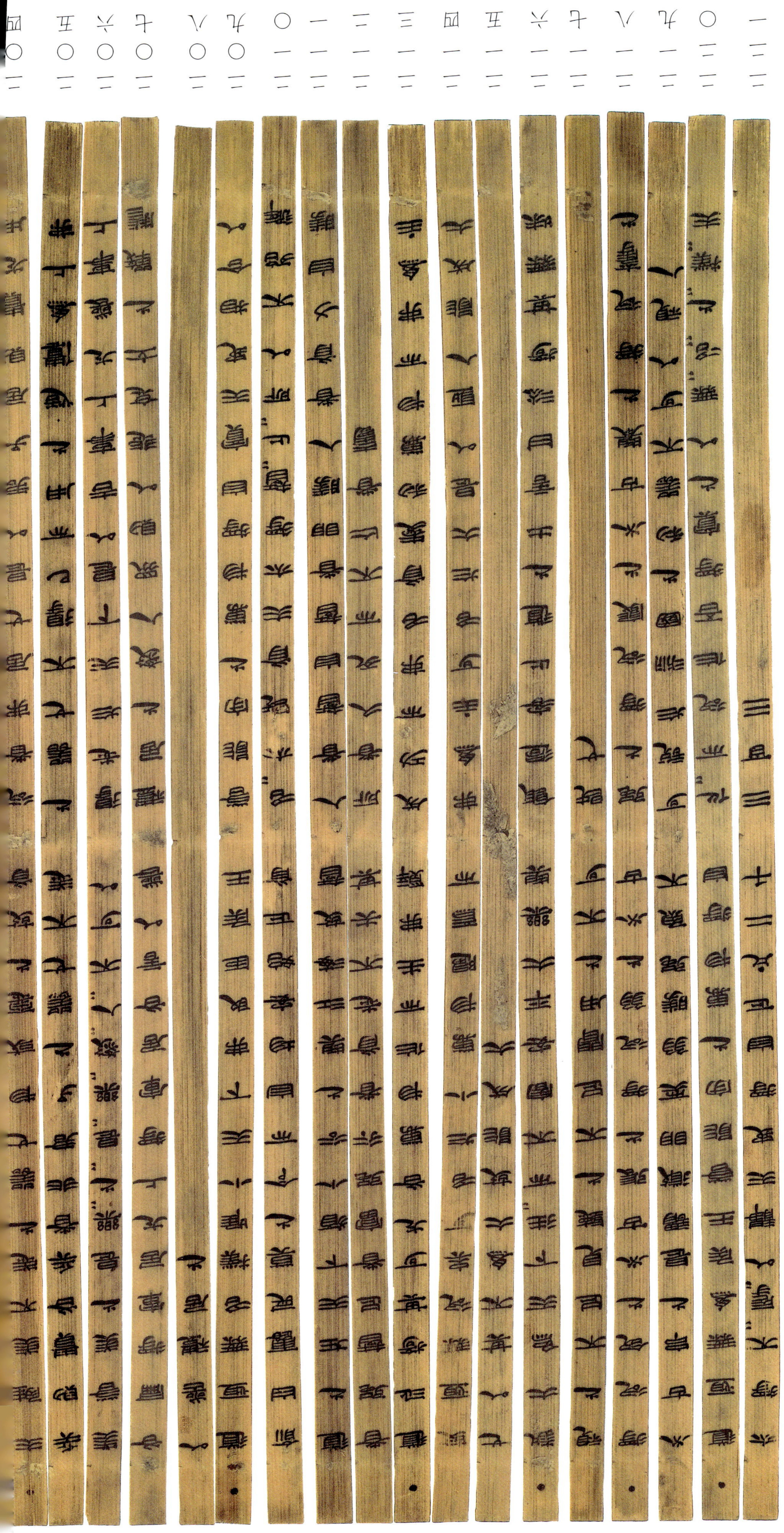

二〇四
二〇五
二〇六
二〇七
二〇八
二〇九
二一〇
二一一
二一二
二一三
二一四
二一五
二一六
二一七
二一八
二一九
二二〇
二二一

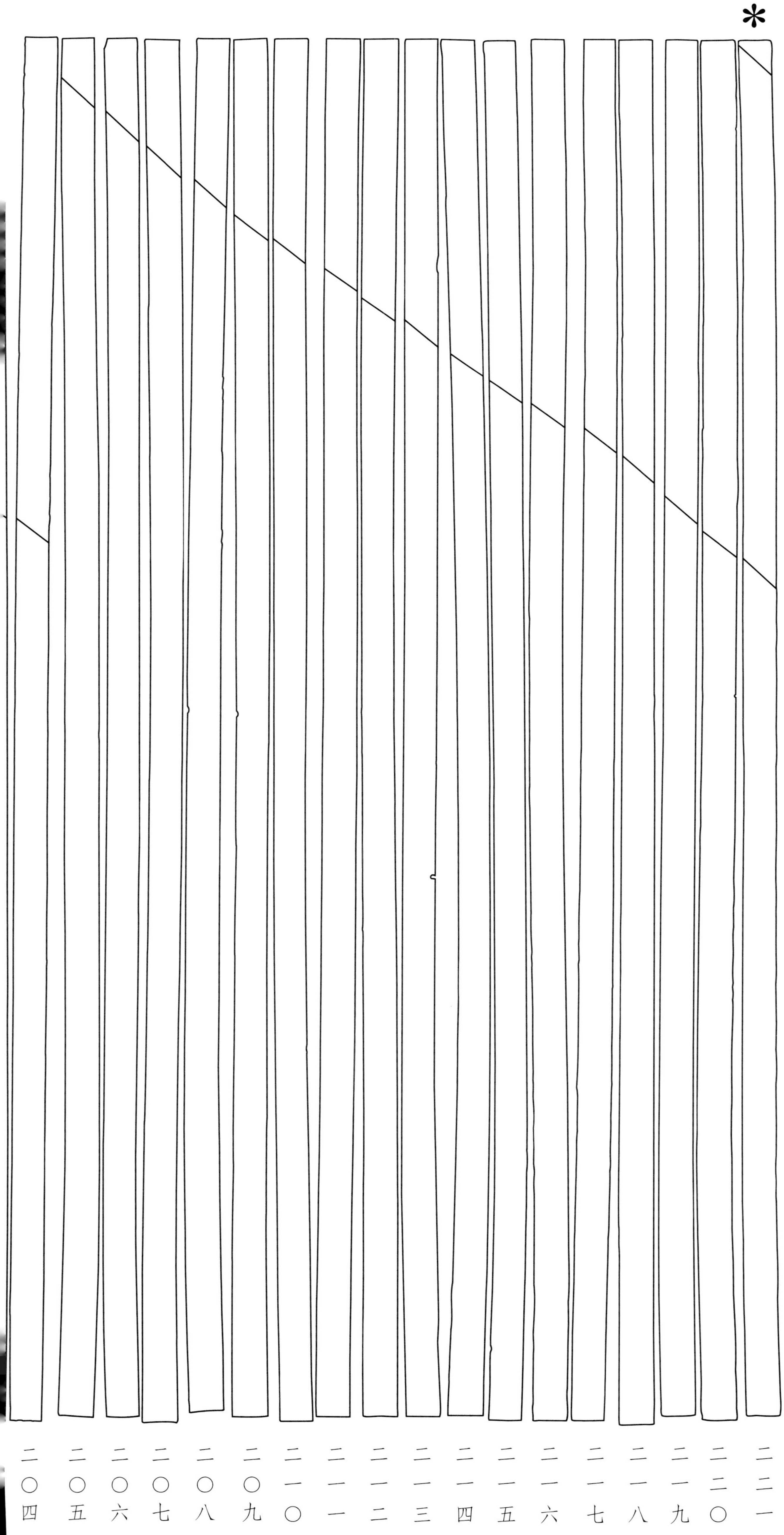
*
二二一
二二〇
二一九
二一八
二一七
二一六
二一五
二一四
二一三
二一二
二一一
二一〇
二〇九
二〇八
二〇七
二〇六
二〇五
二〇四

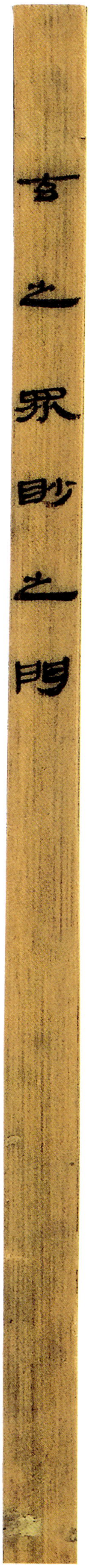

玄之眾眇之門

一二六

• 天下皆智美之爲美亞已皆智善之

爲善斯不善矣故有無之相生難易

一二七

之相成短長之相刑高下之相頃言

聲之相和先後之相隨是以聖人居

一二八

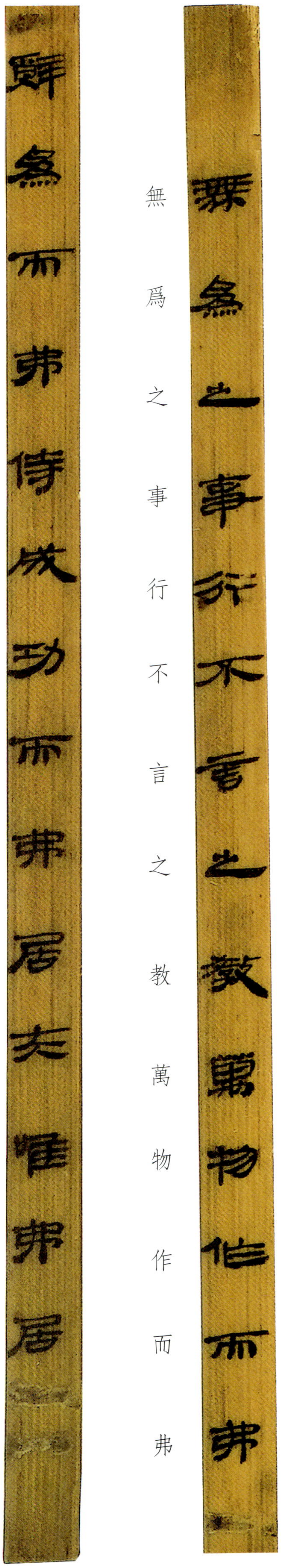

無爲之事行不言之教萬物作而弗

辭爲而弗侍成功而弗居夫唯弗居

一二九

是以弗去

一三〇

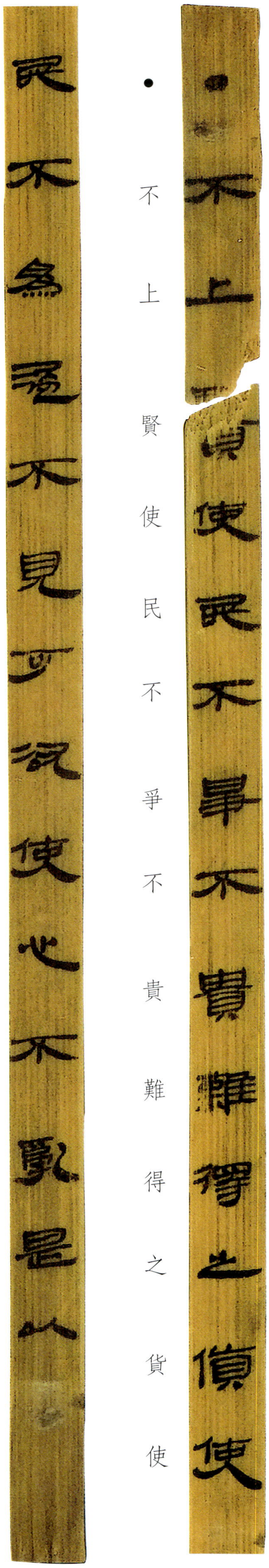

•不上賢使民不爭不貴難得之貨使

民不爲盜不見可欲使心不亂是以

一三一

聖人之治也虛其心實其腹弱其志

强其骨恒使民無智無欲使夫智不

一三二

敢弗爲則無不治矣

一三三

•道沖而用之有弗盈淵旖佁萬物之

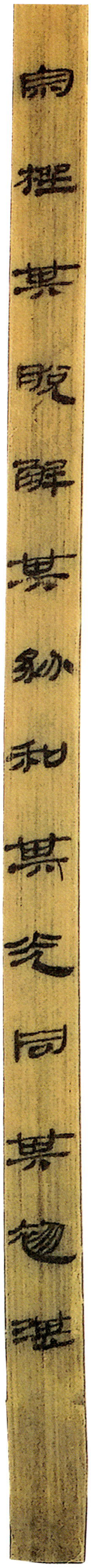

宗桎其脫解其紛和其光同其袗湛

一三四

旖佁或存吾不智其誰子象帝之先

一三五

•天地不仁以萬物爲芻狗聖人不仁

以百姓爲芻狗天地之閒其猶橐籥

一三六

虖虛而不屈動而揄出多聞數窮不

若守於中

一三七

•谷神不死是謂玄=牝=之門是謂天地
之根緜虖若存用之不堇天長地久

一三八

天地之所以能長且久者以其不自
生也故能長生是以聖人後其身而

一三九

身先外其身而身存不以其無私虖
故能成其私

一四〇

一四一

·上善如水=善利萬物而有爭眾人之

所惡故幾於道矣居善地心善淵予

一四二

善天言善信正善治事善能動善時

夫唯不爭故無尤

一四三

·持而盈之不如其已桓而允之不可

長葆金玉盈室莫能守富貴而驕自

遺咎功遂身退天之道也

一四四

載熒魄抱一能毋離虖槫氣致柔能

嬰兒虖脩除玄鑑能毋有疵虖愛民

一四五

沽國能毋以智虖天門啟閉能爲雌

虖明白四達能毋以智虖故生之畜

一四六

之生而弗有長而弗宰是謂玄德

一四七

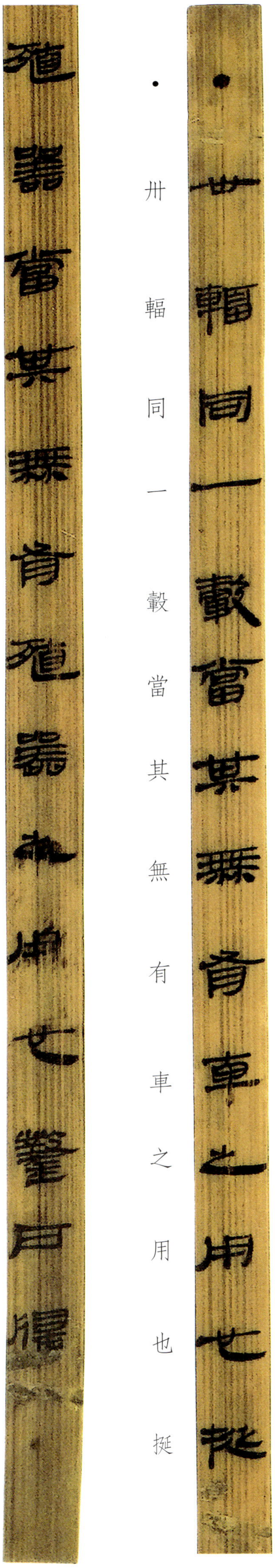

卅輻同一轂當其無有車之用也埏·

殖器當其無有殖器之用也鑿戶牖

一四八

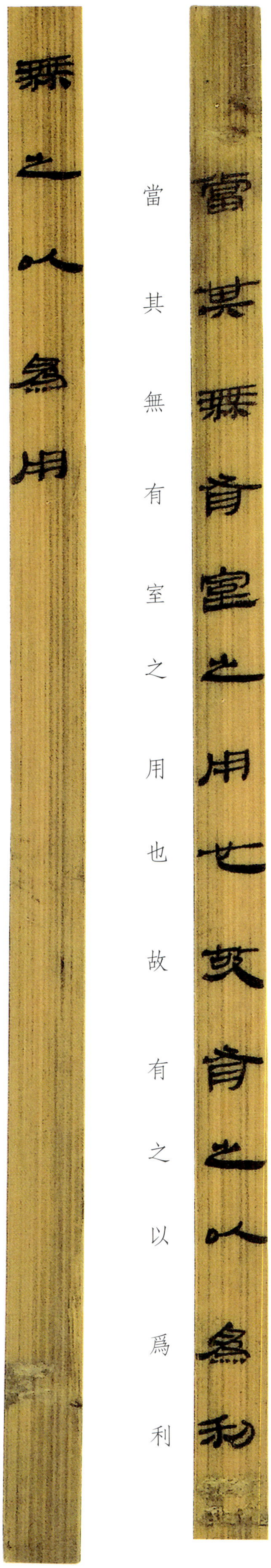

當其無有室之用也故有之以爲利

無之以爲用

一四九

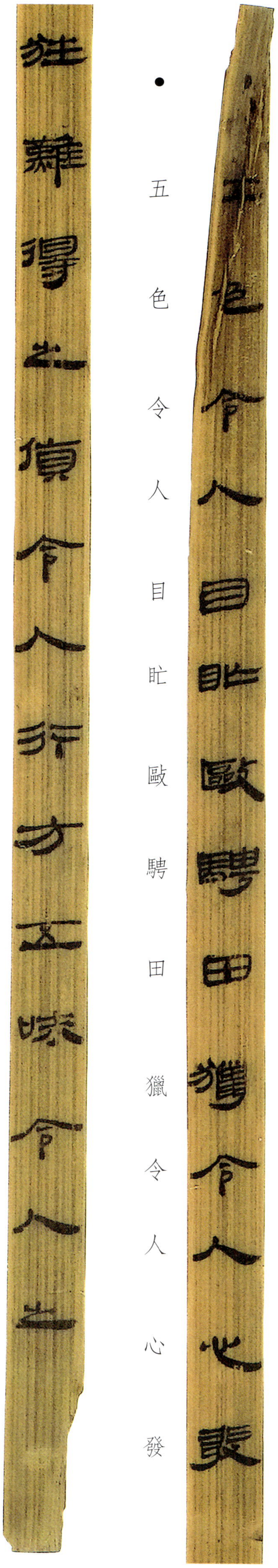

•五色令人目盳歐騁田獵令人心發
狂難得之貨令人行方五味令人之

一五〇

口爽五音令人之耳聾是以聖人爲
腹不爲目故去被取此

一五一

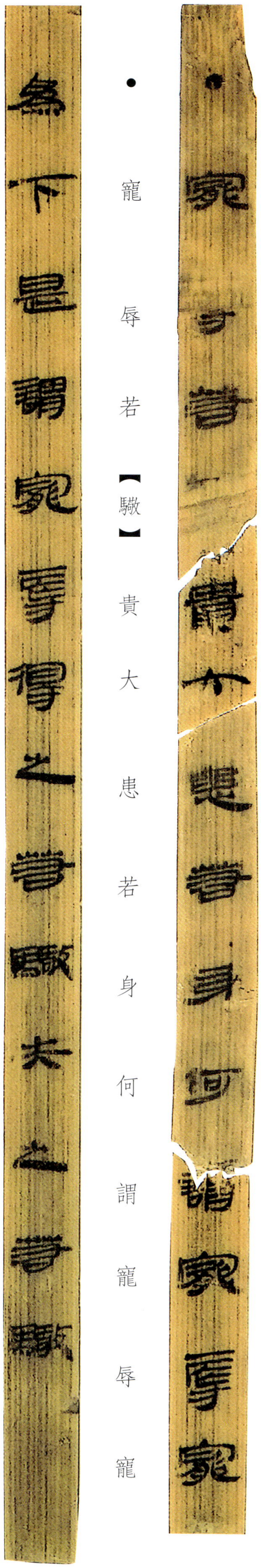

•寵辱若【驚】貴大患若身何謂寵辱寵
爲下是謂寵辱得之若驚失之若驚

一五二

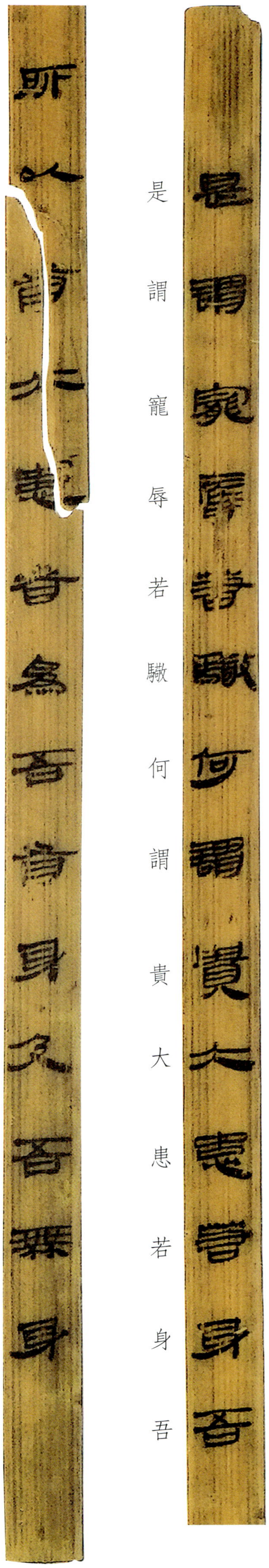

是謂寵辱若驚何謂貴大患若身吾

所以有大患者爲吾有身及吾無身

一五三

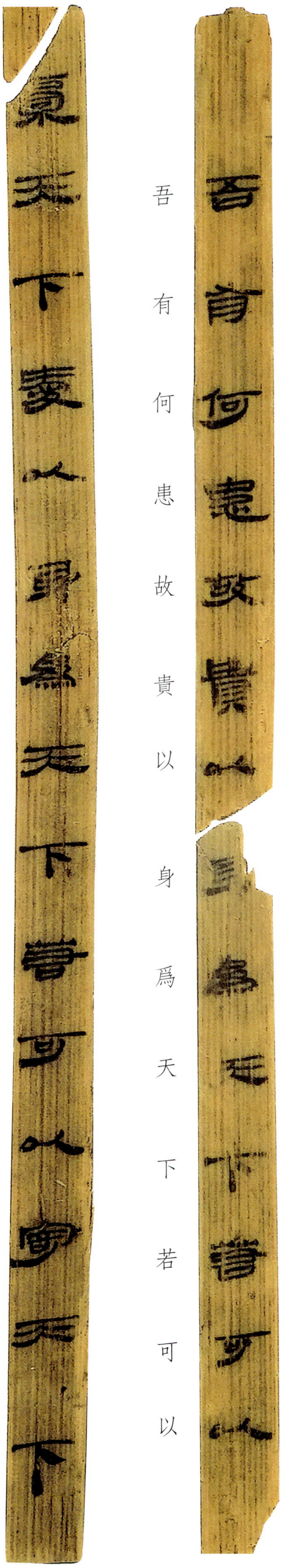

吾有何患故貴以身爲天下若可以

槖天下愛以身爲天下若可以寄天下

一五四

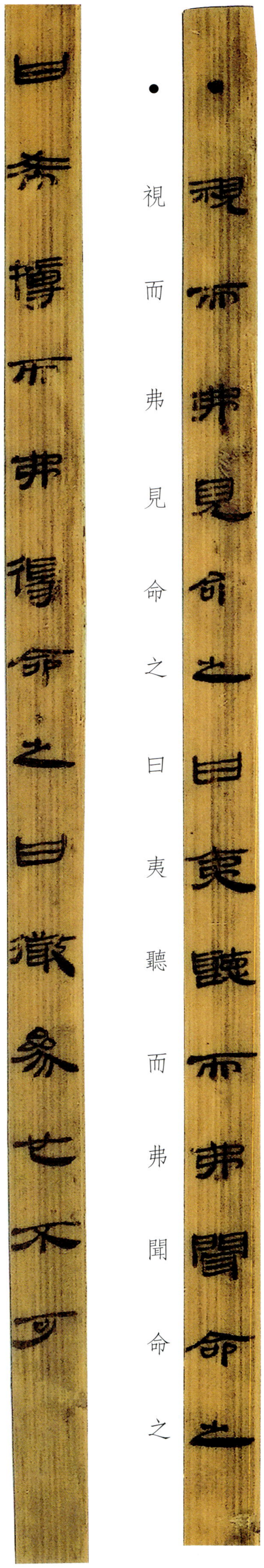

•視而弗見命之曰夷聽而弗聞命之

曰希搏而弗得命之曰微參也不可

一五五

致計故其運而爲一參也其上不杲其

下不没台=微=不可命復歸於無物是

一五六

謂無狀之狀無物之象是謂没芒隨

而不見其後迎而不見其首執古之

一五七

道以御今之有以智古以是謂道紀

一五八

·古之爲士者微眇玄達深不可識夫

唯不可識故强爲之頌曰就虖其如

一五九

冬涉水猶虖其如畏四鄰嚴虖其如

客涣虖其如冰之澤沌虖其如樸沌

一六〇

虖其如濁廣虖其如浴孰能濁以靜

之徐清孰能安以動之徐生抱此道

一六一

者不欲盈夫唯不盈是以能敝不成

一六二

•至虛極積正督萬物竝作吾以觀其

復天物云＝各復歸其根曰靜＝曰復＝命＝

一六三

常也智常明也不智常忘作兇智常

曰容＝乃公＝乃王＝乃天＝乃道＝乃久没而

一六四

不殆

一六五

·大上下智有之其次親譽之其次畏

之其下母之信不足安有不信猶虖

一六六

其貴言成功遂事百姓曰我自然故

大道廢安有仁義智慧出安有大偽

一六七

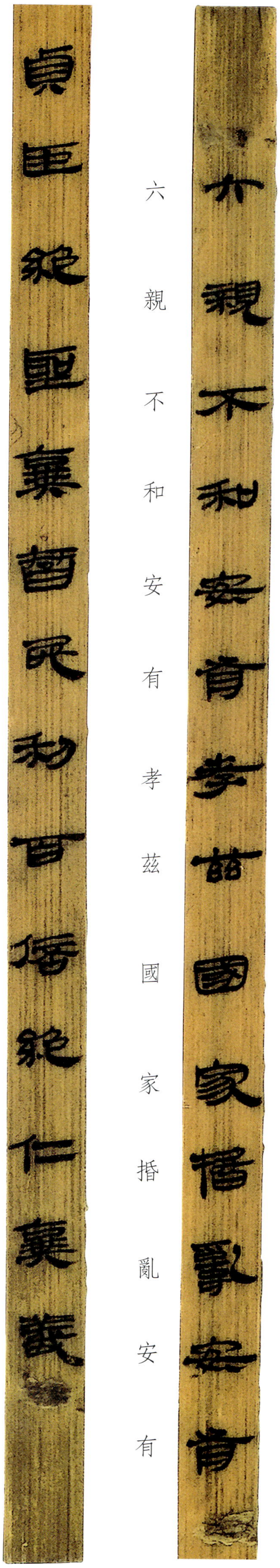
六親不和安有孝茲國家搢亂安有
貞臣絕聖棄智民利百倍絕仁棄義

一六八

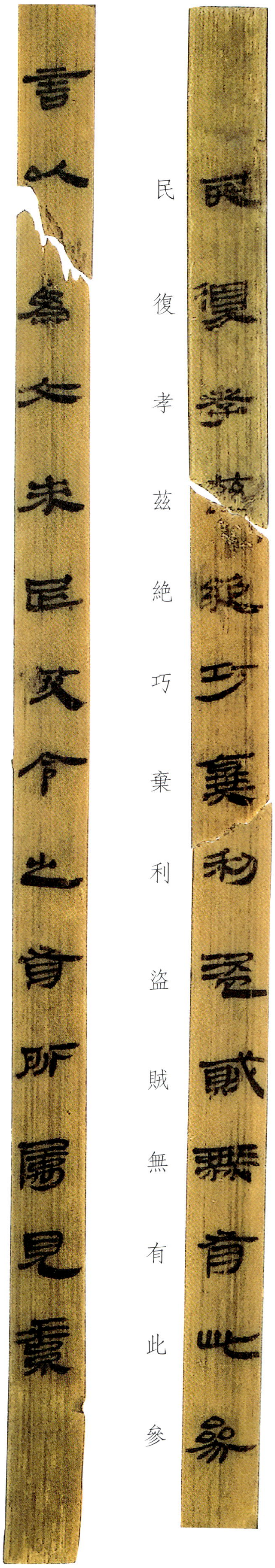
民復孝茲絕巧棄利盜賊無有此參
言以爲文未足故令之有所屬見素

一六九

抱樸少私寡欲

一七〇

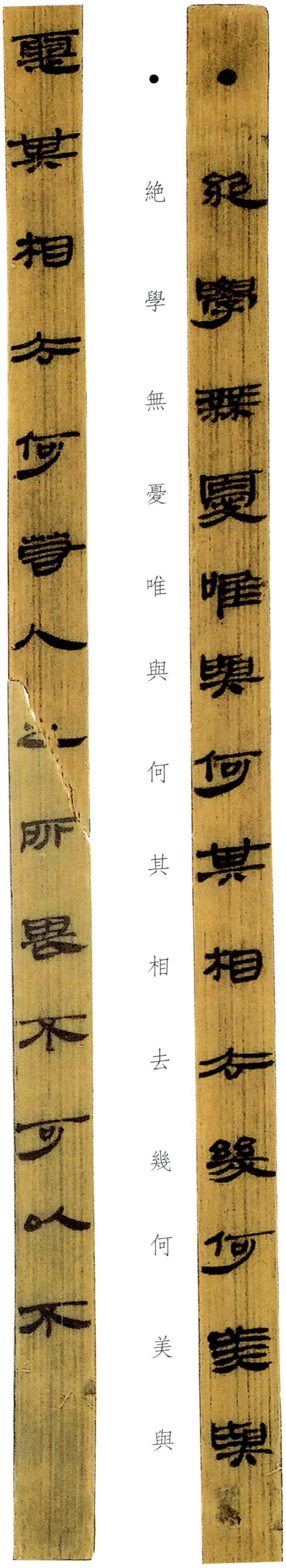

·絕學無憂唯與何其相去幾何美與

惡其相去何若人之所畏不可以不

一七一

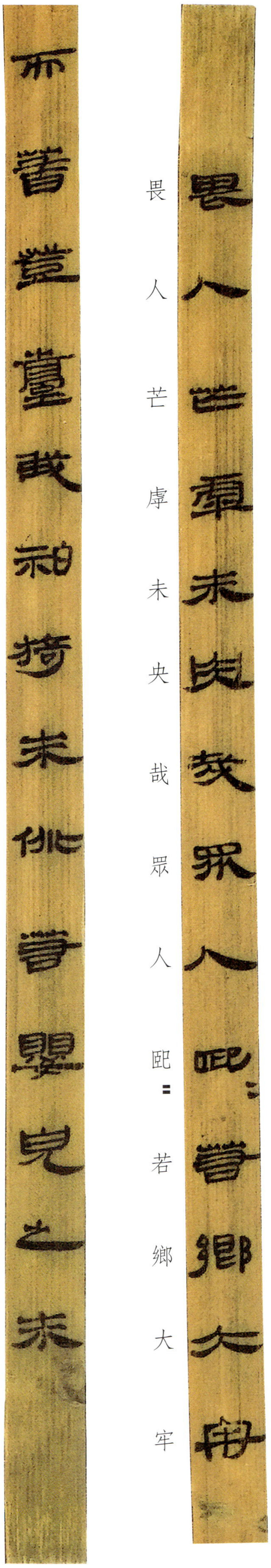

畏人芒虖未央哉眾人熙=若鄉大牢

而萅登臺我泊旖未佻若嬰兒之未

一七二

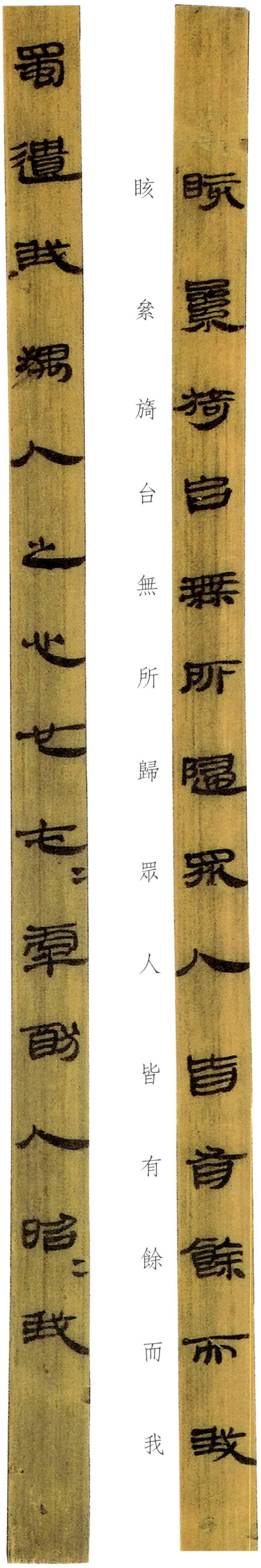

晐絫旖台無所歸眾人皆有餘而我

蜀遺我愚人之心也屯=虖猷人昭=我

一七三

蜀若昏猷人計=我獨昏=没旖其如晦

芒旖其無所止眾人皆有以而我獨

一七四

抏以鄙我欲獨異於人而唯貴食母

一七五

•孔德之容唯道是從道之物唯訑唯

没=旖訑旖其中有象旖訑旖没旖其

一七六

一七七

中有物旖幽旖冥旖其中有請旖其

請甚真其中有信自今及古其名不

一七八

去以說眾父吾何以智眾父之然哉

以此

一七九

•曲則全枉則正注則盈敝則新少則

得多則或是以聖人執一以爲天下

牧不自見故明不自視故章不自發

故有功弗矜故長夫唯無爭故天下

一八〇

莫能與之爭古之所謂曲全者幾語

邪誠全歸之也

一八一

· 希言自然故剽風不終朝趨雨不終

日孰爲此天地弗能久而兄於人虖

一八二

故從事而道者同於德

失者同於失故同於道者道亦得之

一八三

同於失者道亦失之信不足安有不

信

一八四

• 炊者不立自見者不明自視者不章

自發者無功矜者不長其在道也斜

一八五

食叕行物或惡之故有欲者弗居

一八六

•有物綸成先天地生肅覺獨立而不

孩偏行而不殆可以爲天地母吾不

一八七

智其名其字曰道吾强爲之名曰大=

曰慸=曰遠=曰反天大地大道大王亦

一八八

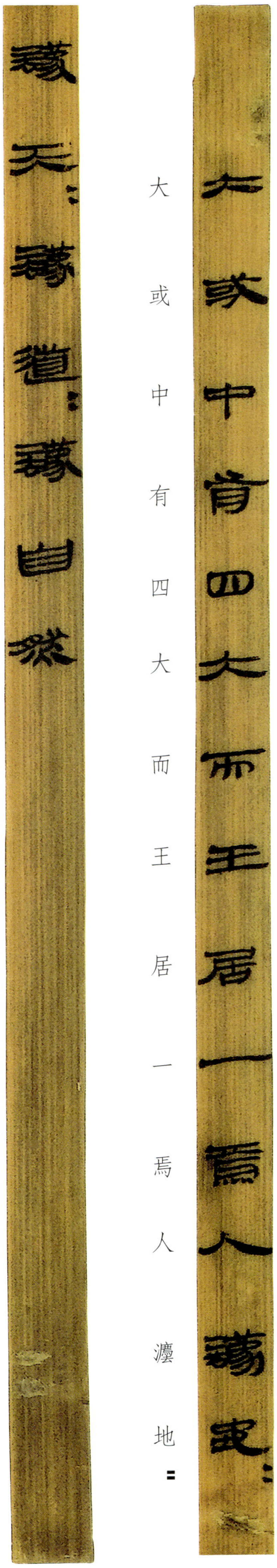

大或中有四大而王居一焉人灋地=

灋天=灋道=灋自然

一八九

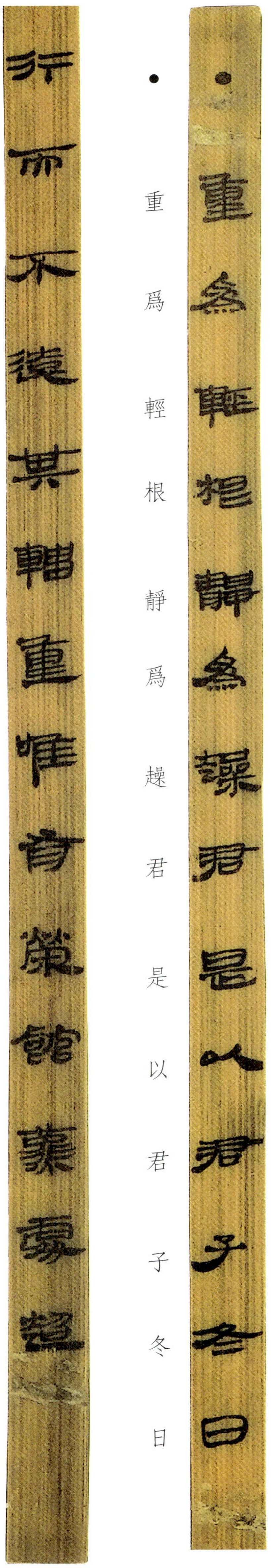

•重爲輕根靜爲趮君是以君子冬日

行而不遠其輜重唯有榮館燕處超

一九〇

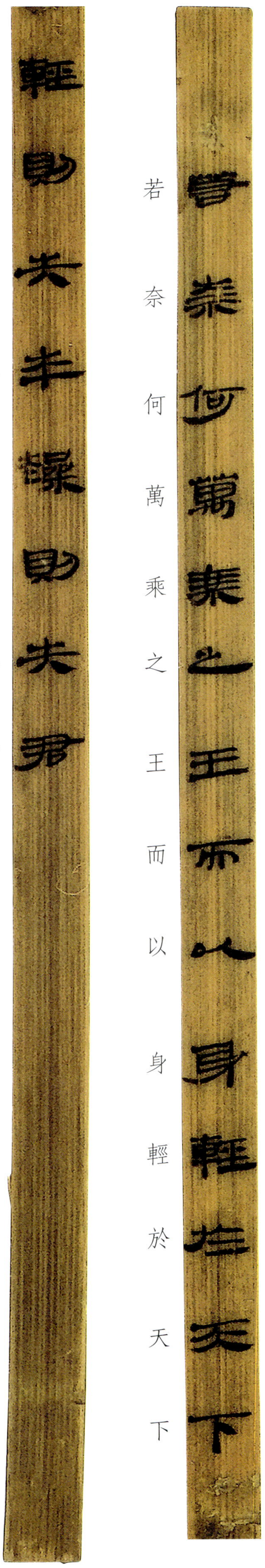

若奈何萬乘之王而以身輕於天下

輕則失本趮則失君

一九一

·善行者無𢡺迹善言者無瑕適善數

者不用檮筴善閉者無關鍵不可啟

一九二

善結者無繩約不可解故聖人恒善

救人而無棄人物無棄財是謂欲明

一九三

善=人=之師也不善=人=之資也不貴其

師不愛其資唯智必大迷此謂眇要

一九四

·智其雄守其雌爲=天=下=谿=恒德不離

復歸於嬰兒智其白守其辱爲=天=下=

一九五

谷=恒德乃足復歸於樸智其白守其

黑爲=天=下=武=恒德不貣復歸於無極

一九六

樸散則爲成器聖人用則爲官長

一九七

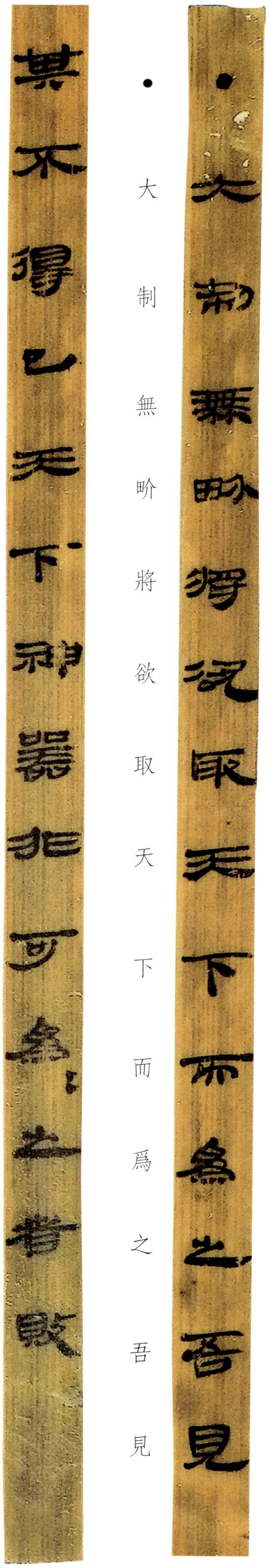

·大制無畍將欲取天下而爲之吾見

其不得已天下神器非可爲=之者敗

一九八

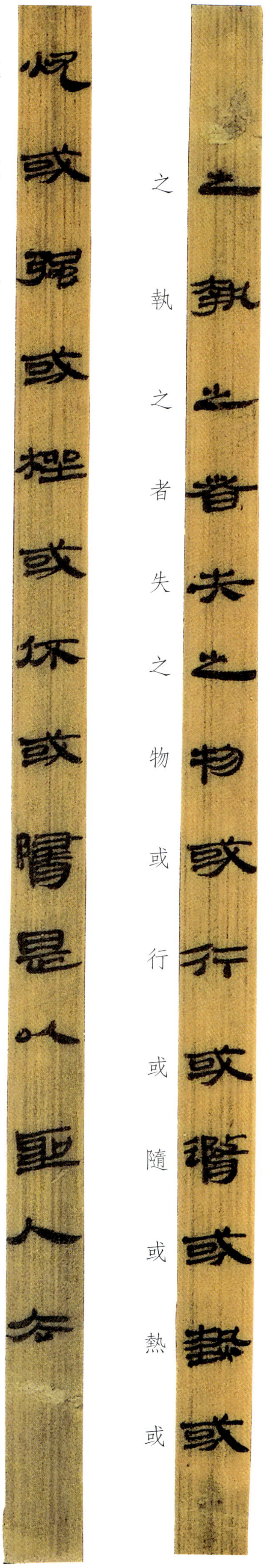

之執之者失之物或行或隨或熱或

炊或强或㭬或伓或隋是以聖人去

一九九

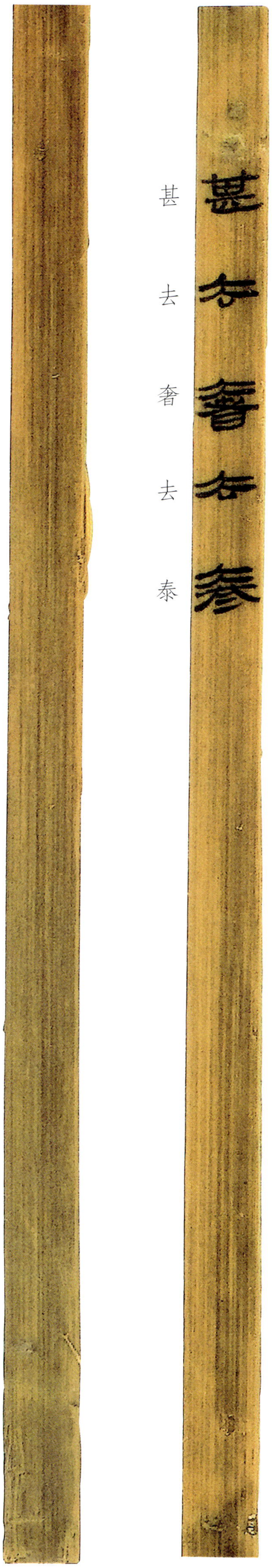

甚去奢去泰

二〇〇

·以道佐人主不以兵强於天下其事

好睘師之所居楚棘生之善者果而

二〇一

已不以取强故果而毋矜果而毋驕

果而毋發果而毋不得已物壯則老

二〇二

謂之不=道=蚤已矣

二〇三

•夫觟美不恙之器也物或惡之故有

欲者弗居也是以君子居則貴左用

二〇四

兵則貴右兵者非君子之器也不恙

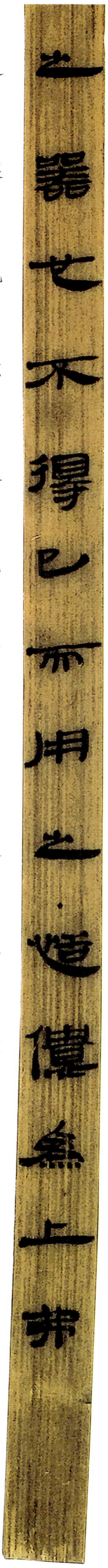

之器也不得已而用之恬僂爲上弗

二〇五

美若美之是樂=之=是=樂=殺=人=不可以

得志於天下是以吉事上左喪事上

二〇六

右扁將軍居左上將軍居右言以喪

禮居之殺人眾則以悲哀立之戰勝

二〇七

以喪禮居之

二〇八

●道恒無名樸唯小天下弗敢臣侯王

若能守之萬物將自賓天地相合以

二〇九

俞甘露民莫之令而自均安始正有

名=亦既有夫亦將智=止=所以不殆避

二一〇

道之在天下猶小谷之與江海故智

人者智自智者明勝人者有力自勝

二一一

者強智足者富強行者有志不失其

所者久死而不亡者壽

二一二

•道泛旖其可左右萬物作而生弗辭

成功而弗名有愛利萬物而弗爲主

二一三

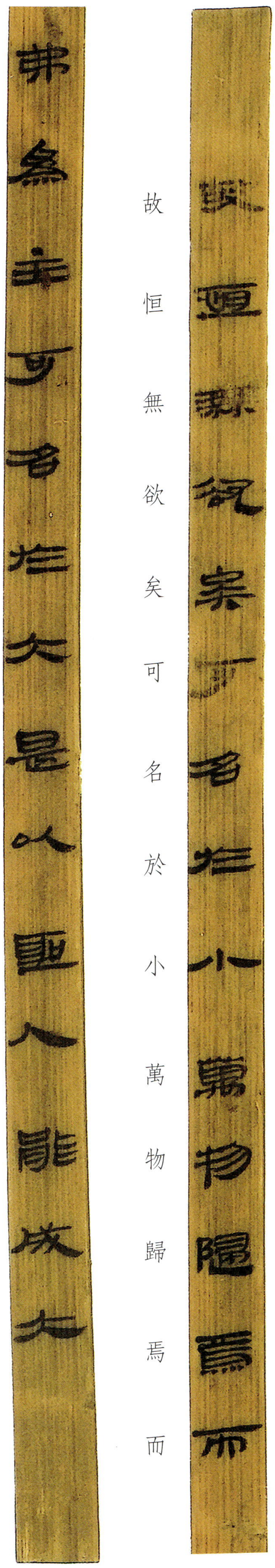

故恒無欲矣可名於小萬物歸焉而

弗爲主可名於大是以聖人能成大

二一四

也以其不爲大故能成大

二一五

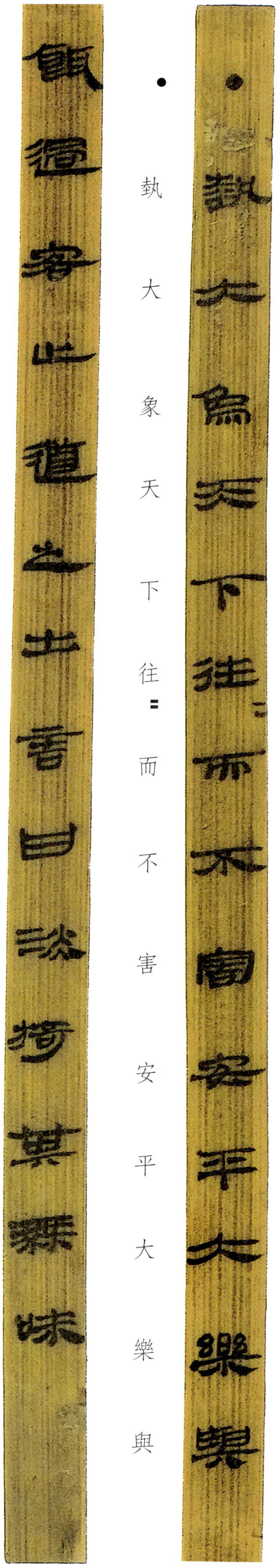

•執大象天下往=而不害安平大樂與

餌過客止道之出言曰淡旖其無味

二一六

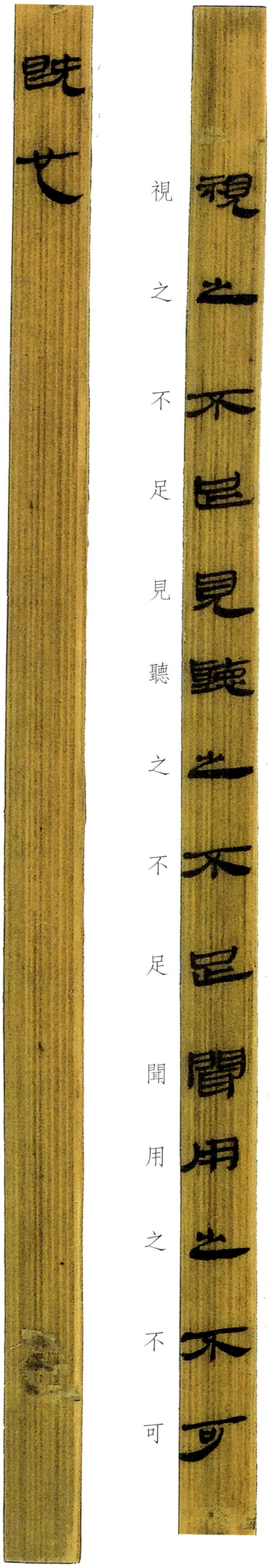

視之不足見聽之不足聞用之不可

既也

二一七

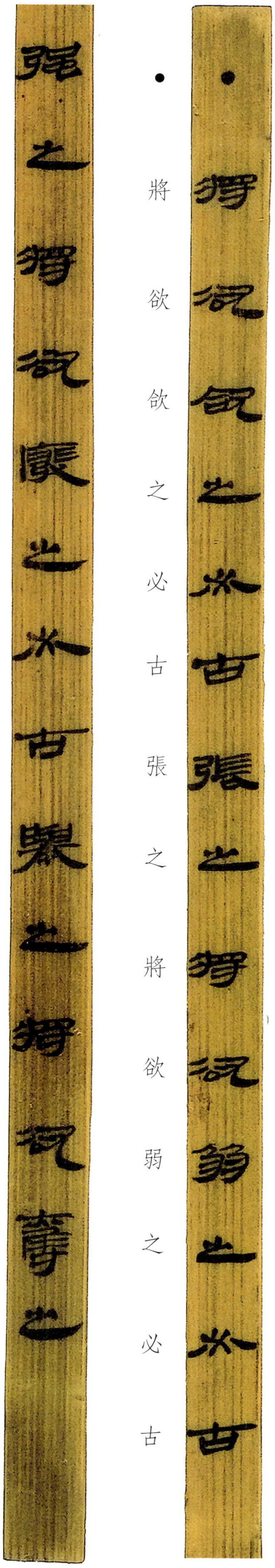

•將欲欱之必古張之將欲弱之必古

强之將欲廢之必古舉之將欲奪之

二一八

必古予之是謂微明耎弱勝强魚不

可說於淵國之利器不可以視人

二一九

•道恒無爲侯王若能守之萬物將自

化=而欲作吾將寘之以無=名=之=樸=夫

二二〇

亦將不=辱=以靜天地將自正 •凡二千

三百三

二二一

紅外圖版

一：1

一：2

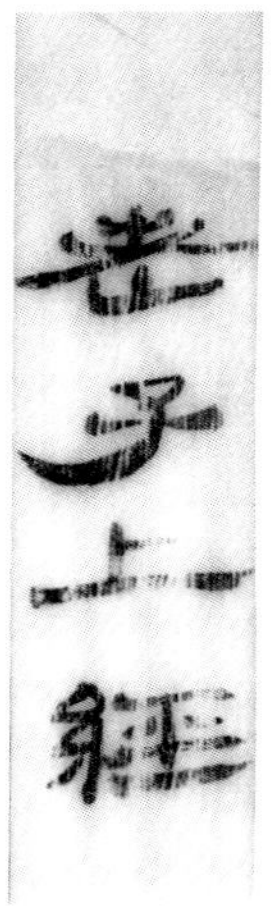
二背

六

七

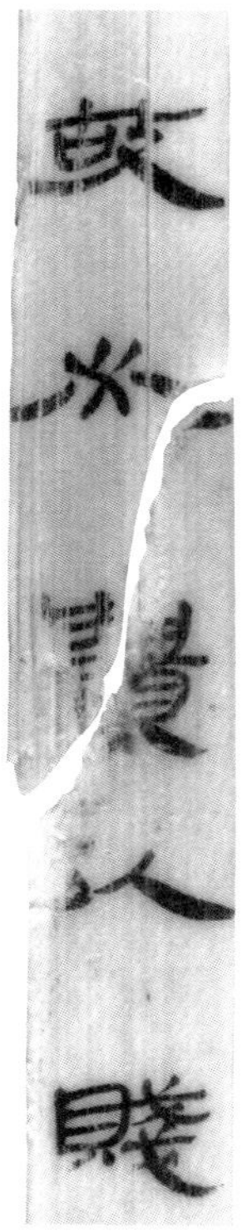
八

九

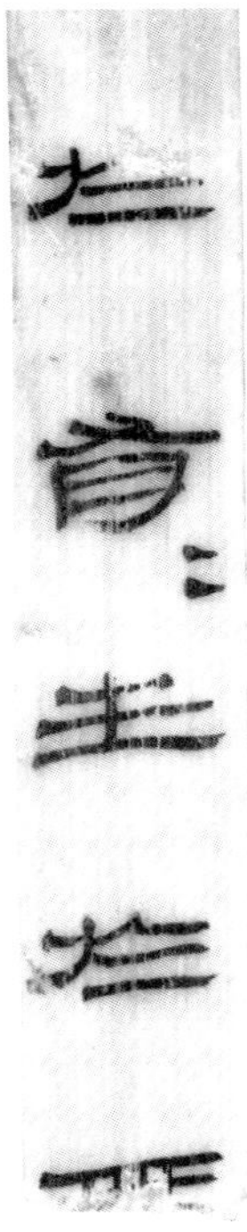
一一

一三

二一

二三：1

二三：2

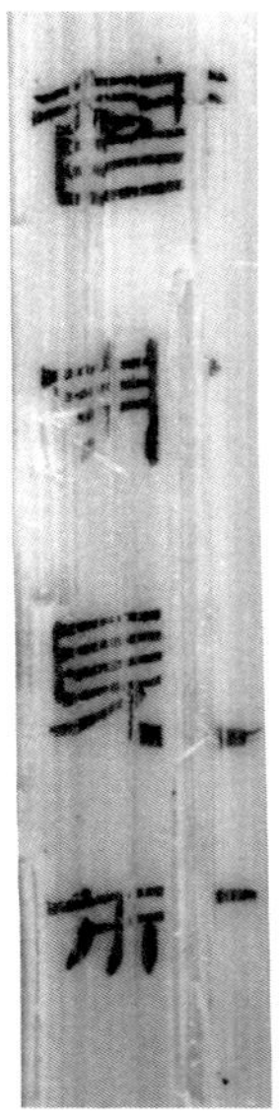
二八

二九

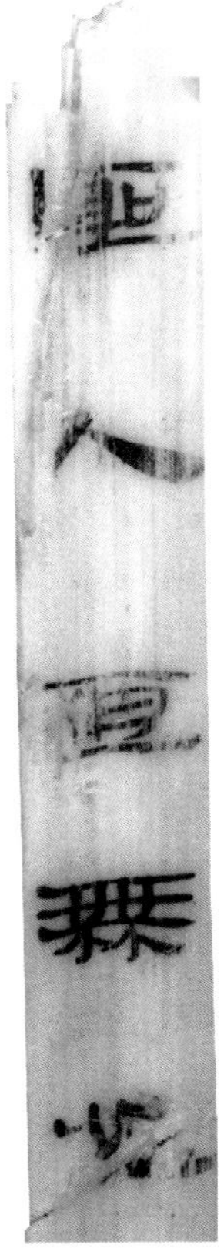
三一

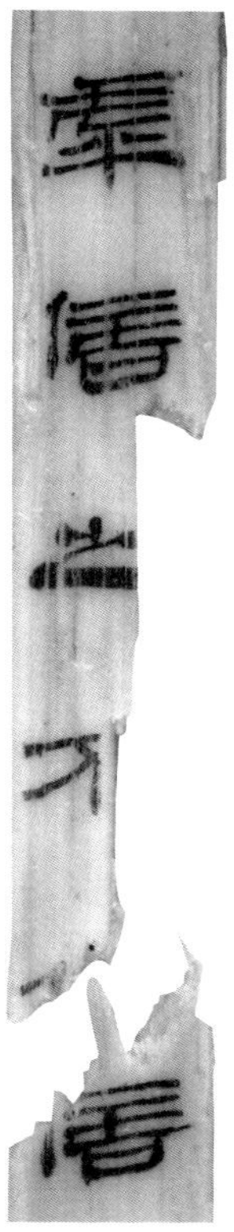
三二

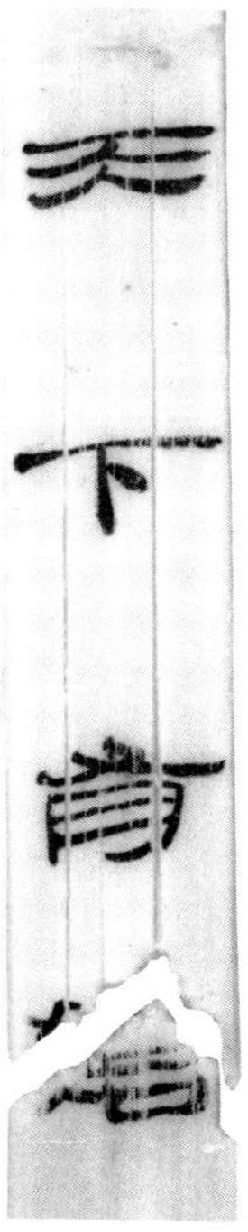
四〇

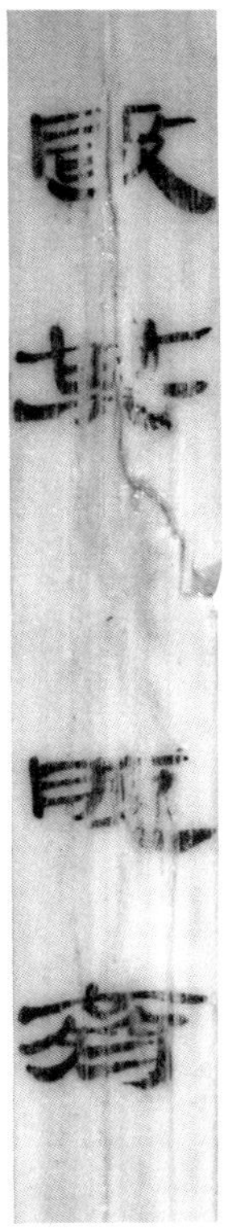
四一

四九：1

四九：2

五二

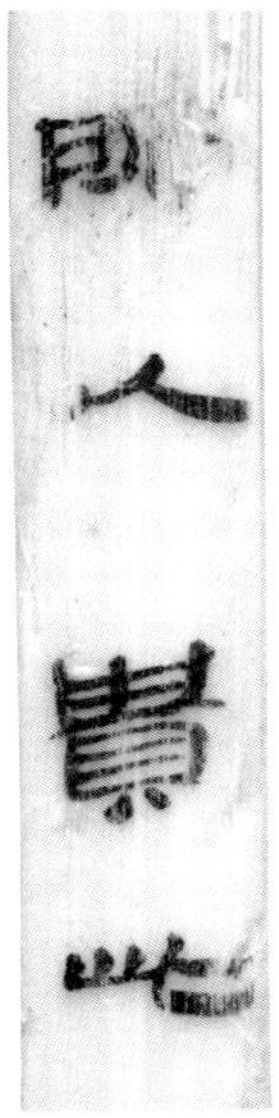
七〇：1

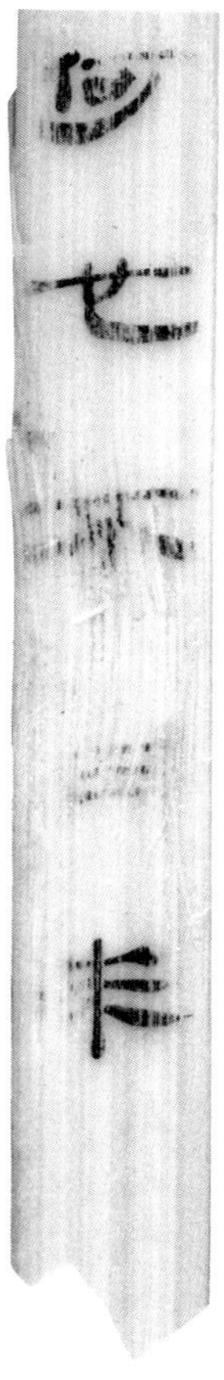
七〇：2

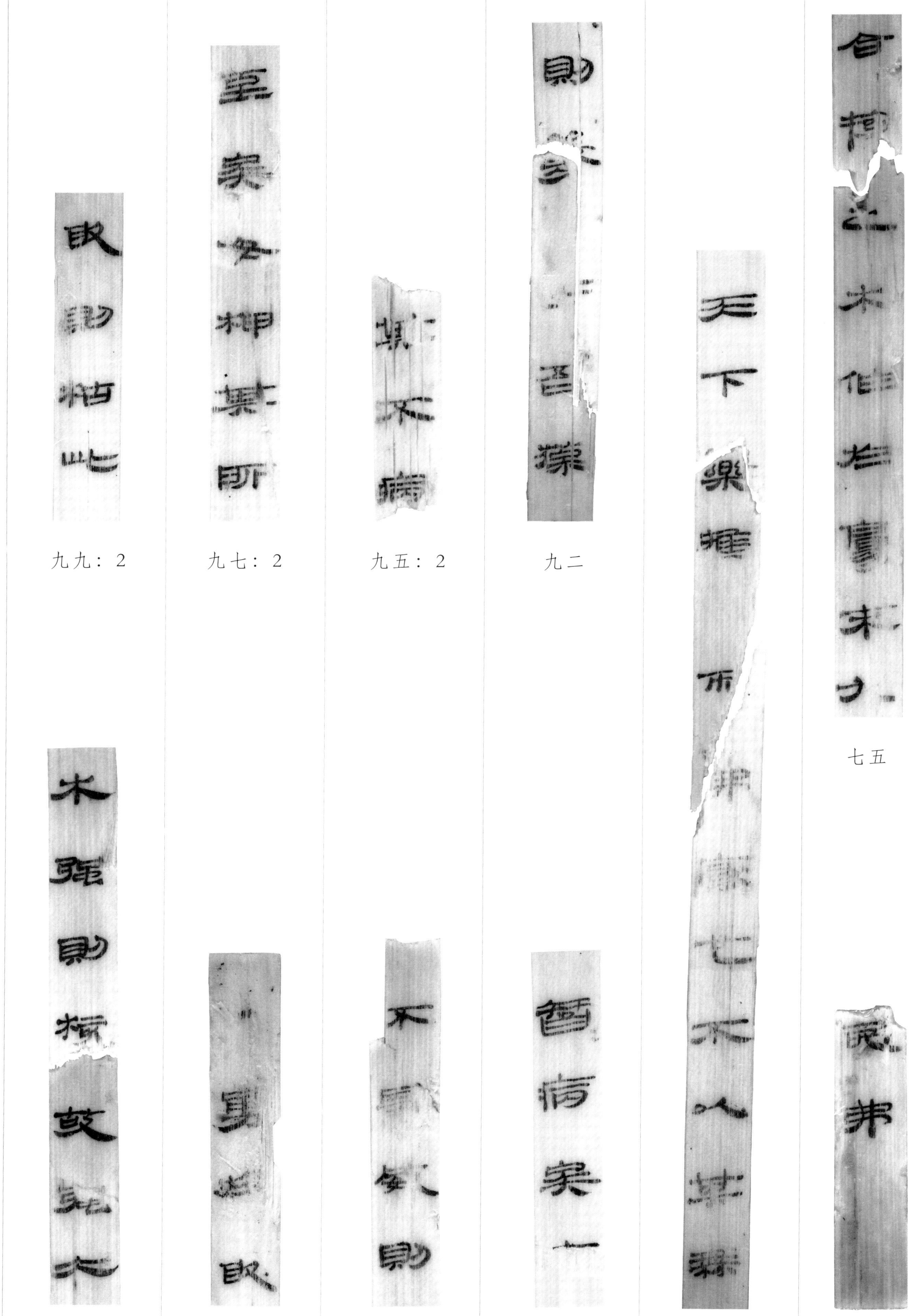

七五 八二 八三 九二 九五：1 九五：2 九七：1 九七：2 九九：1 九九：2 一〇八

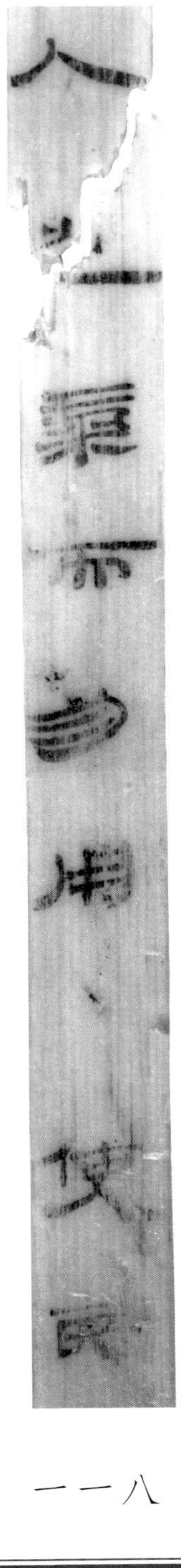
一一八

一一九

一二〇

一二四背

一四八

一五〇

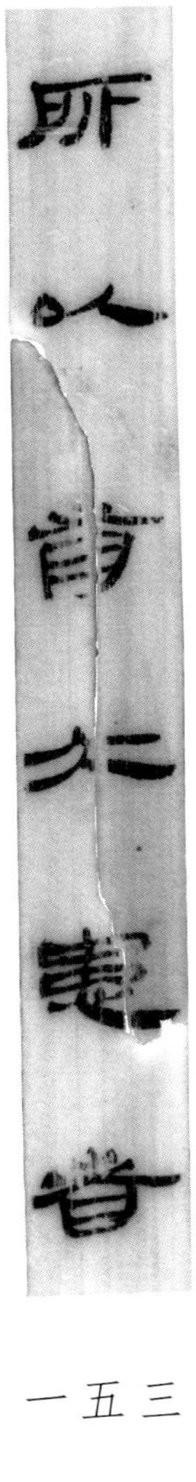
一五三

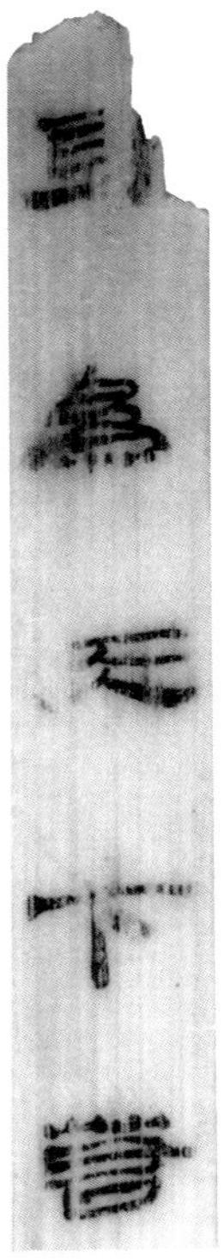
一五四：1

一五四：2

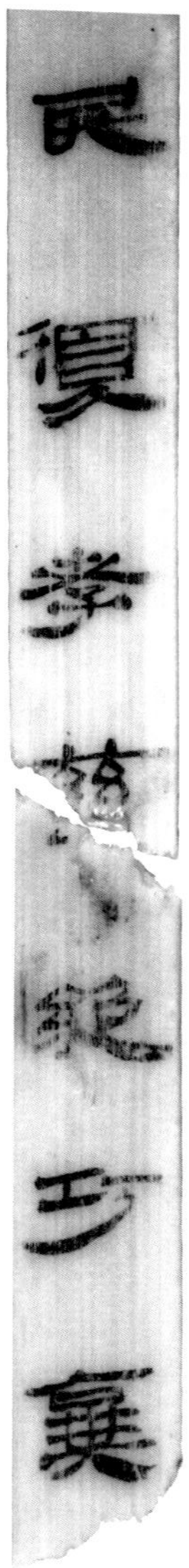
一六九

二一四

簡背劃痕示意圖

簡頭端加「*」號者有兩道劃痕，加「○」號者無劃痕。

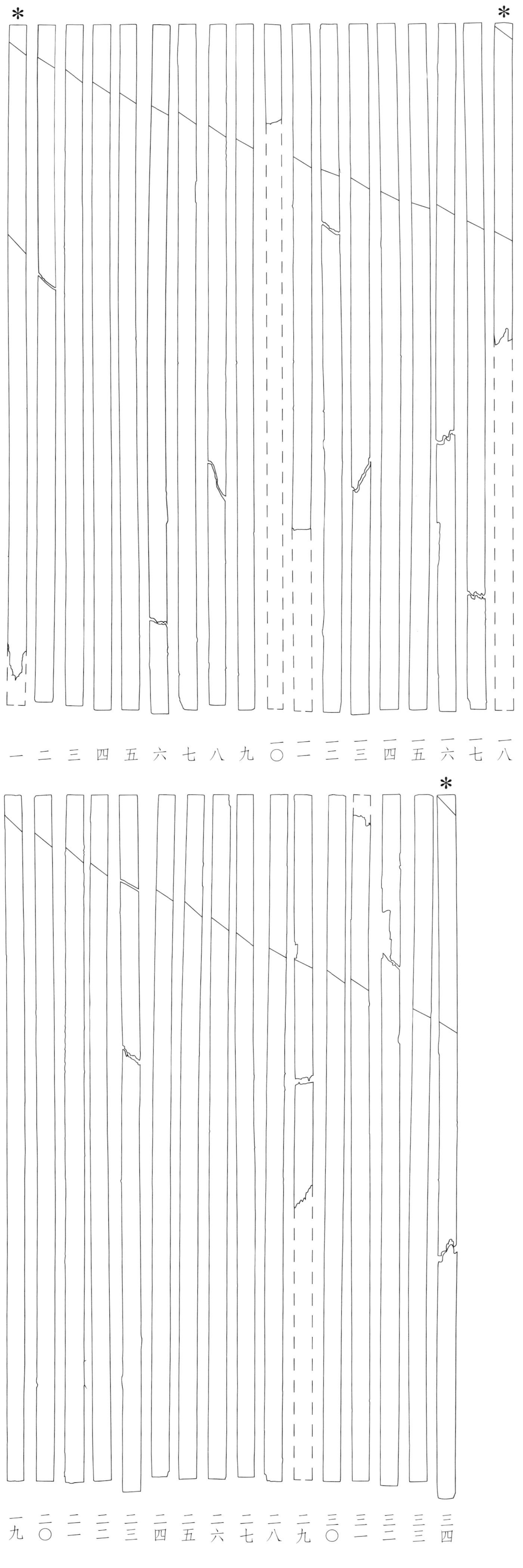

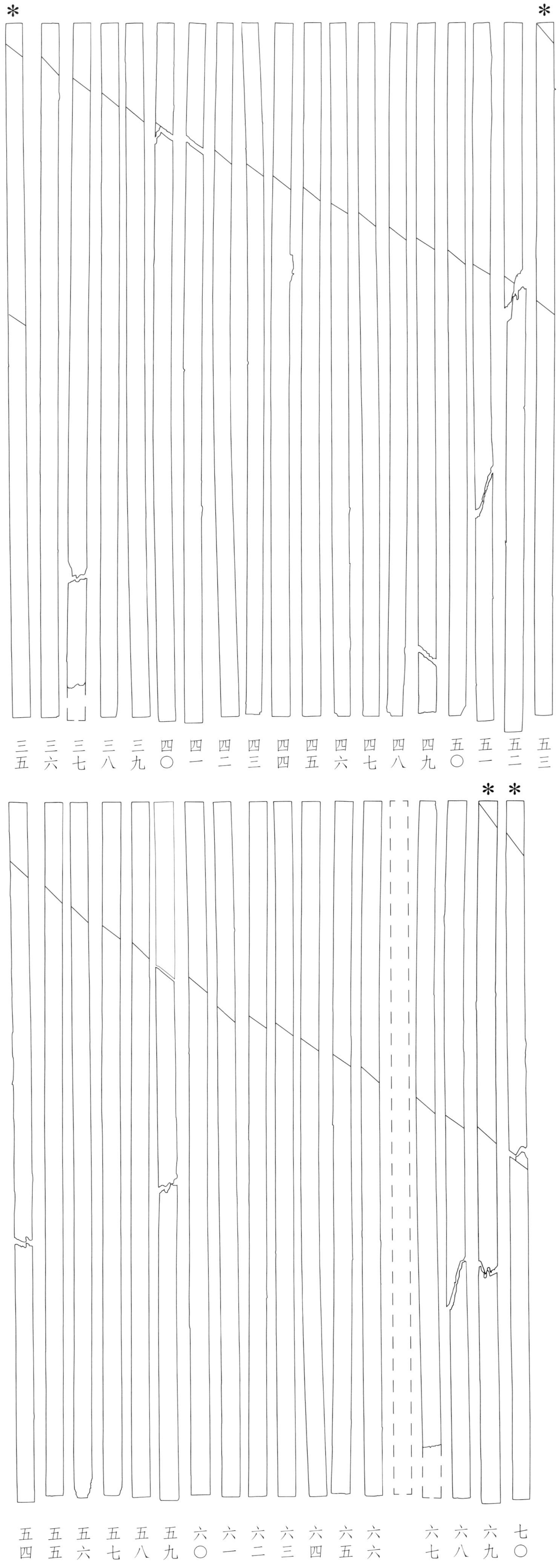
*
*
三五
三六
三七
三八
三九
四〇
四一
四二
四三
四四
四五
四六
四七
四八
四九
五〇
五一
五二
五三
*
*
五四
五五
五六
五七
五八
五九
六〇
六一
六二
六三
六四
六五
六六
六七
六八
六九
七〇

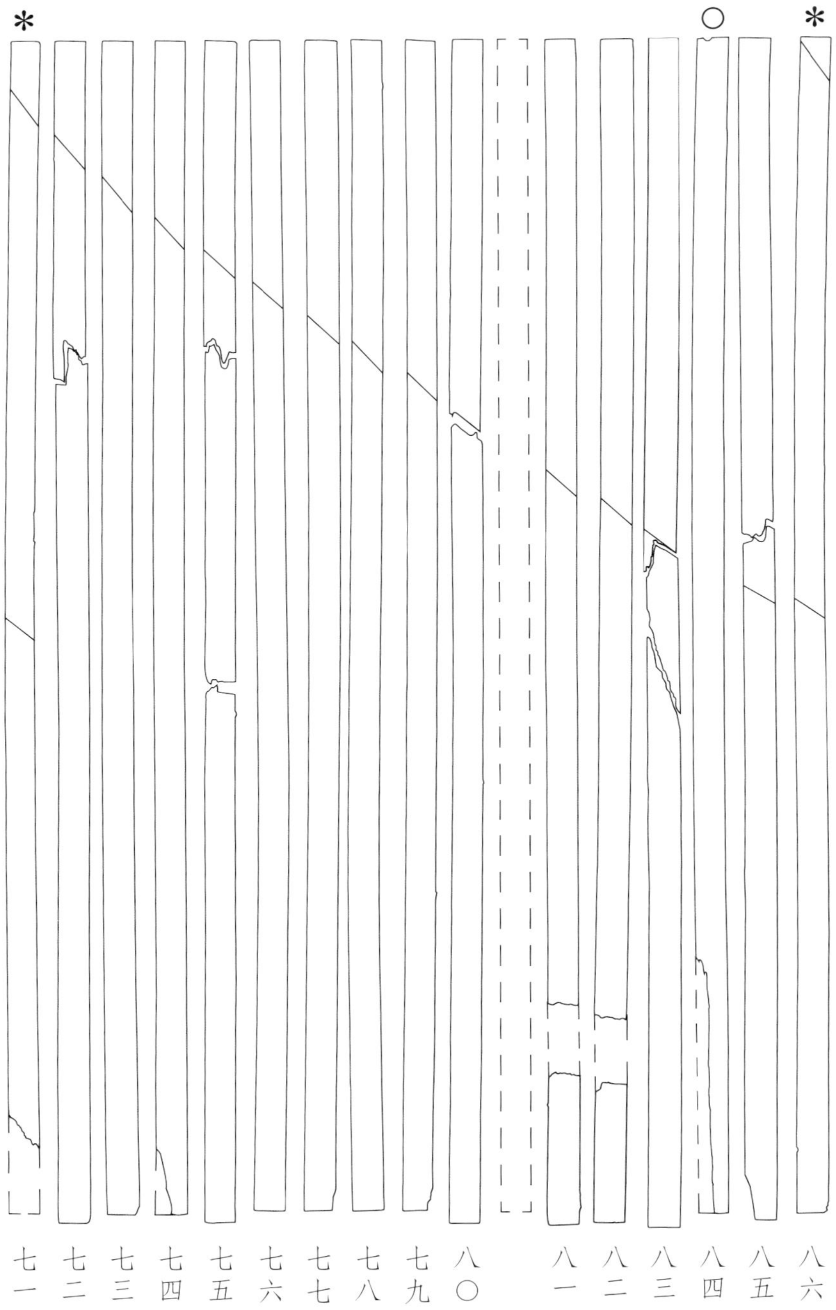
*
○
*
七一
七二
七三
七四
七五
七六
七七
七八
七九
八〇
八一
八二
八三
八四
八五
八六

八七
八八
八九
九〇
九一
九二
九三
九四
九五
九六
九七
九八
九九
一〇〇

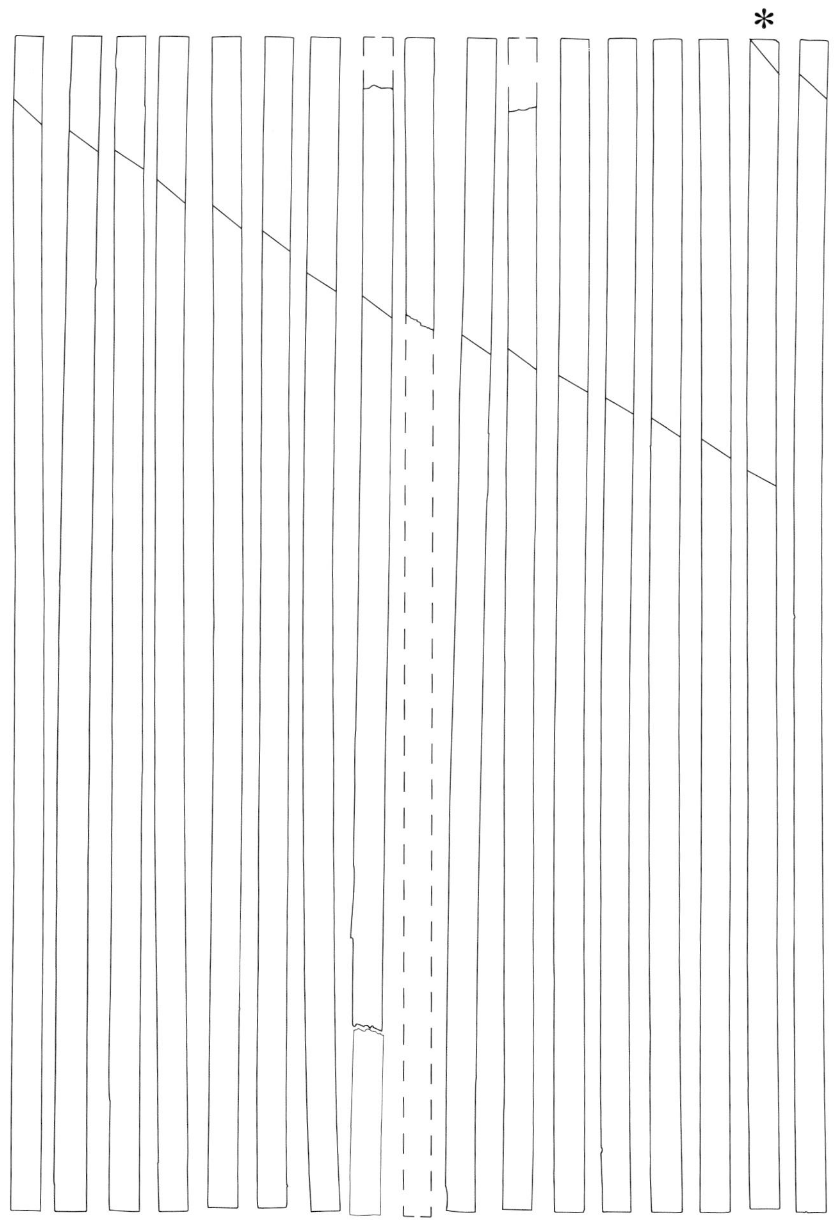
一〇一
一〇二
一〇三
一〇四
一〇五
一〇六
一〇七
一〇八
一〇九
一一〇
一一一
一一二
一一三
一一四
一一五
一一六
一一七

一一八
一一九
一二〇
一二一
一二二
一二三

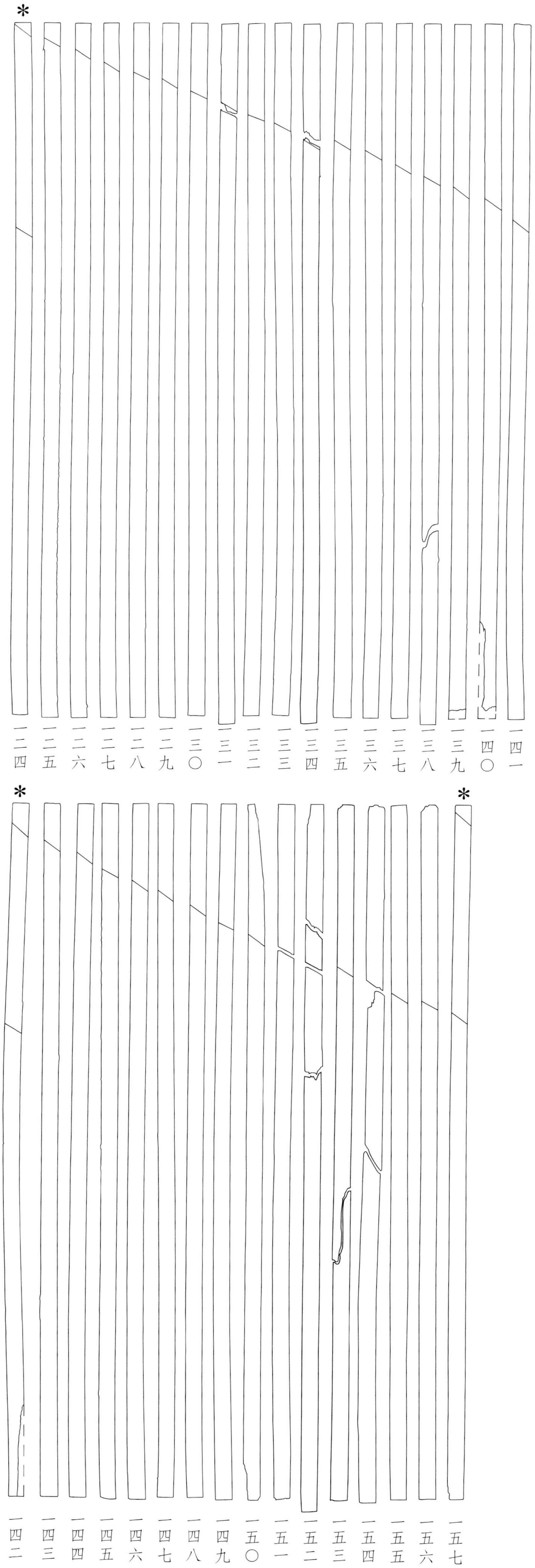

＊
一二四
一二五
一二六
一二七
一二八
一二九
一三〇
一三一
一三二
一三三
一三四
一三五
一三六
一三七
一三八
一三九
一四〇
一四一
＊
＊
一四二
一四三
一四四
一四五
一四六
一四七
一四八
一四九
一五〇
一五一
一五二
一五三
一五四
一五五
一五六
一五七

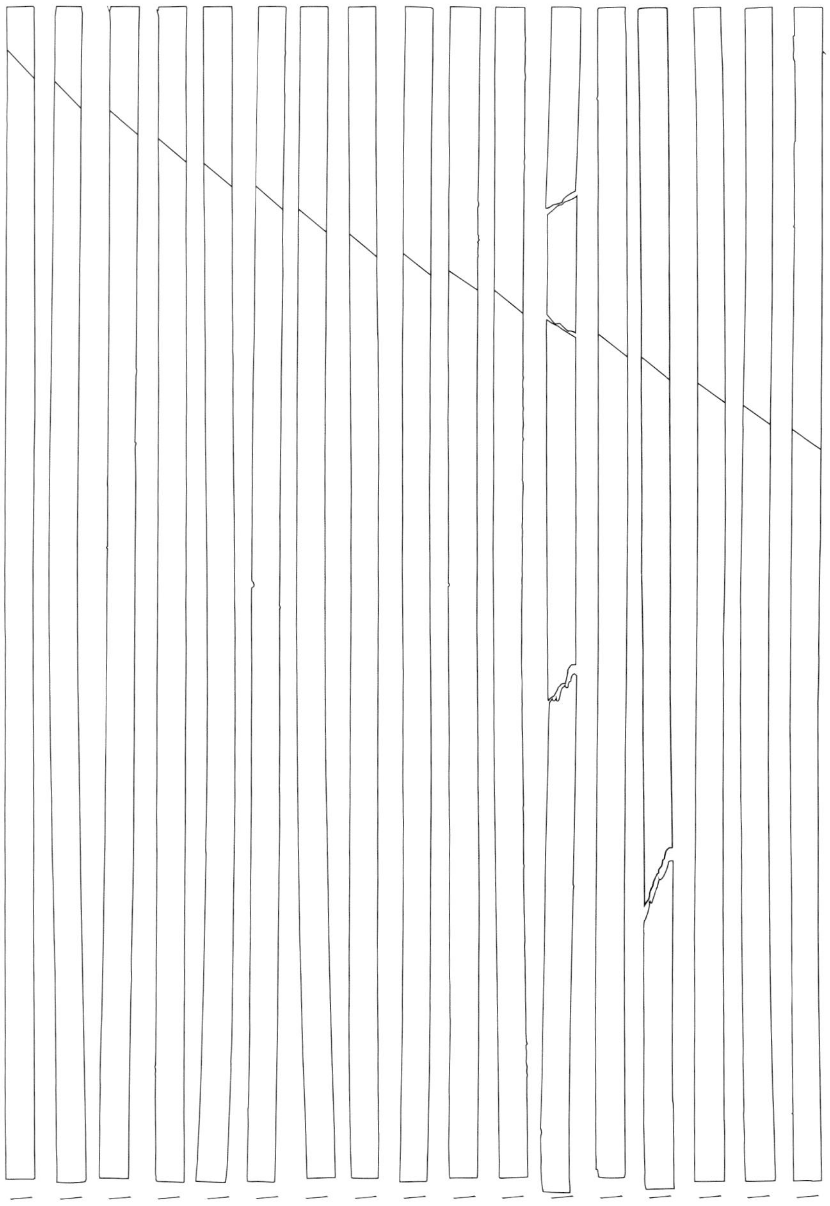

一五八 一五九 一六〇 一六一 一六二 一六三 一六四 一六五 一六六 一六七 一六八 一六九 一七〇 一七一 一七二 一七三 一七四

*　○ *

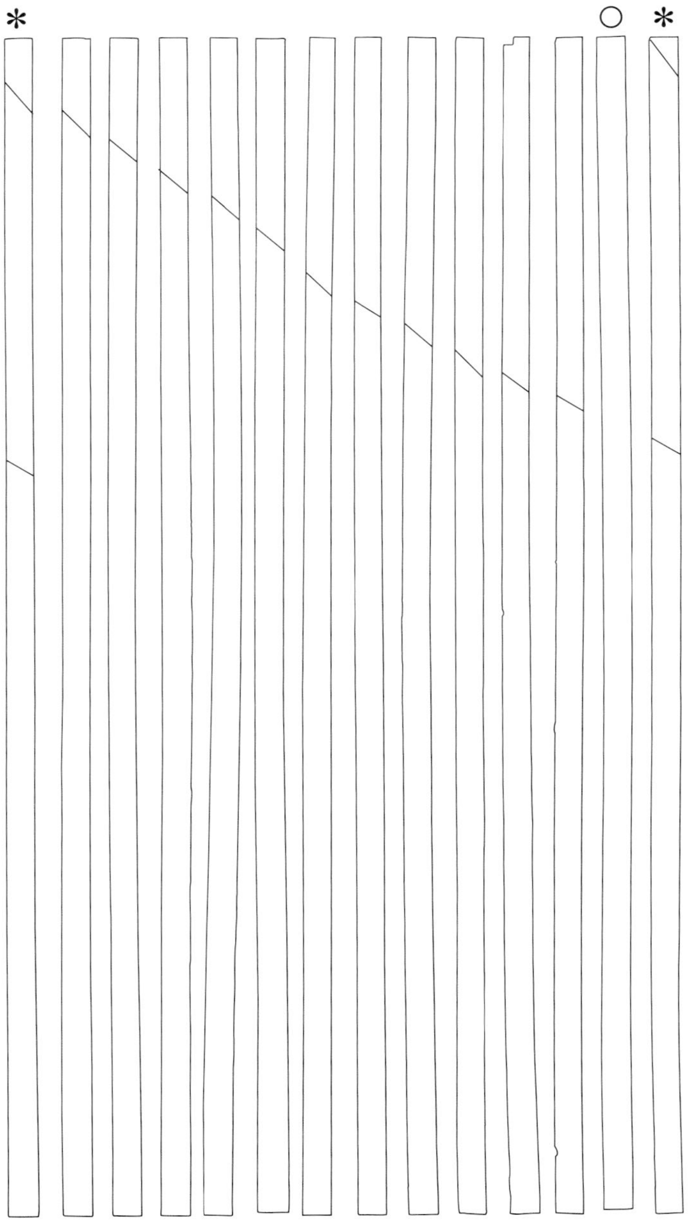

一七五 一七六 一七七 一七八 一七九 一八〇 一八一 一八二 一八三 一八四 一八五 一八六 一八七 一八八

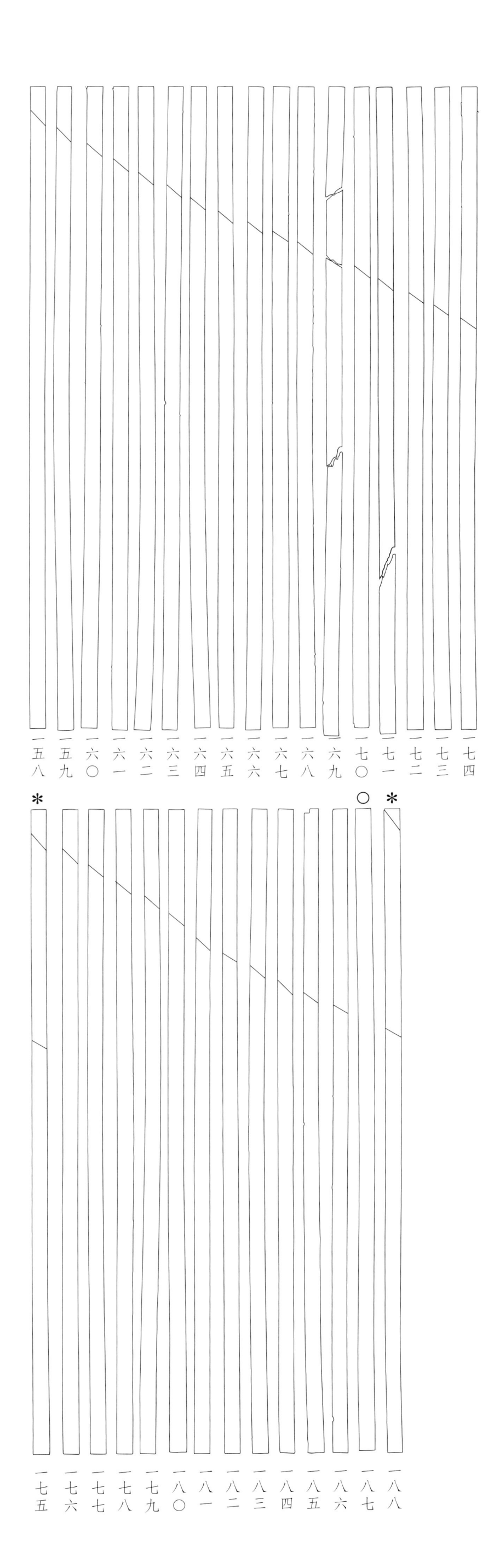

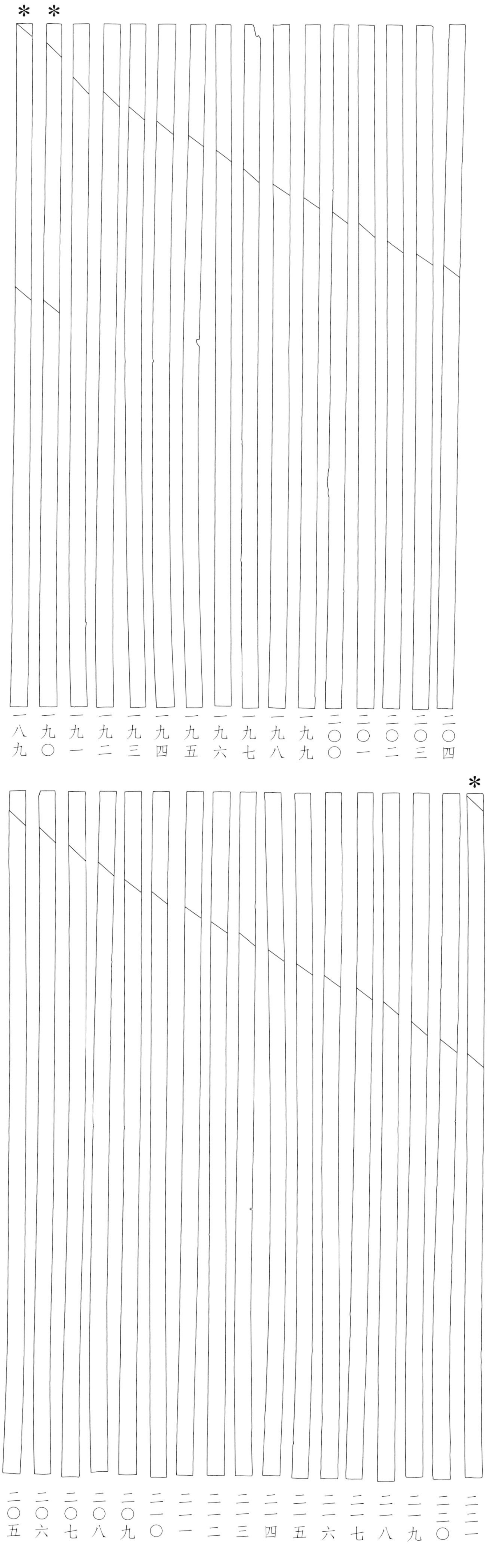
*
*
一八九
一九〇
一九一
一九二
一九三
一九四
一九五
一九六
一九七
一九八
一九九
二〇〇
二〇一
二〇二
二〇三
二〇四
*
二〇五
二〇六
二〇七
二〇八
二〇九
二一〇
二一一
二一二
二一三
二一四
二一五
二一六
二一七
二一八
二一九
二二〇
二二一

老子釋文　注釋

說明

西漢竹書《老子》（簡稱「漢簡《老子》」）現存完整竹簡一百七十六枚，殘斷竹簡一百零五枚；經拼綴後，共有完整及接近完整的竹簡二百十一枚，殘簡十枚，另有兩枚完整竹簡遺失。推測漢簡《老子》原書應有完整有字竹簡二百二十三枚。其完整簡長三十一·九—三十二·二厘米（以長三十二·一厘米者最多），寬〇·八—〇·九厘米，三道編繩，有契口。寫滿字的竹簡一般每簡二十八字，文字分佈極爲均匀整齊，極少數簡寫到二十九字。文字書體清秀飄逸，體勢略向左下方傾斜，與成熟的漢隸接近，但獨具特色，堪稱西漢中期隸書藝術的瑰寶。

據統計，漢簡《老子》全書正文現存五千二百字，另重文一百一十字，此外還有計字尾題十三字，簡背篇題八字。推測原書正文應有五千二百六十五字（較其自注字數多二十字），另重文一百十四字。殘缺的文字有不少可據上下文補出，對理解文義有影響的闕文總計不超過全書的百分之一，在目前所見出土簡帛《老子》古本中保存最爲完整。

漢簡《老子》分爲上、下兩篇。二號簡背面上端有「老子上經」四字，一二四號簡背面上端有「老子下經」四字，書體與正文一致，應爲抄寫者所題，即漢簡《老子》上、下兩篇的篇題。其《上經》相當於傳世本《德經》，《下經》相當於傳世本《道經》。全書共分七十七章，其中《上經》四十四章，《下經》三十三章。每章均另起一簡抄寫，章首（第一道編繩之上）有圓形墨點「•」作爲分章提示符號，章尾未寫滿的簡形成「留白」。通過簡背劃痕的驗證，確認《上經》、《下經》之内的章序應與傳世八十一章本一致。

漢簡《老子》的釋文按照《上經》、《下經》以及七十七章的順序來編排，注釋置於每章釋文之後。每章釋文之前冠以該章序號，序號之下另括注王弼本（即八十一章本）章號，以便讀者比較。注釋除了對異體字、假借字及罕見字形加以説明外，重點放在版本校勘以及對重要文本差異的考察。採用八種出土和傳世的《老子》版本作爲與漢簡本進行校勘的主校本（注釋中皆用簡稱），其版本情況如下：

一、出土簡帛本

［一］郭店楚墓竹簡《老子》，荆門市博物館編《郭店楚墓竹簡》，文物出版社，一九九八年。簡稱「郭簡」。（注釋引用郭店本，重在考察文句異同，不涉及文字考釋，故大多數字形不做嚴格隸定，逕寫作通行字。）

［二］、［三］馬王堆漢墓帛書《老子》甲本、乙本，國家文物局古文獻研究室編《馬王堆漢墓帛書［壹］》，文物出版社，一九八〇年。簡稱「帛

甲」、「帛乙」。（注釋中凡某處文字帛甲與帛乙不同，則分別言「帛甲作某」、「帛乙作某」；若某處帛甲、帛乙文字相同，即概稱之爲「帛書作某」；若某處文字帛甲存，帛乙殘，即單稱「帛甲作某」，反之亦然。另外注釋所稱「整理組」即「馬王堆漢墓帛書整理組」，其意見皆見該書。）

二、敦煌本

［四］《老子想爾注》，饒宗頤《老子想爾注校證》，上海古籍出版社，一九九一年。簡稱「想本」。

三、傳世本

［五］王弼《老子道德經注》，樓宇烈《老子道德經注校釋》，中華書局，二〇〇八年（底本爲浙江書局重刻明華亭張之象本）。簡稱「王本」。

［六］《老子道德經河上公章句》，王卡點校，中華書局，一九九三年（底本爲《四部叢刊》影印南宋建安虞氏刊本）。簡稱「河本」。（河上公注本版本系統極爲複雜，注釋中所稱「河本」若無特別説明，均指影宋本。）

［七］嚴遵《老子指歸》，王德有點校，中華書局，一九九四年（底本爲《道藏》本）。簡稱「嚴本」。

［八］傅奕《道德經古本篇》，《道藏》慕二。簡稱「傅本」。

其他取以參校的傳世《老子》刊本、碑本還有以下幾種：

唐景龍二年河北易州龍興觀《道德經碑》。簡稱「景龍本」。

唐景福二年河北易州龍興觀《道德經碑》。簡稱「景福本」。

《遂州道德經碑》，《道藏》罔七——罔八。簡稱「遂州本」。

范應元《老子道德經古本集注》，華東師範大學出版社，二〇一〇年。簡稱「范本」。

司馬光《道德真經論》，《道藏》得一——得二。簡稱「司馬本」。

爲方便讀者比較，我們將漢簡本與八種主校本製成全文對照表，作爲附録。對於一些不太重要的文本差異，注釋中未曾提及，讀者可參看該表。

注釋中對於古音的判斷皆根據郭錫良編著《漢字古音手册（增訂本）》（商務印書館，二〇一〇年）。另外，在與郭店本、帛書本進行勘校時，主要參考以下三種著作：

劉釗《郭店楚簡校釋》，福建人民出版社，二〇〇五年。

丁四新《郭店楚竹書〈老子〉校注》，武漢大學出版社，二〇一〇年。

高明《帛書老子校注》，中華書局，一九九六年。

由於體例和篇幅所限，注釋採用前人研究成果皆未能説明出處，請讀者原諒。另外我們撰寫了《西漢竹書〈老子〉的文本特徵和學術價值》和《西漢竹書〈老子〉簡背劃痕的初步分析》二文，對注釋中無法涉及的一些重要問題做了討論和説明，讀者可以參看。

老子上經

第一章（王本三十八章）

•上德不德，是以有德；下德不失德，是以無德[一]。上德無爲而無以爲，下德【爲】一之而無以爲[二]，上仁爲之而無以爲，上義爲之而有以爲，上禮爲之而莫之二應，則攘臂而乃（扔）之[三]。故失道而後德，失德而後仁，失仁而後義，失義而後禮[四]。三夫禮，忠信之淺而亂之首也[五]。前識者，道之華而愚之首也[六]。是以大丈夫居四其厚，不居其薄；居其實，不居其華[七]。故去被（彼）取此[八]。五

老子上經[九]二背

[一] 「無」，帛書甲、乙本大多寫作「无」，漢簡本均作「無」。

[二] 「上德無爲而無以爲」，帛書、王本同，嚴本、傅本及《韓非子·解老》引文作「上德無爲而無不爲」。「下德爲之而無以爲」，傅本同，多數傳世本作「下德爲之而有以爲」。帛書兩本均無此句，或以爲乃後人妄增，今由漢簡本知西漢時已有這種説法。

[三] 「乃」，帛書同，王本作「扔」，河本、嚴本等作「仍」，「扔」、「仍」音義皆同，「乃」爲借字。

[四] 「後」，帛甲作「后」，帛乙假「句」爲「后」。

[五] 「淺」，傳世本多作「薄」，帛乙作「泊」，讀爲「薄」。「淺」、「薄」爲同義换用。

[六] 「首」，帛書、傅本及《韓非子·解老》引文同，多數傳世本作「始」。《爾雅·釋詁》：「首，始也。」二字爲同義换用。

[七] 本句四「居」字，帛書亦皆作「居」。傳世本則第一字皆作「處」，以下三「居」字或作「居」、或作「處」。凡傳世本「處」字，漢簡本絶大多數作「居」。

[八] 「被」，帛甲作「皮」，帛乙作「罷」，皆讀爲「彼」。凡傳世本「彼」字，漢簡本均作「被」。

[九] 此爲漢簡本上篇之篇題，書於第二簡背面近上端處，書體與正文一致，應爲抄書人所加。

第二章（王本三十九章）

・昔得一者，天得一以精（清），地得一以寧，神得一以霝，谷得一以盈[一]，侯王得一 六 以爲正[二]。其致之也，天毋已精（清）將恐死〈列〉[三]，地毋已寧將恐發（廢）[四]，神毋已霝將恐歇，七 谷毋已盈將恐渴（竭）[五]，侯王毋已貴以高將恐厥（蹶）[六]。是故必貴以賤爲本，必高以下 八 爲基[七]。是以侯王自謂孤寡不穀，此其賤之本邪？非也[八]？故致數輿（譽）無輿（譽）[九]。不欲 九 祿祿（琭琭）如玉，【珞珞如石】[一〇]。一〇

〔一〕「精」通「清」，帛書、傳世本均作「清」。「谷」，帛書作「浴」，乃「谷」之異體，漢簡本絶大多數寫作「谷」，與傳世本同。「谷得一以盈」之下，傳世本大多有「萬物得一以生」一句，帛書兩本及嚴本無。

〔二〕「正」，帛書及河本、嚴本同，王本、傳本作「貞」，二字古常通用。帛乙及多數傳世本「正」上皆有「天下」二字，帛甲無。

〔三〕「致」，帛甲、王本等同，帛乙作「至」。傳本「致之」下多「一」字。「毋已」，帛書同，傳世本作「無以」。「死」，應爲「列」之誤，帛乙作「蓮」，當如傳世本讀爲「裂」。

〔四〕「發」，各本皆同，應讀爲「廢」。

〔五〕「渴」，帛書同，傳世本作「竭」；《説文・水部》：「渴，盡也」，段玉裁注：「渴、竭古今字，古水竭字多用渴。」此句之下，傳世本多有「萬物無以生將恐滅」一句，與上文「萬物得一以生」相對應，帛書、嚴本無。

〔六〕「厥」，帛乙同，當如王本等讀爲「蹶」，河本等作「蹷」。帛乙此句與漢簡本全同，傳世本「貴」「高」之間多無「以」字，嚴本、傳本「貴高」之上多「爲貞（正）」二字，范本則無「貴高」，僅有「爲貞」。或以范本爲是，但據帛書、漢簡本，「爲貞」二字應是涉上文而衍。

〔七〕帛書「高」之下多「矣而」二字。王本等無二「必」字，河本則「必」在「貴」「高」之下。

〔八〕帛乙此句同（帛甲大半殘），唯「邪」字作「與（歟）」。傳世各本文字多略有差異。河本「穀」作「轂」。

〔九〕「輿」，帛乙、王本同，帛甲作「與」，傳本作「譽」。「輿」「與」皆應讀爲「譽」。河本作「車」，上古「車」「輿」二字常混用，然河上公注已由「車」字而生新解，非《老子》本義。嚴本此句作「造輿於無輿」，亦與河本類同。

〔一〇〕帛書句首多「是故」二字，傳世本無。「祿」，帛乙同，傳世本作「琭」「錄」「碌」「淥」等字形，讀爲「琭」是。「如」，王本等同，帛書、傳本作「若」。「珞珞如石」四字簡文原闕，此據王本補。

第三章（王本四十章）

・反者道之動也，弱者道之用也。天下之物生於有，有生於無[一]。一一

〔一〕帛書本此章與下章位置互倒。嚴本此章與上章合爲一章，題爲「得一篇」。「無」字下半殘。「天下」，嚴本作「天地」。「之物」，郭簡、帛乙及嚴本、傳本同，王本、河本作「萬物」。

第四章（王本四十一章）

•上士聞道，堇（勤）能行。中士聞道，若存若亡[一]。下士聞道，大芺（笑）之。弗芺（笑），不足以爲道[二]。一三是以建言有之曰：明道如沬（昧）[三]，進道如退，夷道如類（纇）[四]；上德如谷，大白如辱（黷），廣一三德如不足[五]，建德如榆（偷），桎（質）真如輸（渝）[六]；大方無隅，大器勉（晚）成，大音希聲[七]，天（大）象無刑（形），一四道殷無名[八]。夫唯道，善貣（始）且成[九]。一五

[一] 「堇」，帛乙同，讀爲「勤」。「勤能行」，帛乙作「勤能行之」，王本等作「勤而行之」；郭簡作「堇（僅）能行於其中」，文義相差較大。「存」，帛乙及傳世本同，郭簡作「昏（聞）」。

[二] 「芺」，郭簡、帛乙同，即「笑」，戰國秦漢文字「丷」、「艸」常通用。「弗」，郭簡、帛乙同，傳世本作「不」。凡傳世本「不＋及物動詞」結構中的「不」字，漢簡本皆作「弗」，郭簡亦同，帛書本已有個別地方改爲「不」（如甲本七十三章「不召而自來」）。

[三] 「是以」，郭簡、帛乙同，王本等作「故」。郭簡、王本皆無「曰」字，帛乙、傳本有。「沬」，通「昧」，義爲「不明」；郭簡作「孛」，帛乙作「費」（整理組讀爲《說文·目部》訓「目不明也」之「曹」），皆當如傳世本讀爲「昧」。本章之「如」字，帛乙皆作「如」，郭簡僅「進道若退」作「若」，其餘亦作「女（如）」，傳世本則均作「若」。

[四] 「類」，帛乙及多數傳世本同。王本作「纇」，《說文·糸部》：「纇，絲節也」，引申爲「不平」之義，「類」應讀爲「纇」。郭簡作「繢」，與「纇」音近可通。郭簡「夷道女（如）繢（纇）」在【進】道若退」之前，傳本順序同之。

[五] 「辱」，郭簡、帛乙及多數傳世本同，當如傳本讀爲「黷」，《玉篇·黑部》：「黷，垢黑也」。「廣」，郭簡作「生（往）」，讀爲「廣」，嚴本作「盛」。

[六] 「榆」，郭簡、帛乙均殘，王本等作「偷」，傳本作「媮」，范本作「輸」，范應元注引河上公本作「揄」；諸字皆音近可通，讀爲「偷」或「輸」較勝，「偷」義爲「苟且」、「怠惰」，「輸」有「墮壞」之義，皆與「建德」相對。「桎」，郭簡殘，帛乙、傳世本皆作「質」，讀爲「質」是。「輸」，帛乙殘，郭簡作「愈」，傳本作「輸」，皆當如王本等讀爲「渝」；《爾雅·釋言》：「渝，變也」，《說文·水部》：「渝，變污也」，故與「質真」相對。

[七] 「隅」，傳世本同，郭簡、帛乙皆作「禺」，讀爲「隅」。「勉」，郭簡作「曼」，應讀爲「晚」或「慢」；帛乙作「免」，傳世本作「晚」，「免」、「勉」皆應讀爲「晚」。「聲」字上部原誤作「敖」，釋文徑寫作「聲」。

[八] 「天象」，郭簡、帛乙皆同，傳世本作「大象」；「天」、「大」二字形近易混，此處仍應讀爲「大象」，但由簡帛古本觀之，「大象」寫作「天象」由來已久。「刑」，帛乙同，郭簡作「型」，皆當如傳世本讀爲「形」。「殷」，郭簡殘，帛乙作「褱」，傳世本作「隱」。「褱」、「殷」皆有「盛大」之義，故可通用，「隱」乃「殷」之同音假借。

[九] 郭簡此句殘，由殘簡推斷，或無「夫唯道」三字。「貣」同「貸」，「善貣且成」，傳世本同，帛乙作「善始且善成」。「貸」（定母職部）、「始」（書母之部）音近可通，「貣」應讀爲「始」。

第五章（王本四十二章）

•道生一，一生二，二生三，三生萬物。萬物負陰抱陽，中（沖）氣以爲和[一]。人之所惡，唯孤寡不穀，一六而王公以自命也[二]。是故物或損而益，或益而損[三]。人之所教，亦我而教人[四]。故一七强梁（梁）者不得死，吾將以爲學（教）父[五]。一八

[一] 「中」，帛甲同，當如傳世本讀爲「沖」。

[二] 「人」，帛乙、傳世本同，帛甲作「天下」。「惡」，帛甲、傳世本同，帛乙作「亞」，讀爲「惡」。「自命」，帛甲作「自名」，王本、河本作「爲稱」，嚴本作「名稱」，傳本作「自稱」。

凡帛書及傳世本義爲「命名」之「名」字，漢簡本皆作「命」。

〔三〕「是故」二字，帛書無，王本等作「故」，嚴本無「故物或」三字。「損」，帛甲皆作「敗」，帛乙皆作「云」。帛乙「益之而損」在前，「損之而益」在後，順序與它本相反。

〔四〕帛甲此句作「故人【之所】教，夕（亦）議（我）而教人」，王本、河本作「人之所教，我亦教之」，嚴本作「人之所教，亦我教之」，傳本作「人之所以教我，亦我之所以教人」。傳本文義曉暢，最接近簡帛本原意。

〔五〕「梁」，帛甲作「良」，皆通「梁」。「學父」，帛甲、傳本同，傳世本多作「教父」，「教」、「學」古常通用，此處「學」當讀爲「教」。

第六章（王本四十三章）

• 天下之至柔，馳騁於天下之堅。無有入於無閒〔一〕。吾是以智（知）無爲之有益一九也〔二〕。不言之教，無爲之益，天下希及之矣〔三〕。二〇

〔一〕「無有入於無閒」，傳本作「出於無有，入於無閒」。

〔二〕「智」通「知」，凡帛書及傳世本「知」字，漢簡本及郭簡皆作「智」。

〔三〕帛甲「希」下多「能」字。

第七章（王本四十四章）

• 身與名孰親〔一〕？身與貨孰多？得與亡孰病？是故甚愛必大費，多臧（藏）必厚亡〔二〕。故二一智（知）足不辱，智（知）止不殆，可以長久。二二

〔一〕「身與名」，郭簡、帛書及傳世各本皆作「名與身」。

〔二〕「是故」二字，郭簡、帛甲及河本無，多數傳世本有。「臧」通「藏」，郭簡此句作「厚（厚）贓（藏）必多貟（亡）」。

第八章（王本四十五章）

• 大成如缺，其用不敝〔一〕。大盈如沖，其用不窮（窮）〔二〕。大直如詘，大巧如拙，大盛如絀〔三〕。二三趮（躁）勝寒，靜勝熱，清靜爲天下政（正）〔四〕。二四

〔一〕本句及下句「如」字，郭簡、帛甲及傳世本皆作「若」，帛乙殘存第二「如」字。「敝」，傳本同，郭簡作「㡀」，帛甲作「幣」，王本等作「弊」，皆應讀爲「敝」。

〔二〕「沖」，帛乙及多數傳世本同，郭簡作「中」；傳本作「盅」，帛甲作「湓」，乃「盅」之異體。「沖」、「中」皆應讀爲「盅」，《說文・皿部》：「盅，器虛也。」「窮」同「窮」，帛甲作「窜」，皆「窮」之訛，郭簡作「穿」，乃「窮」之省寫。

〔三〕王本此句作「大直若屈，大巧若拙，大辯若訥」，其餘傳世本多同之，唯傳本「屈」作「詘」，「屈」、「詘」古常通用。「絀」義爲「減損」、「不足」，《呂氏春秋・執一》「長短贏絀」，

［四］「絀」與「贏」、「盛」義正相反。郭簡此句作「大巧若仳（拙），大成（盛）若詘（絀），大植（直）若屈」；「成」通「盛」，「詘」通「絀」。帛甲作「大直如詘，大巧如拙，大贏如炳」，「贏」、「盛」義近，「炳」從「内」得聲，「内」屬泥母物部，故「炳」可讀爲「絀」（透母物部）。帛乙殘存「巧如拙……絀」四字，整理組將其補爲「【大直如詘，大辯如訥，大】巧如拙，【大贏如】絀」。但據帛書照片，「拙」下可容七、八字，不應僅補三字，而上文殘缺之處亦難容「大直如詘，大辯如訥」八字，帛乙此句或應作「大巧如拙，大直如詘，大贏如絀」。漢簡本句序同於帛甲，用字則與郭簡更爲接近。傳世本「大辯若訥」一句，亦見於《韓詩外傳》卷九引《老子》，或爲與簡帛本並存的另一版本系統，不一定是「大贏（盛）若絀」所改。

［五］「趮」，帛書同，傳世本作「躁」。「靜」，帛甲作「靚」。「熱」，郭簡作「然」，乃音近借字；帛甲作「炅」，乃「熱」之異體。「政」，郭簡作「定」，帛甲及王本等作「正」，讀爲「正」是。帛甲「清靜」下多「可以」二字，郭簡及傳世本皆無。嚴本此句作「能靜能清，爲天下正」。

第九章（王本四十六章）

• 天下有道，卻走馬以糞。天下無道，戎馬産於部（郊）［一］。故罪莫大於可欲［二］，禍莫大 二五 於不智（知）足，咎莫𢡟（慘）於欲得［三］。故智（知）足之足，恒足矣［四］。二六

［一］郭簡無此句。「天下無道」，帛乙作「无道」。「産」，帛書、傳世本皆作「生」，二字爲同義換用。「部」，帛書、傳世本皆作「郊」，「部」爲「郊」之異體。《戰國策・魏三》：「而以與趙兵決勝於邯鄲之郊」，帛書《戰國縱横家書》「郊」作「部」；《左傳》文公三年：「取王官及郊」，《史記・秦本紀》「郊」作「部」。

［二］「故」字各本皆無。王本無此句，應爲脱漏，帛書及多數傳世本均有。郭簡此句作「辠莫至（重）虐（乎）甚欲」。

［三］「禍」，帛甲作「𢘵」，乃「禍」之異體，郭簡則假「化」爲「禍」。「𢡟」，郭簡作「瘔」，帛甲、傳本及《韓非子・喻老》引文作「憯」，其餘傳世本多作「大」，遂州本作「甚」。「𢡟」、「瘔」、「憯」皆讀爲「慘」，《說文・心部》：「慘，毒也」。郭簡「禍莫大乎不知足」句在「咎莫慘乎欲得」之後。

［四］「故」字郭簡、嚴本無，多數傳世本皆有。「智（知）足之足」，傳世本皆同；郭簡「之」下多「爲」字，與《韓非子・喻老》引文同。「恒」，郭簡、帛書同，傳世本皆避漢文帝諱改爲「常」。凡傳世本「常」字，漢簡本皆作「恒」。

第十章（王本四十七章）

• 不出於戶，以智（知）天下；不規（窺）於牖，以智（知）天道［一］。其出璽（彌）遠，其智（知）璽（彌）少［二］。是以聖人 二七 弗行而智（知），弗見而命（名），弗爲而成［三］。二八

［一］「規」，帛甲同，帛乙作「規」，王本作「闚」，皆當如河本讀爲「窺」。「知天道」，帛書同，傳世本「知」作「見」。王本等無「於」、「以」二字，傳本「以」作「可以」。

［二］「璽」，帛甲同，帛乙作「籋」，傳本作「彌」，皆讀爲「彌」。「遠」字右旁誤作「恴」。

［三］「命」，帛乙及傳世本皆作「名」，義爲「命名」；或以爲「名」通「明」，非是。

第十一章（王本四十八章）

• 爲學者日益，爲道者日損[一]。【損】之有（又）損之，至於無[二]【爲，無爲而無不爲。取天下者恒以】二九 無事，及其有事，有（又）不足以取天下[三]。三〇

[一] 郭簡「學」上無「爲」字，帛乙「爲道」作「聞道」。傳世本多無「者」字，唯傳本有，郭簡、帛乙皆有。

[二] 「有」通「又」，郭簡作「或」，三字常通用。「無」字殘存右上角，其下殘缺十一字（不含重文號）。此句帛乙及多數傳世本作「以至於無爲」，嚴本無「以」字，郭簡作「以至亡（無）爲也」。其下句帛書兩本均殘，郭簡及多數傳世本皆作「無爲而無不爲」，唯嚴本作「而無以爲」，此據郭簡補。

[三] 「取天下者恒以」六字據殘缺字數並參照諸本試補足，帛乙無「者」、「以」二字，嚴本、傳本「取」上多「將欲」二字。傳世本多無「有（又）」字，唯傳本有。

第十二章（王本四十九章）

【•】聖人恒無心，以百生（姓）之心爲心[一]。善者虖（吾）亦善之，不善者虖（吾）亦善之[二]，直（得）善也。三一 信者虖（吾）信之，不信者虖（吾）亦信之，直（得）信也[三]。聖人之在天下也，匧匧（歙歙）然，爲天下渾【心】[四]。三二 而百姓皆屬其耳目焉，聖人而皆晐（孩）之[五]。三三

[一] 「恒無心」，帛乙同，傳世本多作「無常心」，唯景龍本作「無心」。「生」通「姓」，帛乙作「省」，亦借字。

[二] 前一「亦」字應爲衍文。「虖」讀爲「吾」，此句與下句皆有「吾」字，同於傳世本。帛甲殘存上句，帛乙殘存下句，但皆無「吾」字。

[三] 「直」，王本、河本作「德」，嚴本、傳本作「得」，讀爲「得」是；帛乙殘存「德信」二字，可見亦同王本作「德」。

[四] 「匧」，帛甲作「愉」，帛乙作「欲」，嚴本作「惵」，皆當如王本讀爲「歙」，「歙歙然」形容和洽、安定之貌；河本作「怵」，當由「惵」字而改。「渾」下「而」上空缺一字，似被刮去而殘留少許墨蹟，推測應是「心」字。帛甲、嚴本作「渾心」，王本等作「渾其心」，傳本作「渾渾」。

[五] 句首「而」字各本皆無。「屬」，帛甲同，帛乙及傳世本皆作「注」，二字音義皆近可通用。「晐」，傳本作「咳」，嚴本作「駭」，遂州本作「恀」，皆當如王本讀爲「孩」，義爲「以之爲嬰孩」或「使之回歸嬰孩」。

第十三章（王本五十章）

• 出生入死。生之徒十有三，死之徒十有三，而民姓（生）生焉[一]，動皆之死地之十 三四 有三[二]。夫何故也？以其姓（生）生也[三]。蓋聞善聶（攝）生者，陵行不避冡（兕）虎[四]，入軍不被兵 三五 革[五]。虎無所錯（措）其蚤（爪）[六]，冡（兕）無所椯（揣）其角[七]，兵無所容其刃。夫何故也？以其無死地焉。三六

[一]「而民姓生焉」，帛書作「而民生生」，傳世本多作「人（民）之生」，傅本作「民之生生而動」。「姓」讀爲「生」，作動詞，「生生」即「求生」。
[二] 帛書兩本此句全同，唯帛乙「動」作「僮」，乃借字。王本無「皆」字，後一「之」字作「亦」，河本並無「亦」字。
[三]「姓生」，帛書作「生生」，傳世本多作「生生之厚」，河上公注：「以其求生活之事太厚」。
[四]「聶」，當如傳世本讀爲「攝」（書母葉部），帛書作「執」（章母緝部）；「執」、「攝」音義皆近可通，《說文・手部》：「攝，引持也」，「執」亦有「持」義。「陵」指山地，帛書同，傳世本作「陸」，當爲「陵」之訛。「避」，嚴本同，帛乙作「辟」，通「避」，其餘傳世本多作「遇」；「不避」乃積極的「不躲避」，較消極的「不遇」更符合本章文義。「兕」，字形與帛乙相同，乃「兕」之古體，帛甲作「矢」，假爲「兕」。
[五]「被」，帛書及多數傳世本同。「不被」舊注多解爲不遭敵方「甲兵」之害，其實應指自身無需披掛、裝備「甲兵」，《韓非子・解老》「被」作「備」可證。「兵革」，帛乙同，帛甲、傳世本皆作「甲兵」。
[六]「錯」，范本及《韓非子・解老》引文同，帛甲作「昔」，多數傳世本作「措」，讀爲「措」是，義爲「施用」。「蚤」，帛書同，通「爪」。
[七]「槫」，帛甲同，讀爲「揣」（或即「揣」之訛字，因「木」、「扌」形近易混），「揣」有「持」義，傳世本作「投」。帛書、傳世本皆「兕」句在前、「虎」句在後，漢簡本句序與之相反。

第十四章（王本五十一章）

• 道生之，德畜之，物刑（形）之，埶（勢）成之[一]。是以萬物奠（尊）道而貴德[二]。道之奠（尊），德之貴，夫 三七 莫之爵而恒自然[三]。故道生之畜之[四]，長之逐（育）之[五]，亭（成）之孰（熟）之[六]，養之復（覆）之[七]。故生而 三八 弗有，爲而弗持，長而弗宰，是謂玄德[八]。 三九

[一]「刑」，帛書同，通「形」。「埶」，當如傳世本讀爲「勢」；帛書作「器」，文義有別。
[二]「奠」讀爲「尊」，二字同源，形近常混用；帛甲亦作「奠」，帛乙作「尊」。傳世本「萬物」下多有「莫不」二字，帛書、嚴本無。
[三]「爵」，帛書及嚴本、傅本同，王本、河本作「命」；古者授爵必以命，「爵命」常連言，故二字可互用。
[四]「故」字傳世本多有，帛書、嚴本皆無，且帛甲「道」上有墨點，似爲分章標誌。傳世本「畜」上多有「德」字，帛書無。
[五]「逐」，帛甲作「遂」，傳世本作「育」。「逐」（定母覺部）、「育」（喻母覺部）音近可通，此處「逐」當讀爲「育」。「逐」、「遂」形近易混，帛甲「遂」字應爲「逐」之誤。
[六]「孰」，河本同，讀爲「熟」。帛甲此句殘存一「亭」字，帛乙及王本、傅本作「亭之毒之」，其餘傳世本多作「成之熟之」。「亭」（定母耕部）與「成」（禪母耕部）、「毒」（定母覺部）與「熟」（禪母覺部）皆音近通假。
[七]「復」，帛乙同，通「覆」，傳世本多作「覆」。「養」，傅本作「蓋」。
[八] 傳世本無「故」字，帛書兩本皆殘，不可知。「持」，傳世本作「恃」，帛甲作「寺」，亦讀爲「持」（詳第四十六章注五）。「是謂」，帛乙及傳世本同，帛甲作「此之謂」。

第十五章（王本五十二章）

• 天下有始，可以爲天下母[一]。既得其母，以智（知）其子；既智（知）其子，復守其母，殁身 四〇 不殆[二]。塞其脫（兑）[三]，閉其門，終身不僅（勤）[四]。啟其脫（兑），齊（濟）其事[五]，終身不來（勑）[六]。見小曰明，守柔 四一 曰强。用其光，復歸其明，毋遺身央（殃），是謂襲常[七]。 四二

〔一〕「可以」，傳本同，帛書及多數傳世本皆作「以」。

〔二〕帛甲無「既知其子」四字，應爲脱漏。「歿」，帛書、傳世本皆作「沒」。「殆」，帛甲、傳世本同，帛乙作「佁」，通「殆」。

〔三〕帛甲「塞」上有墨點，似爲分章標誌。「脱」，郭簡作「迉」，帛甲作「悶」（疑「閲」之誤），帛乙作「垝」，皆當如傳世本讀爲「兑」；「兑」（定母月部）可讀爲「穴」（匣母質部），河上公注：「兑，目也」，《淮南子·道應》：「塞民於兑」，高誘注：「兑，耳目鼻口也」。

〔四〕郭簡「閉其門」在「塞其迉」之前。「僅」，帛書作「堇」，皆讀爲「勤」；郭簡作「孟」，或讀爲「懋」，與「勤」同義。

〔五〕「啟」，郭簡、帛書同，傳世本避漢景帝諱改爲「開」。凡傳世本「開」字，漢簡本皆作「啟」。「齊」通「濟」，帛乙同，帛甲、傳世本作「濟」，郭簡作「賽（塞）」。

〔六〕「來」，郭簡作「逨」，帛乙作「棘」，傳世本作「救」。「逨」、「來」通用，「棘」爲「來」之訛，隸書「來」、「求」形近易混，疑「來」先訛爲「求」，再變爲「救」。「逨」、「來」應讀爲「勑」，《說文·力部》：「勑，勞也」。

〔七〕「央」通「殃」，帛書同。「謂」，河本等同，帛書假「胃」爲「謂」，王本作「爲」。「襲」，帛甲及嚴本、傳本同，王本、河本作「習」，二字音義皆近常通用。

第十六章（王本五十三章）

·使我介（挈）有智（知）〔一〕，行於大道，唯蛇（迆）是畏〔二〕。大道甚夷，而民好街（徑）〔三〕。朝甚除，田甚蕪，倉 四三 甚虚〔四〕。服文采，帶利劍，厭食，資貨有餘〔五〕。是謂盜竽，非道也〔六〕。 四四

〔一〕「介」，帛乙同，帛甲作「摞」。「介」應讀爲「挈」，「摞」亦「挈」之異體，《說文·手部》：「挈，縣持也」，又云「提，挈也」；傳世本作「介然」，失其本義。

〔二〕「蛇」，帛乙作「他」，傳世本作「施」，皆應讀爲「迆」，指道路斜出。

〔三〕帛書此句無「而」字，「好」上多「甚」字。「街」，帛甲作「解」，帛乙作「懈」，傳世本作「徑」或「逕」。「街」、「解」（皆見母支部）與「徑」（見母耕部）音近可通，「街」應讀爲「徑」。《說文·彳部》：「徑，步道也」，段玉裁注：「此云步道，謂人及牛馬可步行而不容車也」。

〔四〕「蕪」，傳世本同，帛書作「芜」。

〔五〕「厭食」，帛乙同，傳世本作「厭飲食」。「資貨」，遂州本同，帛乙作「齎（資）財」，王本等作「財貨」，傳本作「貨財」。

〔六〕「盜竽」，《韓非子·解老》引文同，王本等作「盜夸」，嚴本作「盜誇」。帛甲此句殘缺，帛乙「盜」下之字殘存左側「木」旁，整理組定爲從木、于聲之字，今證以漢簡本，其說應是。「盜竽」即「大盜」，傳世本「夸」字當是「竽」之訛。

第十七章（王本五十四章）

·善建不拔，善抱不脱，子孫以其祭祀不絶〔一〕。脩之身，其德乃真；脩之家，其德 四五 有餘；脩之鄉，其德乃長〔二〕；脩之國，其德乃逢（豐）；脩之天下，其德乃薄（溥）〔三〕。以身觀身，四六 以家觀家，以鄉觀鄉，以國觀國，以天下觀天下〔四〕。吾何以知天下然哉〔五〕？以此。 四七

［一］ 郭簡、帛乙及多數傳世本「建」「抱」之後皆有「者」字，遂州本無。帛書及傳世本皆無「其」字，郭簡有。「絶」，帛書同，傳世本作「輟」；郭簡作「乇」，讀爲「輟」或「絶」均可。

［二］ 「脩」，帛書同，傳世本或作「修」；郭簡作「攸」，乃「脩」之初文。「真」，郭簡作「貞」，二字常通用。「有餘」，郭簡、帛書及嚴本、河本同，其餘傳世本多作「乃餘」。

［三］ 「逢」，郭簡作「奉」，帛乙作「夆」，皆當如傳世本讀爲「豐」。「薄」，郭簡缺，帛乙作「博」，傳世本多作「普」，傳本作「溥」，讀爲「溥」是。本句四「之」字下，王本等有「於」字，郭簡、帛書及傳本皆無。

［四］ 句首傳世本多「故」字，郭簡、帛書皆無。郭簡脱「以身觀身」四字，帛乙脱「以鄉觀鄉」四字。「國」，郭簡、帛甲及傳本作「邦」，帛乙及多數傳世本皆避漢高祖諱改爲「國」。

［五］ 此句與王本同。帛乙及多數傳世本「然」上有「之」字，嚴本「天下」作「其」，傳本「何」作「奚」。「哉」，帛乙作「茲」，二字音近通用。

第十八章（王本五十五章）

• 含德之厚者，比於赤子。逢（蜂）蠆虺蛇弗赫（螫）[一]，猛獸擢（攫）鳥弗薄（搏）[二]，骨弱筋柔而摳（握）固[三]。四八 未智（知）牝牡之合而狻（朘）怒[四]，精之至也。終日號而不幽（嚘）[五]，和之至也。和曰常，智（知）和 四九 曰明[六]，益生曰詳（祥）[七]，心使氣曰强。物壯則老，謂之不道，不道蚤（早）已[八]。五〇

［一］ 「逢」同「蜂」。《廣韻·桓韻》：「虺，毒蛇」，《名醫别録》：「虺，蝮類，一名虺，短身土色而無文」，馬王堆帛書《五十二病方》載有治療「虺」咬傷的條目。「逢蠆虺蛇」四字，帛甲作「逢㡿螑地」，帛乙作「𧊒癘虫蛇」，皆讀爲王本之「蜂蠆虺蛇」。郭簡作「蟲（虺）蠆蟲它（蛇）」，傅本作「蜂蠆」，范本作「毒蟲虺蛇」，河本、嚴本作「毒蟲」。「赫」，帛乙同，郭簡作「蜇」，當如帛甲、傳世本讀爲「螫」。

［二］ 「擢」同「攫」，「薄」讀爲「搏」。此句郭簡作「攫鳥猷（猛）獸弗扣」，帛甲作「擢鳥猛獸弗搏」，帛乙作「據（攫）鳥孟（猛）獸弗捕（搏）」，「扣」有「持」義，故可與「搏」互用。遂州本作「攫鳥猛獸不搏」，與郭簡、帛書接近；范本作「猛獸攫鳥不搏」，與漢簡本接近；王本等作「猛獸不據，攫鳥不搏」，嚴本作「攫鳥不搏，猛獸不據」，則將一句化爲對仗之兩句。

［三］ 「骨弱筋柔」，帛甲及傳世本同，郭簡作「骨溺（弱）堇（筋）秫（柔）」，帛乙作「骨筋弱柔」。「摳」（溪母侯部），郭簡作「捉」（莊母屋部），帛書及傳世本作「握」（影母屋部），三字音近可通，「捉」、「握」皆有「手持」義，「摳」應讀爲「捉」或「握」。

［四］ 「合」，郭簡、傳世本同，帛乙作「會」，二字同義常通用。「狻」，郭簡作「𡕴」，帛乙、傅本作「朘」，王本作「全」，河本作「峻」，當以「朘」爲本字，其餘爲音近借字。《説文·肉部》：「朘，赤子陰也」，即男孩生殖器，郭簡「𡕴」字亦雄性生殖器之象形。「怒」，郭簡、帛乙同，傳世本作「作」，二字皆有「奮起」之義，此指生殖器勃起。

［五］ 嚴本、傅本「而」下多「嗌」字。「幽」讀爲「嚘」，郭簡作「㥑」，帛甲作「𡒐」（帛乙僅存左側「口」旁），皆「憂」之省，讀爲「嚘」，《玉篇·口部》：「嚘，氣逆也」。傳世各本中，傅本作「𢡐」，最爲近古；王本、嚴本作「嗄」，應爲「嚘」之訛；河本作「啞」，其注解「不啞」爲「聲不變易」，已失本義。

［六］ 傳世本此句多作「知和曰常，知常曰明」，帛乙作「……常，知常曰明」，郭簡、帛甲同於漢簡本。傳世本乃爲求句式整齊而改。

［七］ 「詳」，郭簡作「羕」，皆當如帛書、傳世本讀爲「祥」。

［八］ 「則」，郭簡、帛乙及多數傳世本同，帛甲作「即」，河本作「將」。「謂之」，帛書及多數傳世本同，郭簡、范本作「是謂」。「蚤」通「早」，帛乙同。郭簡無「不道早已」四字。

第十九章（王本五十六章）

•智（知）者弗言，言者弗智（知）。塞其脫（兑），閉其門[一]，和其光，同其眕（塵）[二]，挫其兑（鋭），解其紛[三]，是謂玄 五一 同。故不可得而親，亦不可得而疏；不可得而利，亦不可得而害；不可得而 五二 貴，亦不可得而賤[四]。故爲天下貴。 五三

〔一〕「脫」，郭簡作「迱」，帛甲作「悶」，帛乙作「垗」，皆當如傳世本讀爲「兑」，義爲「竅穴」。郭簡此句作「閉其迱（兑），賽（塞）其門」。

〔二〕「眕」，郭簡作「新（慎）」，帛甲作「軫」，皆當如帛乙及傳世本讀爲「塵」。

〔三〕「挫」，傳世本同，郭簡作「剉」，帛甲作「坐」，帛乙作「銼」，皆讀爲「挫」。「兑」，帛乙同，帛甲作「閲」，皆當如傳世本讀爲「鋭」；郭簡作「𩑛」，讀爲「穎」或「鋭」。「紛」，郭簡、帛書及多數傳世本同；王本作「分」，嚴本作「忿」，皆讀爲「紛」。傳世本「挫其鋭，解其紛」在「和其光，同其塵」之前，郭簡、帛書句序皆同漢簡本。

〔四〕王本、嚴本無「亦」字，郭簡、帛書及河本等皆有。

第二十章（王本五十七章）

•以正之（治）國，以倚（奇）用兵，以無事取天下[一]。吾何以智（知）其然也[二]？夫天多忌諱而民 五四 璽（彌）貧[三]，民多利器而固〈國〉家茲（滋）昏[四]，人多智而苛物茲（滋）起[五]，灋物茲（滋）章（彰）而盜賊多有[六]。 五五 故聖人之言云[七]：我無爲而民自化，我無事而民自富，我好靜而民自正，我 五六 欲不欲而民自樸[八]。 五七

〔一〕「之」，郭簡、帛書及遂州本同，傳世本大多作「治」，讀爲「治」是。「倚」，郭簡作「敧」，帛書作「畸」，皆當如傳世本讀爲「奇」。

〔二〕「然也」，郭簡同，傳世本作「然哉」，帛甲作「然也哉」，帛乙「哉」作「才」。傳世本此句下多有「以此」二字，郭簡、帛書及嚴本皆無。

〔三〕王本等句首無「夫」字，郭簡、帛書及傳本皆有。「天」，郭簡同，帛書及傳世本皆作「天下」；或以爲郭簡脫「下」字，今由漢簡本證之，恐未必。「忌諱」，帛乙、傳世本同，郭簡作「异韋」，讀爲「忌諱」。「貧」，帛書、傳世本同，郭簡作「畔」，讀爲「叛」，或認爲「貧」亦應讀爲「叛」。

〔四〕「固」爲「國」之誤。「國家」，帛甲作「邦家」，郭簡作「邦」。「茲」，帛書同，郭簡作「慈」，皆當如傳世本讀爲「滋」。

〔五〕「智」，郭簡同，帛甲作「知」，王本等作「伎（技）巧」，傳本作「知慧」，遂州本作「知巧」。「苛物」，郭簡作「戟物」，帛甲作「何物」，傳世本多作「奇物」，傳本作「衺事」。或以爲「戟」、「何」應讀爲「奇」，今據漢簡本，以上三字均應讀爲「苛」；《説文·艸部》：「苛，小草也」，段注：「引申爲凡瑣碎之稱」。

〔六〕「灋物」，郭簡「物」作「勿」，帛乙殘存「物」字，河本「灋」作「法」，其餘傳世本多作「法令」。帛書《二三子問》有「德義廣大，灋物備具」之言，「灋（法）物」當泛指統治者用以規範、教化百姓之物，包括與政令、禮樂、制度相關之物，後世「灋物」一詞則專指禮樂儀仗之器。作「法令」見《淮南子·道應》、《文子·微明》及《史記·酷吏列傳》等書引《老子》，或屬另一版本系統。「章」同「彰」，郭簡、帛乙及傳本皆作「章」，王本等作「彰」。

〔七〕傳世本多作「故聖人云」，唯嚴本作「聖人之言云」，郭簡、帛乙皆作「是以聖人之言曰」。

〔八〕「欲不欲」，郭簡、帛乙同，傳世本作「無欲」。以上四句王本以「無爲」、「好靜」、「無事」、「無欲」爲序，帛書及多數傳世本同。嚴本「無事」句在「好靜」句上，同於漢簡本。

郭簡則以「無事」、「無爲」、「好靜」、「欲不欲」爲序，與各本皆異。

第二十一章（王本五十八章）

• 其正（政）昏昏，其民萅萅（蠢蠢）[二]；其正（政）計計（察察），其國夬夬（缺缺）[三]。福，禍之所倚；禍，福之所伏[三]。夫孰智（知）其極？其 五八 無正，正復爲倚（奇），善復爲芺（妖）[四]。人之廢，其日固久矣[五]。 五九

[一] 「正」，帛乙同，當如傳世本讀爲「政」。「昏」，帛乙作「閩」，傳世本多作「悶」，傅本作「閔」；「閩」、「閔」皆通「悶」，「昏昏」、「悶悶」皆糊塗之貌。「萅」同「春」，帛乙作「屯」，《淮南子·道應》引文作「純」，王本作「淳」，河本作「醇」，嚴本作「諄」，傅本作「偆」；疑諸字皆讀爲「蠢」，遂州本正作「蠢」，「蠢蠢」與「昏昏」同義。

[二] 「計」，帛書及多數傳世本作「察」，傅本作「詧」，通「察」。「計」（見母質部）、「察」（初母月部）音義皆近可通，「計」應讀爲「察」，《爾雅·釋訓》：「明明斤斤，察也」。「察察」，王弼本二十章注曰：「分別別析也」，本章注：「立刑名，明賞罰，以檢姦僞，故曰『察察』也」，亦由「分別」之義引申。「國」，帛甲作「邦」，帛乙缺，傳世本皆作「民」，《淮南子·道應》引文亦作「民」，可見西漢時已並存兩種版本。「夬」，帛甲同，傳世本多作「缺」，讀爲「缺」是，「缺缺」形容殘破之狀。

[三] 傳世本多作「禍兮福之所倚，福兮禍之所伏」，帛甲及景龍本無「兮」字。漢簡本與各本皆異。

[四] 帛乙「無正」下多「也」字，范本作「邪」，傅本作「衺」。「倚」當如傳世本讀爲「奇」。「芺」同「笑」，河本作「訞」，傅本作「䄏」，皆當如王本讀爲「妖」。

[五] 「廢」，傳世本作「迷」，帛乙作「悉」，同「迷」。以下「方而不割」等四句，傳世本多屬五十八章，漢簡本分章位置不同。嚴本此章與上章合爲一章（名「以正治國篇」），「方而不割」四句屬下章（名「方而不割篇」），與漢簡本相似。

第二十二章（王本五十九章）

• 方而不割[一]，廉而不刖（劌）[二]，直而不肆，光而不燿[三]。治人事天，莫如嗇。夫唯嗇，是以 六〇 蚤（早）服[四]。蚤（早）服是謂重積德，重積德則無不克，無不克則莫智（知）其極，莫智（知）其極則可以有國，有國之母可以長久。是 六一 謂深根固抵〈柢〉，長生久視之道也[五]。 六二

[一] 傳世本此句之上多有「是以聖人」四字，唯嚴本無。帛乙無「聖人」二字，但仍有「是以」二字承接上文，故其分章應與傳世本相同。

[二] 「廉」，帛乙作「兼」，當如傳世本讀爲「廉」。「刖」，帛乙作「刺」，王本等作「劌」，河本作「害」。「刖」（疑母月部）、「劌」（見母月部）、「害」（匣母月部）音義皆近，《說文·刀部》：「刖，絶也」，「劌，利傷也」，「刺，直傷也」，《宀部》：「害，傷也」，故諸字可互用。睡虎地秦簡《爲吏之道》：「廉而毋刖」，襲用《老子》語，「劌」亦作「刖」。此處「刖」仍應讀爲「劌」。

[三] 「肆」，傳世本同，帛乙作「紲」，「肆」（心母質部）、「紲」（心母月部）音近，「紲」應讀爲「肆」。「燿」，王本同，嚴本等作「耀」，河本作「曜」，皆一字之異體；帛乙作「眺」，讀爲「燿」。

[四] 「如」，嚴本同，郭簡、帛乙及王本等皆作「若」。「是以」，郭簡、帛乙及嚴本等同，王本等作「是謂」。「服」，郭簡作「備」，二字音近可通，「備」讀爲「服」。

[五] 「根」，帛甲作「㮯」，同「根」。「抵」，王本作「柢」，「抵」當爲「柢」之訛；帛書作「氐」，河本等作「蒂」，皆通「柢」。「久」，郭簡作「舊」，二字音義皆近常通用。

第二十三章（王本六十章）

•治大國若亨（烹）小鮮。以道位（莅）天下[一]，其鬼不神。非其鬼不神，其神不傷人。非其 六三 神不傷人也，聖人亦弗傷[二]。夫兩不相傷，故德交歸焉。 六四

[一] 「亨」，帛乙、景龍本同，當如王本讀爲「烹」。「位」，帛乙作「立」，當如多數傳世本讀爲「莅」，傅本作「蒞」。
[二] 「弗傷」，帛書同，王本等作「不傷人」。

第二十四章（王本六十一章）

•大國者下游也[一]，天下之牝也。天下之交也[二]，牝恒以靜勝牡[三]。以其靜也，故爲 六五 下[四]。故大國以下小國，則取小國；小國以下大國，則取於大國[五]。故或下以取[六]，或下 六六 【而取。故大國不過欲並畜人，小國不過欲入事人。夫各得其欲，則大者宜】爲下[七]。 六七

[一] 「游」，帛甲及傳世本皆作「流」。嚴本、傅本「者」下多「天下之」三字，嚴本「下流」作「所流」。
[二] 傳世本此句與上句順序顛倒，王本等作「天下之交，天下之牝」，嚴本「交」作「所交」。由此導致文義理解錯亂紛紜，並造成進一步的文本錯誤。帛書兩本句序皆同漢簡本，當爲古本原貌。帛甲「交」作「郊」，乃同音借字。
[三] 帛甲「靜」作「靚」，帛乙「勝」作「朕」，皆音近借字。傳世本「恒」作「常」，嚴本無「常」字。
[四] 帛書「以」作「爲」，「故」下多「宜」字。王本等此句作「以靜爲下」，嚴本作「牝以靜爲下」；傅本作「以其靖（靜），故爲下也」，最接近簡帛古本。
[五] 此句與帛乙全同，帛甲「國」作「邦」，且無「故」字。傅本二「取」字下皆有「於」字，其餘傳世本則皆無「於」字；此處「於」表被動，傳世本增減「於」字，遂致文義難解。
[六] 此句與帛書、王本同，河本、傅本無「故」字，嚴本作「故或下而取之」。
[七] 「或下」之後遺失完整竹簡一枚，當有二十八字，此處參照帛書兩本試補足之，傳世各本文字略有出入。

第二十五章（王本六十二章）

•道者，萬物之[木帚]（奧）也[一]。善人之葆（寶），不善人之所葆（保）也[二]。美言可以市，奠（尊）行可以賀 六八 人[三]。人之不善，何棄之有？故立天子，置三公，唯（雖）有共（拱）之璧以先四（駟）馬[四]，不如坐而 六九 進此[五]。古之所以貴此者，何也？不曰求以得，有罪以免虖[六]？故爲天下貴。 七〇

[一] 「[木帚]」，帛書作「注」，傳世本作「奧」。「[木帚]」（章母幽部）、「奧」（影母覺部）音近可通，「[木帚]」應讀爲「奧」。「注」（章母侯部），整理組讀爲「主」，引《禮記·禮運》：「故人以爲奧也」，

鄭注：「奥，主也」。《説文・宀部》：「奥，宛也，室之西南隅」，段注：「宛者，委曲也，室之西南隅宛然深藏，室之尊處也。」「奥」有「尊」義，故引申爲「主」，又泛指幽深隱秘之處。

[二] 二「葆」字，帛甲皆作「葆」，即「葆」之異體；帛乙則前者作「葆」，後者作「保」；傳世本大多前者作「寶」，後者作「保」（傳本「寶」作「所寶」，嚴本「所保」作「所不保」）。「葆」、「保」、「寶」三字古常通用，後世「葆」、「保」多用作動詞，「寶」多用作名詞。

[三] 傳本「尊行」作「尊言」。「賀」，帛書同，傳世本作「加」，應讀爲「賀」，傳本「加」下多「於」字。

[四] 「三公」，傳世本同，帛書作「三卿」。「唯」讀爲「雖」，帛書、傳世本皆作「雖」。凡傳世本「雖」字，漢簡本皆作「唯」。「共」同「拱」，「有共之璧」，帛書同，傳世本作「有拱璧」，脱「之」字，「有」遂由語助詞變爲動詞。「四」，帛書同，當如傳世本讀爲「駟」。

[五] 「如」，傳世本同，帛乙作「若」，帛甲訛爲「善」。「坐而進此」，帛書同，傳世本多作「坐進此道」，傳本無「坐」字。

[六] 「貴此」，帛甲同，傳世本作「貴此道」。「曰」，王本等同，河本訛爲「日」，帛書作「胃（謂）」。「求以得」，帛乙及嚴本、傳本同，王本、河本作「以求得」。「虖」，帛甲作「輿」，帛乙作「與」，皆讀爲「歟」，王本等作「邪」，河本作「耶」。

第二十六章（王本六十三章）

• 爲無爲，事無事，味無味。小大，多少，報怨以德[一]。圖（圖）難虖其易也，爲大虖其細 七一 也[二]。天下之難事作於易，天下之大事作於細。是以聖人終不爲大，故能成 七二 大[三]。夫輕若（諾）必寡信，多易者必多難。是以聖人猶難之，故終無難[四]。 七三

[一] 「小大，多少」，帛甲及傳世本皆作「大小，多少」，郭簡作「大小之」。「小大，多少」即「損有餘而補不足」，郭簡亦可讀爲「大，小之」，與漢簡本義同。郭簡「大小之」下接「多易必多難」，其間疑有脱文。

[二] 「虖」，帛書作「乎」，傳世本多作「於」，傳本作「乎於」。

[三] 帛書無「事」字，王本、河本無「之」字，且「作」上多「必」字，嚴本無「天下之」三字。「成大」，傳世本作「成其大」。

[四] 「若」，帛乙同，當如傳世本讀爲「諾」。郭簡、帛書及王本等「易」下均無「者」字，嚴本、傳本「諾」、「易」下皆有「者」字。「終無難」，郭簡及傳世本同，帛甲作「冬（終）於无難」。

第二十七章（王本六十四章）

• 其安易持也，其未兆易謀也，其脃（脆）易判也[一]，其微易散也[二]。爲之其無有也，治 七四 之其未亂也[三]。合抱之木，作於豪（毫）末[四]；九成之臺，作於絫（虆）土[五]；百仞之高，始於足下[六]。 七五

[一] 「脃」即「脆」之異體，范本同，郭簡作「霍」，《經典釋文》引河本作「臎」，遂州本作「毳」，皆讀爲「脆」。「判」，傳本同，郭簡作「畔」，王本作「泮」，皆讀爲「判」；《説文・刀部》：「判，分也」，河本、嚴本作「破」，與「判」義同。

〔二〕「微」，郭簡作「幾」；《說文·𢆶部》：「幾，微也」，二字音義皆近可通用。以上四句傳世本皆無「也」字，郭簡則「安」、「兆」、「脆」、「幾」下亦有「也」字，帛甲殘存首句，與郭簡同。

〔三〕「其」，傳世本多作「於」，郭簡作「於其」，傅本作「乎其」。

〔四〕「豪」，傅本同，當如帛書及王本等讀爲「毫」。「作」，帛乙、傳世本皆作「生」。

〔五〕「成」，郭簡、帛書及傅本同，王本、河本作「層」，嚴本作「重」。「九成之臺」亦見《呂氏春秋·音初》及上博簡《容成氏》，古本多如此。「絫」同「纍」，帛甲作「羸」，帛乙作「虆」，傳世本作「累」，皆音近可通，讀爲「虆」是；「虆」同「蔂」，《淮南子·說山》：「蔂成城」，高誘注：「蔂，土籠也」。「作」，郭簡、帛書同，傳世本作「起」。

〔六〕「仞」，帛甲作「仁」，帛乙作「千」，「仁」假爲「仞」，「千」乃戰國文字「仁」之訛。「百仞之高」，帛書、嚴本同，其餘傳世本多作「千里之行」。「始」，帛甲作「台」，讀爲「始」。

第二十八章（王本六十四章）

• 爲者敗之，執者失之[一]。是以聖人無爲，故無敗也；無執，故無失也[二]。民之從事 七六 也，恒於其成事而敗之[三]。故慎終如始，則無敗事矣[四]。是以聖人欲不欲，不貴 七七 難得之貨；學不學，而復眾人之所過[五]。以輔萬物之自然，而弗敢爲[六]。 七八

〔一〕傳世本將本章與上章合爲一章，但兩章主旨判然有別，漢簡本分爲兩章顯然更爲合理，郭簡亦分爲兩章且未連抄。郭簡「爲」、「執」下皆有「之」字，帛乙僅「爲」下有「之」字，傳世本同於漢簡本。

〔二〕「是以」，郭簡甲組、帛乙及多數傳世本同，郭簡丙組及河本無；嚴本「是以」作「故」，「故」作「則」。

〔三〕郭簡甲組無此句，丙組作「人之敗也，恒於其且成也敗之」，且與下句「慎終若始，則無敗事矣」位置互倒。「其成事」，帛甲同，帛乙作「其成」，傳世本作「幾成」。

〔四〕郭簡甲組此句之前多「臨事之紀」四字，郭簡丙組、帛書及傳世本皆無。「故」，帛甲同，郭簡、傳世本皆無，帛乙作「故曰」。「如」，郭簡甲組及傳世本同，郭簡丙組及帛書作「若」。

〔五〕「是以」，郭簡甲組無，丙組、帛乙及傳世本皆有。「貨」，帛甲作「䝙」，整理組認爲乃「賜」之訛，《說文·貝部》：「賜，資也。或曰此古貨字」。「學」，郭簡甲組作「孝（教）」，丙組作「學」，「教」、「學」古常通用。「眾人」，郭簡作「眾」。

〔六〕「以輔」，傳世本同，帛書作「能輔」，郭簡甲組作「是故聖人能輔」，丙組作「是以能輔」。「敢爲」，郭簡丙組、帛書及傳世本同，郭簡甲組作「能爲」。

第二十九章（王本六十五章）

• 古之爲道者[一]，非以明民也，將以愚之也。民之難治，以其智也[二]。故以智智（知）國，國之 七九 賊也；以不智智（知）國，國之德也[三]。恒智（知）此兩者，亦楷式[四]。恒智（知）楷式，是謂玄德[五]。玄德深矣，遠 八〇【矣，與物反矣，乃至大順】[六]。

〔一〕「古之」，帛乙、傳世本同；帛甲作「故曰」，承上啟下，說明帛甲此章與上章有可能是合爲一章。傳世本「爲」上多「善」字，帛書無。

〔二〕「智也」，帛書作「知也」，王本等作「智多」，傅本作「多知」，嚴本作「知之」。

〔三〕「智（知）國」，帛書作「知邦（國）」，傳世本作「治國」。「以不智」，帛書同，傳世本皆作「不以智」，簡帛本文義較長。「德」，帛書及遂州本同，其餘傳世本多作「福」。

[四] 句首「恒」字，帛書同，傳本作「常」，其餘傳世本皆無。「楷式」，河本、嚴本同，帛書及王本、傅本作「稽式」；「楷」（溪母脂部）、「稽」（見母脂部）音近可通，「稽」應讀爲「楷」，「楷式」義爲法則、典範。

[五] 「恒智（知）」，帛書同，王本等作「常知」，傅本作「能知」。「是謂」，帛乙、傳世本同，帛甲作「此胃（謂）」。

[六] 「遠」下遺失整簡一枚，此據帛書本補。

第三十章（王本六十六章）

• 江海之所以能爲百谷王者[一]，以其善下之也，故能爲百谷王[二]。是【以聖】人之 八一 欲高民也，必以其言下之；其欲先民也，必以其身後之[三]。是以居上【而】民弗 八二 重，居前而民弗害也[四]。是以天下樂推而弗厭也[五]。不以其無爭邪[六]？故天下莫 八三 能與之爭[七]。 八四

[一] 郭簡、帛乙及傳世本「江海」下無「之」字，帛甲有。郭簡「爲」上無「能」字。

[二] 嚴本無「善」字，郭簡此句作「以其能爲百浴下」。「故」，傳世本同，郭簡、帛書作「是以」。

[三] 「高」，帛書及傳世本皆作「上」。王本無「聖人之」及「也」、「其」字，帛書皆有，其餘傳世本多有「聖人」二字。郭簡此句作「聖人之在民前也，以身後之；其在民上也，以言下之」，與各本差異較大。

[四] 「是以」，傳世本多同，帛書、嚴本作「故」；其下多數傳世本有「聖人」二字，帛書、嚴本無。嚴本「居上」作「在上」，「居前」作「居民之前」。帛甲「居前」句在前，「居上」句在後，順序與它本相反。郭簡此句作「其在民上也，民弗厚也；其在民前也，民弗害也」。

[五] 「是以」，郭簡、帛書及嚴本無，其餘傳世本皆有。帛乙「樂」上多「皆」字，帛甲無。「推」，傳世本同，郭簡作「進」，帛甲作「隼」，帛乙作「誰」，皆讀爲「推」。「厭」，郭簡作「詀」，帛書作「猒」，皆讀爲「厭」。嚴本此句作「天下樂推而上之而不知厭」。

[六] 帛甲此句作「非以其无諍與」，帛乙作「不【以】其无爭與」，皆與漢簡本相似，作否定反問句式。郭簡作「以其不靜（爭）也」，王本無「也」字，傳世本多同王本，作肯定句式。傳本作「不以其不爭」，范本作「不以其爭」，嚴本作「非以爭」，都是從否定反問式改爲肯定式，而導致文句錯亂歧異。

[七] 帛書本此章下接傳世本第八十、八十一章，漢簡本章序與傳世本一致。

第三十一章（王本六十七章）

• 天下皆謂我大，以不宵（肖）[一]。夫唯大，故不宵（肖）；若宵（肖），久矣其細也夫[二]！我恒有三葆（寶），八五 侍（持）而葆（保）之[三]：一曰茲（慈），二曰歛（儉），三曰不敢爲天下先。茲（慈），故能勇；歛（儉），故能廣[四]；不敢 八六 爲天下先，故能爲成器長[五]。今舍其茲（慈）且勇，舍其歛（儉）且廣，舍其後且先，則死 八七 矣[六]。夫茲（慈），以陳（陣）則正，以守則固[七]。天之救之，若以茲（慈）衛（衛）之[八]。 八八

[一] 「我」，帛乙、河本同，傳本作「吾」，王本作「我道」。「宵」，帛書同，通「肖」。「以」，傳世本訛爲「似」；「以」在此爲並列連詞，相當於「且」。帛乙「以不宵」作「大而不宵」。

〔二〕「夫唯大，故不宵」，帛甲同，傳世本「故」下多「似」字；帛乙作「夫唯不宵，故能大」，與各本皆異。「久矣其細也夫」，帛乙及王本等同，帛甲作「細久矣」，嚴本作「久其小矣」。

〔三〕傳世本無「恒」字，帛書有。「葆」，帛甲同，帛乙作「琛」，王本等前一「葆」字作「寶」，後一「葆」字作「保」，傳本皆作「寶」。「侍」讀爲「持」，帛乙作「市」，亦音近借字。帛甲脱「持而葆」三字。

〔四〕「茲」，帛書同，讀爲「慈」。「歛」，帛書作「檢」，皆當如傳世本讀爲「儉」。「故能廣」，帛乙誤作「敢能廣」。

〔五〕帛乙此句同，帛甲「器」作「事」，《韓非子・解老》引文同。多數傳世本「成」上無「爲」字，范本有。

〔六〕帛甲脱「舍其檢且廣」五字，「死」上多「必」字。王本等無「其」、「則」二字，嚴本「舍」作「釋」，傅本「則死矣」作「是謂入死門」。

〔七〕「陳」即古「陣」字。「以陳則正」，帛乙作「以單（戰）則朕（勝）」，帛甲殘存「則勝」二字；傳世本多作「以戰則勝」，傅本與漢簡本同。

〔八〕「天之救之」，傳世本作「天將救之」，帛書作「天將建之」。「若」字傳世本無，帛甲作「女（如）」，帛乙作「如」。「衛」同「衛」，帛書作「垣」，「衛」（匣母月部）、「垣」（匣母元部）音義皆近可通。

第三十二章（王本六十八章）

•善爲士者不武，善戰者不怒，善勝適（敵）者弗與，善用人者爲之下〔一〕。是謂不爭 八九 之德，是謂用人，是謂肥（配）天，古之極〔二〕。 九〇

〔一〕「適」當如帛書、傳世本讀爲「敵」，帛甲除此字外皆同於漢簡本。帛乙句首多「故」字，承接上文，似本章與上章合爲一章；另「戰」作「單」，「勝」作「朕」，皆音近借字。傅本句首多「古之」二字，「與」作「爭」。

〔二〕「肥」，帛乙同，帛甲脱，當如傳世本讀爲「配」。傳世本「用人」之下多「之力」二字，嚴本「用人」上無「是謂」二字。

第三十三章（王本六十九章）

•用兵有言曰：吾不敢爲主而爲客，不敢進寸而退尺〔一〕。是謂行無行，攘無臂，九一 執無兵，乃無適（敵）〔二〕。禍莫大於無適（敵），無適（敵）則幾亡吾葆（寶）矣〔三〕。故亢（抗）兵相若，則哀者勝矣〔四〕。 九二

〔一〕帛甲後一「不敢」作「吾不」，「退」作「芮」，乃音近借字。帛乙「有」作「又」，其餘同於漢簡本。傳世本多無「曰」字，唯傅本、范本有。

〔二〕「攘」，帛乙及傳世本同，帛甲作「襄」，乃借字。「適」，當如帛書、傳世本讀爲「敵」。「乃」，帛書同，王本作「扔」，河本等作「仍」，皆爲「乃」之誤。多數傳世本「扔（仍）無敵」在「執無兵」之前，帛書及嚴本、傅本同於漢簡本。

〔三〕「無適」，帛甲作「无適」，帛乙、傅本作「無敵」，傳世本多作「輕敵」，作「無敵」義較長。「幾亡」，傅本同，帛乙作「近亡」，帛甲「近」作「斤」，傳世本多作「幾喪」。「葆」，帛甲同，帛乙作「琛」，傳世本作「寶」。

〔四〕「亢」，帛甲作「稱」，帛乙、傳世本作「抗」；「亢」讀爲「抗」，「抗」、「稱」皆有「舉」義，故可互用。「哀」，帛甲同，帛乙作「依」，乃同音借字。「若」，帛書、傅本同，其餘傳世本多作「加」；「相若」即「相當」，作「相加」則文義不通，蓋「若」先改爲「如」，再訛爲「加」。嚴本無此句，應爲脱漏。

第三十四章（王本七十章）

•吾言甚易智（知），甚易行；而天下莫之能智（知），莫之能行[一]。言有宗，事有君[二]。天〈夫〉唯無 九三 智（知），是以不吾智（知）[三]。智（知）我者希，則我貴矣[四]。是以聖人被褐而懷玉[五]。 九四

[一] 帛乙無「甚」字，帛甲、傳世本皆有。「天下」，帛乙及多數傳世本同，帛甲、傅本作「人」。「之」字，帛書、傅本有，其餘傳世本多無。

[二] 傳世本此句多與漢簡本同，唯傅本「君」作「主」。帛乙句首多「夫」字，帛甲作「言有君，事有宗」。

[三] 「天」爲「夫」之訛，帛書、傳世本皆作「夫」。嚴本「夫唯」作「唯我」。「吾」，嚴本、傅本同，帛書及王本、河本作「我」。

[四] 帛乙「者」上脱「我」字。「則我貴矣」，帛書及嚴本、傅本同，王本、河本作「則我者貴」。

[五] 「而」，帛書及嚴本、傅本有，其餘傳世本皆無。「懷」，帛書作「褱」，通「懷」。

第三十五章（王本七十一章）

•智（知）不智（知），上矣；不智（知）智（知），病矣[一]。夫唯病病，是以不病[二]。聖人【之不】病，以其不病【病也，是以】 九五 不病[三]。 九六

[一] 「上」，傳世本多同，帛書、傅本作「尚」。「不智智」，帛甲作「不知不知」，「不」下誤衍重文號。《淮南子・道應》引《老子》作：「知而不知，尚矣；不知而知，病也。」

[二] 傳世本此句多與漢簡本相同。帛書兩本及景龍本皆無此句。

[三] 王本等此句作「聖人不病，以其病病，是以不病」，傅本後一「不病」作「不吾病」。帛書「聖人」之上多「是以」二字，其下有「之」字。漢簡本此句殘爲四段，據殘存字數試補足如上，其第二「不」字應爲衍文。

第三十六章（王本七十二章）

【・民】不畏威，則大威至矣[一]。毋柙其所居，毋厭其【所】生[二]。夫唯弗厭，是以不厭[三]。是 九七 以聖人自智（知）而不自見也，自愛而不自貴也。故去被（彼）取此[四]。 九八

[一] 帛乙「至」上有「將」字，傳世本無。「威」，傳世本同，帛書假「畏」爲「威」。

[二] 「毋」，帛書同，傳世本作「無」。「柙」，帛甲作「閘」，帛乙作「伸」，王本作「狎」，河本作「狹」，嚴本作「挾」，諸字音近可通（皆匣母葉部）。《説文・木部》：「柙，檻也」，又曰：「檻，櫳也，一曰圈也」，「柙其所居」即以人民爲禽獸而處之以牢籠；「閘」、「伸」皆讀爲「柙」，「狎」、「狹」皆有「迫促」義，乃「柙」之引申，「挾」則「狹」之借字。「厭」，帛書作「猒」，「厭」同「壓」，《説文・厂部》：「厭，笮也」，《竹部》：「笮，迫也」。

〔三〕傳世本「弗」多作「不」，傳本「弗」、「不」皆作「無」。此句意爲君不壓迫其民，則民不憎惡其君。

〔四〕「被」，帛甲同，帛乙作「罷」，皆讀爲「彼」。

第三十七章（王本七十三章）

•勇於敢則殺，勇於不敢則枯（活）。此兩者，或利或害[一]。天之所惡，孰智（知）其故[二]？天之九九道，不爭而善勝，不言善應，弗召自來，諶（默）然善謀[三]。天罔（網）怪怪（恢恢），疏而不失[四]。一〇〇

〔一〕帛甲「敢」下多「者」字，帛乙、傳世本皆無。「枯」，帛書作「栝」，皆讀爲「活」（「枯」或爲「栝」之訛）。嚴本「此」上多「常知」二字，景龍本作「知」。

〔二〕傳世本此句下多有「是以聖人猶難之」七字，帛書、嚴本皆無，蓋涉王本六十三章而誤衍。

〔三〕「爭」，傳世本同，帛乙作「單」，讀爲「戰」。「諶然」，帛甲作「彈而」，帛乙作「單而」，王本、河本作「繟然而」（《經典釋文》引河本「繟」作「墠」），嚴本作「坦然而」，傅本作「默然而」。「諶」即「默」之異體，「彈」、「單」、「繟」、「墠」皆讀爲「坦」。漢簡本與傅本爲同一系統，作「默然」；帛書與王本、河本、嚴本爲同一系統，作「坦然」。疑此字本作「諶（默）」，先訛爲「單（彈、繟、墠）」，再讀爲「坦」。

〔四〕「罔」，帛乙同，當如傳世本讀爲「網」。「怪」，帛乙作「⿰衤圣」，傳世本作「恢」；「怪」（見母之部）、「恢」（溪母之部）音近可通，讀爲「恢」是，《說文・心部》：「恢，大也」。

第三十八章（王本七十四章）

•民恒不畏死[一]，奈何其以殺⿰忄⿱䀠女（懼）之也[二]？若使民恒不畏死[三]，而爲畸（奇）者，吾得而殺一〇一之，夫孰敢矣[四]？恒有司殺者，夫代司殺者殺，是代大匠斲也[五]。夫代大匠斲者，一〇二希不傷其手矣[六]。一〇三

〔一〕「恒」字多數傳世本無，傅本作「常」。帛甲此句殘，帛乙作「若民恒且畏不畏死」（前一「畏」字誤衍）。

〔二〕「奈何」，帛甲及多數傳世本同，帛乙作「若何」，傅本作「如之何」。「殺」，帛書同，傳世本作「死」。「⿰忄⿱䀠女」，帛甲作「愳」，皆同「懼」；帛乙作「矔」，亦讀爲「懼」。

〔三〕帛甲作「若民恒是死」（「是」當爲「畏」之誤），帛乙作「使民恒且畏死」，傳世本多作「若使民常畏死」，遂州本「畏」作「不畏」。本句「不」字當爲衍文。

〔四〕「畸」，帛乙同，帛甲脫，當如傳世本讀爲「奇」。帛甲「得」上多「將」字，帛乙及傳世本無；王本等「得」下多「執」字，傅本無。「夫孰敢矣」，帛書、嚴本同，王本等作「孰敢」。

〔五〕帛書此句前多「若民恒且必畏死則」八字，傳世本無。王本等二「者」字下皆有「殺」字，河本則皆無，帛書同漢簡本。「夫」，帛書及王本、河本同，嚴本、傅本作「而」。「是」，帛書及嚴本、傅本同，王本、河本作「是謂」。

〔六〕帛書「希」上多「則」字，傳世本無。「希不」，帛書、嚴本同，王本等作「希有不」，傅本作「稀不自」。

第三十九章（王本七十五章）

·人之飢也[一]，以其取食脫（術）之多也[二]，是以飢。百姓之不治也，以上之有以爲也，一〇四　是以不治[三]。民之輕死也，以其生之厚也[四]，是以輕死。夫唯無以生爲，是賢貴　一〇五　生也[五]。　一〇六

［一］「人」，帛書、嚴本同，多數傳世本作「民」。《老子》「人」、「民」二字用法有别，「人」泛指人類，「民」則專指被統治之民眾。傳世本多有避唐太宗諱改「民」爲「人」者，但也有誤將「人」一概回改爲「民」的情況，此即一例。「飢」，帛書及河本等同，王本作「饑」，二字用法有别，「飢」指飢餓，「饑」特指饑荒，此處作「飢」是。

［二］「取」，帛書同，傳世本作「上」，嚴本無「以其」二字。「脫」，帛甲作「泧」，帛乙作「跷」，傳世本作「稅」。整理組認爲「稅」可讀爲「術」，一説諸字皆從「兑」，「兑」與「隧」音近可通；案二説皆有理，「術」（船母物部）、「隧」（邪母物部）皆有「途徑」之義，與「兑」（定母月部）音近可通。此句本意是指人取得食物的手段過多，傳世本改爲「稅」，又增「上」字，其意遂變爲統治者收稅過重。

［三］「百姓」，帛甲、嚴本同，帛乙作「百生」，傳世本多作「民」。「不治」，帛書同，傳世本作「難治」。「有以爲」，帛書同，傳世本作「有爲」。

［四］「生」，帛書及王本等作「求生」，景龍本作「生生」，傅本作「上求生生」。嚴本無「以其」二字。

［五］嚴本無「夫唯」二字。帛書及王本等「爲」下有「者」字，嚴本無，傅本「爲」作「爲貴」。傳世本「賢」下有「於」字，帛書無。

第四十章（王本七十六章）

·人之生也柔弱，其死也倰（骾）信（韌）堅强[一]。萬物草木之生也柔弱，其死也苦（枯）蒿（槁）[二]。故　一〇七　堅强者死之徒也，柔弱者生之徒也[三]。是以兵强則不勝，木强則核（極）[四]。故强大　一〇八　居下，柔弱居上[五]。　一〇九

［一］「倰信」，帛甲作「蓾仞」，帛乙作「䏭信」，傳世本無此二字。「倰」（來母蒸部）與「恒」（匣母蒸部），「信」（心母真部）與「仞」（日母文部）古音相近可通。帛甲「䏭」字，整理組疑其與「骾」相近，義爲「硬」，「蓾」、「倰」皆其借字。「信」、「仞」皆讀爲「肕」，同「韌」，《管子·心術下》：「筋肕而骨强」，同書《内業》篇作「筋信而骨强」。「倰（骾）信（韌）」應指人死後身體僵硬。「堅」，帛甲作「賢」，乃借字。

［二］「萬物」，帛書及王本、河本皆有，嚴本、傅本無。「柔弱」，帛甲及傳世本皆作「柔脆」，帛乙作「柔椊（脆）」。「苦蒿」，帛甲作「棹薧」，帛乙作「棹槁」，皆當如傳世本讀爲「枯槁」。

［三］「故」，傳世本同，帛書作「故曰」。帛甲「柔弱」下多「微細」二字。

［四］「是以」，帛乙及多數傳世本同，帛甲無，嚴本作「故」。「核」，帛甲作「恒」，帛乙作「兢」，王本作「兵」，其餘傳世本多作「共」，《列子·黄帝》引文作「折」。整理組認爲帛甲「恒」字應讀爲「極」，《説文·木部》：「極，竟也」，義爲「折」。「核」（匣母職部）、「恒」（匣母蒸部）音近可通，「核」亦應讀爲「極」。「兢（竟）」、「折」與「極」義近，「兵」乃「折」之訛，「共」或爲「兵」之訛。

［五］「故」字帛甲及王本等無，帛乙、傅本有。「强大」，傅本作「堅强」。「柔弱」，嚴本作「小弱」。帛甲「柔弱」下多「微細」二字。

第四十一章（王本七十七章）

•天之道，猶張弓者也[一]。高者抑之，下者舉之，有餘者損之，不足者輔（補）之[二]。天之 一一〇【道】，損有餘而奉不足[三]。人之道不然，損不足而奉有餘[四]。孰能有餘而有（又）取奉 一一一 於天者[五]？唯有道者也[六]。是以聖人爲而弗有，成功而弗居[七]，其欲不見賢也[八]。 一一二

〔一〕「天」，帛乙及傳世本同，帛甲作「天下」。「猶」，帛乙作「酉」，假爲「猶」。「猶」上傳世本有「其」字，帛乙無。「者也」，帛甲同，帛乙作「也」；王本作「與」，河本作「乎」，傅本作「者歟」，皆爲反問語氣，嚴本無句末助詞。

〔二〕「抑」，帛書作「印」，即「抑」之初文，傳世本多作「抑」，唯嚴本作「案」。「輔」，帛甲及王本等作「補」，河本作「與」，此處「輔」亦應讀爲「補」。

〔三〕帛甲「天」上有「故」字，傳世本無。「奉」，帛乙作「益」，傳世本作「補」。

〔四〕傳世本「道」下多有「則」字，帛乙無「則不然」三字，帛甲殘存「不然」二字。

〔五〕帛書此句與漢簡本相似，唯帛乙句首多「夫」字，帛甲句末多「乎」字，「取」上多「以」字。傳世各本差異較大，王本、河本作「孰能有餘以奉天下」，嚴本作「孰能損有餘而奉天下」，傅本作「孰能損有餘而奉不足於天下者」。帛書、漢簡本顯然優於傳世本。

〔六〕「也」，傳世本多無，帛乙及傅本作「乎」，變爲反問句式。

〔七〕「弗有」，帛乙作「弗又（有）」，傳世本作「不恃」。「成功而弗居」，嚴本作「成功不居」，王本、河本作「功成而不處」，傅本「處」作「居」。

〔八〕帛乙前多「若此」二字，帛甲僅存「見賢也」三字。王本等作「其不欲見賢」，嚴本無「其」字，景龍本作「斯不見賢」，遂州本作「斯不貴賢」。王本與帛書、漢簡本最接近，但仍略有不同。

第四十二章（王本七十八、七十九章）

•天下莫柔弱於水，而功（攻）堅强者莫之能失〈先〉也，以其無以易之也[一]。故水之勝 一一三 剛，弱之勝强[二]，天下莫弗智（知），而莫能居，莫能行[三]。故聖人之言云[四]：受國之詬，是 一一四 謂社稷（稷）之主；受國之不恙（祥），是謂天下之王[五]。正言若反[六]。和大怨，必有餘怨，安 一一五 可以爲善[七]？是以聖人執左契，而不以責於人[八]。故有德司契，無德司肆（徹）。天道 一一六 無親，恒與善人[九]。 一一七

〔一〕「莫柔弱」，帛乙及王本等同，河本作「柔弱莫過」。「功」當如傳世本讀爲「攻」。「失」，應爲「先」之訛，帛書此字殘，王本、河本作「勝」，嚴本、傅本作「先」。

〔二〕「故」，景龍本同，帛書及王本等無，嚴本作「夫」。「水」，帛乙同，傳世本多作「柔」。傅本此句作「柔之勝剛，弱之勝强」，王本、河本作「弱之勝强，柔之勝剛」，嚴本作「水之勝强，柔之勝剛」。

〔三〕「莫能居」三字，各本皆無。

〔四〕「故」，帛甲及河本、傅本同，帛乙作「是故」，王本作「是以」，嚴本無。「聖人之言」，帛甲、傅本同，帛乙、嚴本無「之」字，王本、河本無「之言」二字。

〔五〕「詬」，帛書同，傳世本作「垢」，二字常通用。「稷」爲「稷」之異體。「恙」讀爲「祥」。後一「是謂」，帛書及多數傳世本同，王本作「是爲」。傅本「王」作「主」。

〔六〕傳世八十一章本此句以下爲七十九章。嚴本則兩章合爲一章，名「柔弱於水篇」。帛甲「反」字下爲句讀符號而非分章符號，説明其分章有可能與漢簡本、嚴本相同。

〔七〕「和」，帛甲、傳世本同，帛乙作「禾」，假爲「和」。「安」，傳世本同，帛甲作「焉」。

［八］帛甲脱漏「人執」二字。「左」，帛乙、傳世本同，帛甲作「右」。「契」，傳世本同，帛甲作「介」，帛乙作「芥」，皆讀爲「契」。

［九］「故」字王本等無，帛書、傳本有。「肆」，傳世本多作「徹」，嚴本作「轍」；帛書作「勶」，同「徹」。「肆」（心母質部）、「徹」（透母月部）音近可通，「肆」應讀爲「徹」。帛書兩本此章爲《德經》之末章，帛乙此句下有「德三千卌一」五字，爲篇題和字數。

第四十三章（王本八十章）

•小國寡民，使有什佰人之氣（器）而勿用［一］，使民重死而遠徙［二］。有舟車，無所乘之；一一八 有甲兵，無所陳之［三］。使民復結繩而用之。甘其食，美其服，樂其俗，安其居［四］。鄰 一一九 國相望，雞狗之音相聞，民至老而死不相往來［五］。一二〇

［一］嚴本「有」上多「人」字，傳本作「民」。「什佰」，帛書作「十百」，傳世本作「什伯」，「伯」通「佰」。「人」字帛書及河本有，多數傳世本無；然河本於「什伯」之下斷句，注曰「使民各有部曲什伯」，顯系誤解。「氣」假爲「器」，「什佰人之器」即十倍百倍於人力之器。「勿用」，帛乙同，帛甲作「毋用」，傳世本作「不用」。

［二］「遠徙」，帛書同，傳世本多作「不遠徙」，遂州本作「不徙」。「遠」在此義爲「遠離於」，後人誤解而增「不」字。

［三］傳世本「有」上多「雖」字，帛書無。「舟車」，帛甲作「車周（舟）」，帛乙作「周（舟）車」，傳世本多作「舟輿」。

［四］「樂其俗，安其居」，帛書、嚴本同，其餘傳世本多作「安其居，樂其俗」，傳本作「安其俗，樂其業」。

［五］「鄰」，帛甲作「𨛜」，即「鄰」之異體；帛乙作「㔸」，乃戰國文字之「隸古定」體，郭簡「鄰」字即作「㔸」。「狗」，帛甲、河本及《莊子·胠篋》引文同，帛乙及多數傳世本作「犬」。「音」，帛書及多數傳世本作「聲」。「老而死」，各本皆作「老死」，《莊子·胠篋》引文作「老死而」，疑此處「而」與「死」互倒。

第四十四章（王本八十一章）

•信言不美，美言不信；智者不博，博者不智；善者不辯，辯者不善［一］。聖人無責（積），氣（既）以爲 一二一 人，己俞（愈）有；氣（既）以予人，己俞（愈）多［二］。天之道，利而弗害；人之道，爲而弗爭也［三］。•凡 一二二 二千九百卌二［四］ 一二三

［一］「善者不辯，辯者不善」，傳世本多同，唯傳本「善者」、「辯者」作「善言」、「辯言」，帛書「辯」作「多」。傳世本「善者」句大多在「智者」句之前，帛書、嚴本同於漢簡本。

［二］嚴本句首多「是故」二字，它本皆無。「無」，帛書及嚴本、傳本同，王本、河本作「不」。「責」讀爲「積」，「氣」讀爲「既」。「俞」，帛乙同，當如傳世本讀爲「愈」。「予」，帛乙同，傳世本作「與」。

［三］帛乙句首多「故」字，傳世本無。「人」，帛乙同，傳世本作「聖人」。

［四］此爲《老子上經》全篇字數之統計，即所謂「計字尾題」，較帛書乙本《德經》篇末自注字數「三千卌一」少九十九字。與帛書本相比，漢簡本較少使用虚詞，文句比較精煉，是其字數較少的主要原因。

老子下經

第四十五章（王本第一章）

•道可道，非恒道殹（也）；名可命，非恒名也[一]。無名，萬物之始也；有名，萬物之母也[二]。一二四 故恒無欲，以觀其眇（妙）；恒有欲，以觀其所僥（徼）[三]。此兩者同出，異名同謂[四]。玄之有（又）一二五 玄之[五]，眾眇（妙）之門。一二六

老子下經[六] 一二四背

［一］「殹」爲秦系文字，帛書作「也」。漢簡本中「殹」字僅此一見，其餘皆作「也」，推測其祖本之中或有秦抄本，西漢傳抄過程中將「殹」改爲「也」，僅遺留此一處。「命」，帛書、傳世本皆作「名」。

［二］帛書此二句全同。傳世本「萬物之始」作「天地之始」。

［三］帛書「欲」下有「也」字，傳世本無。一種意見認爲傳世本應於「無」、「有」之下斷句，釋義因而不同；但由帛書本看來，古本恐未必如此，今從帛書本斷句。「眇」，帛書同，讀爲「妙」。「僥」，帛書作「噭」，傳世本作「徼」，三字音近可通，讀爲「徼」是。傳世本「徼」上無「所」字，故常作名詞講，釋爲「邊際」、「歸止」；帛書兩本及漢簡本皆有「所」字，故「徼」顯系動詞，義爲「求取」，較傳世本義長。

［四］傳世本作「此兩者同出而異名，同謂之玄」，多「之玄」二字，句讀亦異。帛書除無「此」字外，皆同於漢簡本。

［五］帛書、傳世本皆作「玄之又玄」。「有」讀爲「又」，凡傳世本「又」字，漢簡本皆作「有」。

［六］此爲漢簡本下篇之篇題，書於第一簡背面近上端處。

第四十六章（王本第二章）

•天下皆智（知）美之爲美，亞（惡）已；皆智（知）善之爲善，斯不善矣[一]。故有無之相生，難易一二七 之相成，短長之相刑（形）[二]，高下之相頃（傾）[三]，言〈音〉聲之相和，先後之相遀（隨）[四]。是以聖人居一二八 無爲之事，行不言之教。萬物作而弗辤（始），爲而弗侍（持），成功而弗居[五]。

夫唯弗居，一二九 是以弗去[六]。 一三〇

[一] 「亞」，郭簡、帛乙同，讀爲「惡」，帛甲、傳世本作「惡」。傳世本「惡」上亦有「斯」字，郭簡、帛書皆無，並無「之爲善」三字。「斯」，帛乙、傳世本同，帛甲作「訾」，通「此」，郭簡作「此其」。

[二] 郭簡、帛甲皆無「故」字，傳世本有。「短長」，郭簡、帛書及傳世本皆作「長短」（郭簡假「耑」爲「短」）。「刑」，帛書同，郭簡作「型」，皆通「形」；傳世本多作「形」，王本作「較」。

[三] 「頃」，當如傳世本讀爲「傾」，郭簡作「浧（盈）」，帛書作「盈」，「傾」亦有「滿盈」之義，故可通用。或認爲傳世本乃避漢惠帝諱改「盈」爲「傾」，但漢簡本「盈」字多見，不應此處獨爲避諱。

[四] 「言」爲「音」之訛，二字形近易混，帛甲作「意」，讀爲「音」。「先後」，郭簡、帛書及遂州本同，其餘傳世本多作「前後」。「墮」即「隨」之異體，郭簡作「墮」，帛書作「隋」，皆通「隨」。此句下帛書多「恒也」二字，郭簡、傳世本皆無。另此段六「之」字，王本、河本皆無，郭簡、帛書及傳本有。

[五] 「作」，郭簡、傳世本同，帛乙作「昔」，讀爲「措」。「弗辤」，郭簡、帛乙作「弗始」，傳世本多作「不辭」，傳本作「不爲始」；「辤」、「辭」（邪母之部）一字異體，與「始」（書母之部）音近，故可假爲「始」。此句下傳世本多有「生而不有」四字，郭簡、帛書及遂州本皆無。「侍」，帛乙同，郭簡、帛甲作「志」，傳世本作「恃」；「侍」、「志」、「持」、「恃」皆音近可通，但漢簡本第十四章「爲而弗持」、第四十一章「爲而弗有」，傳世本皆作「爲而不恃」，可見簡帛本此字應讀爲「持」，義爲「擁有」，傳世本改爲「恃」，義爲「自負」。「成功」，帛書、景龍本同，郭簡作「成」，傳世本多作「功成」。

[六] 「弗居」，郭簡、帛乙及王本、河本同，帛甲脫「弗」字，其餘傳世本多作「不居」，傳本作「不處」。「弗去」，郭簡、帛書同，傳世本皆作「不去」。

第四十七章（王本第三章）

• 不上（尚）賢[一]，使民不爭；不貴難得之貨，使民不爲盜；不見可欲，使心不亂[二]。是以 一三一 聖人之治也，虛其心，實其腹，弱其志，强其骨。恒使民無智（知）無欲，使夫智（知）不 一三二 敢、弗爲，則無不治矣[三]。 一三三

[一] 「上」，帛書同，傳世本作「尚」，二字常通用。

[二] 「心」，河本、想本及《淮南子・道應》引文同，帛書作「民」，王本、傳本作「民心」。

[三] 「智」，帛乙作「知」，王本、河本作「智者」，傳本作「知者」。傳世本增一「者」字，改動詞爲名詞，文義因而大變。「不敢、弗爲」，帛乙下多「而已」二字，王本等多數傳世本作「不敢爲」，想本作「不敢、不爲」，與簡帛本較接近。簡帛本「不敢、弗爲」皆爲「知」之賓語，其主語是「民」；傳世本將其合併爲「不敢爲」，主語變爲「智者」。多數傳世本其下又增「爲無爲」三字，想本等無。「無不治」，傳本作「無不爲」。

第四十八章（王本第四章）

• 道沖而用之，有（又）弗盈[一]。淵旖（兮），佁（似）萬物之宗[二]。桎〈挫〉其脫（銳），解其紛，和其光，同其袗（塵）[三]。湛 一三四 旖（兮）佁（似）

或存[四]。吾不智（知）其誰子，象帝之先[五]。 一三五

[一] 「沖」，帛乙及多數傳世本同，傅本作「盅」。「有」通「又」，帛乙同，傅本作「又」，王本、河本作「或」。「盈」，帛書及多數傳世本同，傅本作「滿」。

[二] 「淵」，帛乙、傳世本同，帛甲作「潚」，乃「淵」之異體。「旖」，帛書作「呵」，傳世本多作「兮」，河本作「乎」。阜陽漢簡《詩經》「兮」字亦寫作「旖」。「佁」，帛乙同，即「似」，帛甲作「始」，亦讀爲「似」。

[三] 「桯」當爲「挫」之訛，傳世本作「挫」，帛書作「銼」。「脫」，帛書作「兑」，當如傳世本讀爲「銳」。「紛」，帛甲及多數傳世本同，帛乙作「芬」，想本、景龍本作「忿」，皆同音借字。「袗」（章母文部）讀爲「塵」（定母真部），帛乙、傳世本皆作「塵」。

[四] 「或」，帛書及多數傳世本同，河本作「若」。想本此句作「湛似常存」，景龍本作「湛常存」。

[五] 「其誰子」，帛乙作「其誰之子」，范本同，其餘傳世本多作「誰之子」。

第四十九章（王本第五章）

• 天地不仁，以萬物爲芻狗；聖人不仁，以百姓爲芻狗[一]。天地之閒，其猶橐籥 一三六 虖？虛而不屈，動而揄（愈）出[二]。多聞數竆（窮），不若守於中[三]。 一三七

[一] 此句帛書、傳世本皆同，唯帛甲「姓」作「省」。

[二] 郭簡僅有此句。「虖」，傳世本作「乎」，郭簡作「與」，帛書作「輿」，皆通「歟」。「屈」，郭簡及多數傳世本同，帛書作「淈」，傅本作「詘」，皆爲借字。「揄」，郭簡及多數傳世本作「愈」，帛書、傅本作「俞」，讀爲「愈」是。

[三] 「多聞」，帛書、想本同，傳世本作「多言」。「竆」，帛書作「窌」，皆爲「竆」之訛，同「窮」。「不若守於中」，帛書同，傳世本作「不如守中」。

第五十章（王本第六、七章）

• 谷神不死，是謂玄牝；玄牝之門，是謂天地之根[一]。緜（緜）虖若存，用之不堇（勤）[二]。天長地久[三]。 一三八 天地之所以能長且久者，以其不自生也，故能長生。是以聖人後其身而 一三九 身先，外其身而身存[四]。不以其無私虖？故能成其私[五]。 一四〇

[一] 「天地之根」，帛書、傅本同，傳世本多無「之」字。

[二] 「緜」同「緜」，帛書、王本作「緜」，河本、傅本作「綿」。「緜虖」，傳世本作「緜緜（綿綿）」，帛書作「緜緜呵」，此處「緜」下或遺漏重文號。「堇」，帛書作「堇」，當如傳世本讀爲「勤」。

[三] 傳世本自「天長地久」以下爲第七章。此二章内容密切相關，漢簡本合二爲一，由「天道」及於「人事」，似更爲合理。

［四］「後」，傳世本同，帛乙作「退」，帛甲作「芮」，亦讀爲「退」。

［五］「不以」，帛書、傳本同，多數傳世本作「非以」。「虖」，帛書作「輿」，傳世本多作「邪」。

第五十一章（王本第八章）

• 上善如水，水善利萬物而有爭（靜）[一]。眾人之所惡，故幾於道矣[二]。居善地，心善淵，予 一四一 善天，言善信，正（政）善治，事善能，動善時[三]。夫唯不爭，故無尤。 一四二

［一］「如」，帛乙同，帛甲作「治」，讀爲「似」，傳世本作「若」。「爭」，帛乙同，當如帛甲讀爲「靜」，傳世本「有爭（靜）」作「不爭」，爲後人誤解而改。

［二］帛書「眾」上多「居」字，傳世本多作「處」，疑漢簡本脫漏「居」字。

［三］「予善天」，帛乙同，傳世本多作「與善仁」，傳本「仁」作「人」；帛甲作「予善信」，當脫「天言善」三字。「正」，帛書及王本、河本同，當如傅本讀爲「政」。

第五十二章（王本第九章）

• 持而盈之，不如其已[一]。梪（揣）而允（捃）之，不可長葆（保）[二]。金玉盈室，莫能守[三]。富貴而驕，自 一四三 遺咎[四]。功遂身退，天之道也[五]。 一四四

［一］「持」，傳世本多同，郭簡作「柒」，帛書作「揰」，應讀爲「持」，義爲「保有」。「如」，傳世本多同，郭簡、帛乙及想本作「若」。

［二］「梪」，郭簡作「湍」，帛乙作「⿰扌豆」，傳世本多作「揣」，傅本作「敨」。「湍」、「敨」皆讀爲「揣」（初母歌部），訓爲「持」。「梪」應爲「⿰扌豆」之訛，從「短」（端母元部）得聲，亦讀爲「揣」。「允」，帛乙同，帛甲殘存右旁，整理組疑爲「鉛」字，讀爲「允」；郭簡作「羣」，王本、傳本作「棁」，河本作「銳」，想本作「悅」。「允」（喻母文部）、「羣」（群母文部）音近可通，疑當讀爲「捃」（見母文部），《說文・手部》：「攈（古捃字），拾也」，《方言》卷三：「攈，摭，取也」。疑「允」先訛爲「兌」，又變爲「棁」、「銳」、「悅」等字。「葆」，帛書同，郭簡、傳世本作「保」。

［三］「盈室」，郭簡、帛書同，傳世本多作「滿堂」，想本、傅本作「滿室」。「莫能守」，郭簡假「獸」爲「守」，帛乙、傳世本皆作「莫之能守」，帛甲無「能」字。

［四］「富貴」，傳世本同，郭簡、帛書皆作「貴富」。傳世本「咎」上多「其」字，郭簡、帛書無。

［五］「功遂身退」，帛乙、王本同；郭簡、帛甲「遂」皆作「述」，「遂」字晚起，西周至戰國皆以「述」爲「遂」，漢初仍有遺留。另郭簡「功」作「攻」，帛甲「退」作「芮」，皆音近借字。多數傳世本此句作「功成名遂身退」，傅本作「成名功遂身退」，想本作「名成功遂身退」。

第五十三章（王本第十章）

•載熒（營）魄抱一，能毋離虖[一]？槫〈摶〉氣致柔，能嬰兒虖[二]？脩（滌）除玄鑑，能毋有疵虖[三]？愛民一四五沽〈治〉國，能毋以智虖[四]？天門啟閉，能爲雌虖[五]？明白四達，能毋以智虖[六]？故生之畜一四六之，生而弗有，長而弗宰，是謂玄德[七]。一四七

〔一〕「熒」，帛乙、傳世本皆作「營」。「魄」，帛乙作「袙」，乃「魄」之異體。「毋」，帛乙同，傳世本作「無」。「虖」，傳世本作「乎」，河本此段皆無「乎」字。

〔二〕「槫」，帛乙同，當爲「摶」之訛，傳世本作「專」，亦讀爲「摶」；《說文·手部》：「摶，以手圜也」，引申爲「聚集」之義。「致」，傳世本同，帛乙作「至」。

〔三〕「脩」（心母幽部），帛書同，當如傳世本讀爲「滌」（定母覺部），二字音近可通。「鑑」即鏡，帛甲作「藍」，帛乙作「監」，傳世本作「覽」，皆音近借字。「毋有」，帛乙同，帛甲作「毋」，傳世本作「無」。

〔四〕「沽」，帛乙作「栝」，皆爲「治」之訛。「能毋以智」，帛乙「智」作「知」，傳本「毋」作「無」；王本、影宋河本作「能無知」，想本作「而無知」，《道藏》河本作「能無爲」，文義皆有差別。

〔五〕「啟閉」，帛乙作「啟闔」，傳世本作「開闔」，「閉」、「闔」爲同義換用。「爲雌」，帛乙及傳本、想本同，王本、河本作「無雌」，或涉上文「無爲」而誤。想本「明白四達」句與「天地開闔」句互倒。

〔六〕「能毋以智」，帛乙「智」作「知」，河本作「能無知」，與簡帛本接近。傳本作「能無以爲」，王本作「能無爲」，想本作「而無爲」。此句與上文重複，故傳世本多改爲「無爲」。

〔七〕帛書、傳世本皆無「故」字。傳世本「生而不有」之下多「爲而不恃」四字，乃涉前文第十四章（傳世本五十一章）而衍，帛書無。

第五十四章（王本十一章）

•卅輻同一轂，當其無，有車之用也[一]。挻殖（埴）器，當其無，有殖（埴）器之用也[二]。鑿戶牖，一四八當其無，有室之用也[三]。故有之以爲利，無之以爲用。一四九

〔一〕「卅」，帛書、想本同，傳世本多作「三十」。「輻」，傳世本同，帛乙作「福」，乃借字。「同」，帛書同，傳世本作「共」。

〔二〕「挻」，范本及《經典釋文》同，帛甲作「然」，帛乙作「撚」，傳世本多作「埏」；河上公注：「埏，和也」，指以水和土，「撚」、「埏」皆「挻」之異體，「然」則爲音近借字。「殖」，想本同，假爲「埴」，帛書、傳世本皆作「埴」，《說文·土部》：「埴，黏土也」。「挻殖器」，傳世本多作「埏埴以爲器」，帛甲、想本「以爲」作「爲」，帛乙作「而爲」，漢簡本疑脫「爲」字。後一「殖器」，傳世本作「器」。

〔三〕傳世本「鑿戶牖」下多「以爲室」三字，帛書無。

第五十五章（王本十二章）

• 五色令人目盳（盲）[一]，敺（驅）騁田獵令人心發狂[二]，難得之貨令人行方（妨），五味令人之 一五〇 口爽[三]，五音令人之耳聾[四]。是以聖人爲腹不爲目，故去被（彼）取此[五]。 一五一

［一］「盳」爲「盲」之異體，帛乙、傳世本作「盲」，帛甲作「明」，假爲「盲」。

［二］「敺」同「驅」，帛書、傳世本皆作「馳」，二字義近常通用。「田」，帛書、河本等同，王本作「畋」。「獵」，傳世本同，帛書作「臘」，假爲「獵」。

［三］「方」，帛甲同，帛乙作「仿」，皆當如傳世本讀爲「妨」。「爽」，帛乙、傳世本同，帛甲作「㕹」，讀爲「爽」。

［四］以上五句順序，帛書兩本皆同漢簡本，傳世本則以「五色」、「五音」、「五味」、「馳騁田獵」、「難得之貨」爲序，形式更爲整齊。五「令」字，傳世本同，帛書皆作「使」。

［五］帛書「聖人」下多「之治也」三字，傳世本無。「被」，帛甲作「罷」，當如帛乙及傳世本讀爲「彼」。

第五十六章（王本十三章）

• 寵辱若【驚（驚）】，貴大患若身[一]。何謂寵辱？寵爲下，是謂寵辱[二]。得之若驚（驚），失之若驚（驚），一五二 是謂寵辱若驚（驚）[三]。何謂貴大患若身？吾所以有大患者，爲吾有身；及吾無身，一五三 吾有何患[四]？故貴以身爲天下[五]，若可以橐（託）天下[六]；愛以身爲天下，若可以寄天下[七]。 一五四

［一］「寵」，郭簡作「憊」，帛甲作「龍」，帛乙作「弄」，皆讀爲「寵」。「患」，郭簡、帛乙同，帛甲作「梡」，讀爲「患」。郭簡「寵」上多「人」字，實爲上章末句「不可以不畏人」之句讀符號誤點於「畏」字下，以致「人」字誤入本句。

［二］「何謂寵辱」，帛書及王本、傳本皆作「何謂寵辱若驚」；郭簡及河本等皆無「若驚」二字，與漢簡本同；想本作「何謂寵辱爲下」，「辱」下疑脱重文號，則原文應作「何謂寵辱？辱爲下」，同於河本。「寵爲下」，郭簡及王本、傳本同，帛書作「寵之爲下」；河本作「辱爲下」（日本抄本或作「寵爲上，辱爲下」），景福本作「寵爲下，辱爲上」。「是謂寵辱」四字，各本皆無。

［三］「驚」爲「驚」之異體，郭簡作「纓」，從「嬰」或「縈」得聲，讀爲「驚」。此句帛書、傳世本皆同，郭簡無第三「若」字，應爲脱漏。

［四］傳本「及」作「苟」。郭簡、帛書皆無後一「吾」字。

［五］王本此句同，河本、傳本句末多「者」字，想本「爲」作「於」；帛書此句作「故貴爲身於爲天下」，景龍本作「故貴身於天下」。郭簡僅存「爲天下」三字。

［六］「橐」，帛乙同，帛甲作「迈」，郭簡作「厇」，皆當如傳世本讀爲「託」。「若」，郭簡、帛書及王本同，河本作「乃」，傳本作「則」。郭簡、帛書及傳本等皆以「託天下」在前，與「貴以身」句相配，同於漢簡本；王本、河本等則以「寄天下」在前，「託天下」在後。

［七］「愛以身爲天下」，郭簡、帛書及王本、想本同，河本、傳本句末多「者」字，遂州本作「愛以身於天下者」。「若」，郭簡、王本同，帛書作「女（如）」，河本、傳本作「則」。「寄」，帛書、傳世本同，郭簡作「迲」，讀爲「寄」或「去」。河本「寄」、「託」下皆有「於」字。

第五十七章（王本十四章）

•視而弗見，命之曰夷；聽而弗聞，命之曰希；摶而弗得，命之曰微[一]。參（三）也，不可一五五致計，故運（混）而爲一[二]。參（三）也[三]，其上不杲（皦），其下不没（忽）[四]。台台微微[五]，不可命，復歸於無物。是一五六謂無狀之狀，無物之象，是謂沕（惚）芒（恍）[六]。隨而不見其後，迎而不見其首[七]。執古之一五七道，以御今之有[八]，以智（知）古以（始），是謂道紀[九]。一五八

［一］帛書「而」上皆多「之」字，傳世本則「而」作「之」。「命之曰」，帛乙同，帛甲作「名之曰」，傳世本作「名曰」。帛書「夷」作「微」，「微」作「夷」，傳世本同於漢簡本，唯范本「夷」作「幾」。「摶」，傳世本多同，傳本訛爲「搏」；帛書作「捪」，《説文・手部》：「捪，撫也，一曰摹也」；或以傳世本「搏」爲「捪」之誤，然漢簡本已作「摶」，「摶」疑讀爲「拍」。

［二］「參」同「三」，「參也」，帛書作「三者」，傳世本作「此三者」。「計」（見母質部），帛書同，傳世本作「詰」（溪母質部），二字音近，皆有「查究」之義。「運」，帛甲作「囷」，整理組認爲即《説文》字頭「稛」字，同「梱」，帛乙作「緍」，諸字皆音近可通（皆屬文部，聲母亦近），當如傳世本讀爲「混」。

［三］帛書作「一者」，緊承上文「混而爲一」，顯然更爲合理，漢簡本此處疑涉上文而誤。傳世本中唯傅本存「一者」二字。

［四］「杲」，王本、河本、傅本作「皦」，想本作「曒」，皆屬見母宵部。《説文・木部》：「杲，明也」，《玉篇・日部》：「曒，明也」，二者蓋一字之異體；《説文・白部》：「皦，玉石之白也」，「皢，日之白也」，「皎，月之白也」，「皦」常假爲「皢」或「皎」，亦「光明」之義。此字帛甲作「攸」（喻母幽部），帛乙作「謬」（明母覺部），皆音近借字。「没」（明母物部），帛書、想本作「忽」（曉母物部），其餘傳世本多作「昧」（明母物部），三字音近可通；「忽」、「昧」皆有「昏暗不明」之義，漢簡本「恍忽」之「忽」皆作「没」，故此處讀爲「忽」。

［五］帛書作「尋尋呵」，王本作「繩繩」，傳本作「繩繩兮」，想本作「蠅蠅」。

［六］「没芒」，帛乙作「沕望」，傅本作「芴芒」，王本作「惚恍」，河本作「忽恍」，想本作「惚慌」。「没」、「沕」、「芴」、「惚」與「忽」，「芒」、「望」、「慌」與「恍」古音皆近，應讀爲「惚恍」或「忽恍」。

［七］帛乙同，帛甲上句殘，下句亦同帛乙。王本作「迎之不見其首，隨之不見其後」，其餘傳世本多同，唯景福本句序同於簡帛本。

［八］「執古之道」，傳世本同，帛書作「執今之道」。或以帛書是而傳世本誤，今據漢簡本，帛書亦有訛誤之可能。

［九］「以知」，帛書、河本同，王本、傅本作「能知」。「古以」，帛書、傳世本皆作「古始」，「以」字篆書作「㠯」，即「始」字所從，故可讀爲「始」。

第五十八章（王本十五章）

•古之爲士者[一]，微眇（妙）玄達，深不可識[二]。夫唯不可識，故强爲之頌（容）曰[三]：就（蹴）虖其如一五九冬涉水[四]，猶虖其如畏四鄰，嚴（儼）虖其如客[五]，涣虖其如冰之澤（釋）[六]，沌（敦）虖其如樸[七]，沌一六〇虖其如濁[八]，廣（曠）虖其如浴（谷）[九]。孰能濁以静之？徐清。孰能安以動之？徐生[一〇]。抱此道一六一者不欲盈[一一]，夫唯不盈，是以能敝不成[一二]。一六二

［一］郭簡及多數傳世本作「古之善爲士者」，帛乙、傅本「士」作「道」。郭簡上章末句「其事好長」之句讀符號誤點於「好」字下，遂致「長」字誤入本句。

[二] 郭簡「微妙」作「非溺」，乃音近假借；「微妙」上多「必」字，它本無。「玄達」，郭簡、帛乙同，傳世本作「玄通」，「通」、「達」爲同義換用。「識」，郭簡、帛書作「志」，《周禮·保章氏》鄭注：「志，古文識」。

[三] 郭簡無「夫唯不可識」五字，「故强」作「是以」。「頌」，郭簡同，帛書、傳世本作「容」，《說文·頁部》：「頌，皃也」，段注：「古作頌皃，今作容皃，古今字之異也」，此處義爲「形容」。「曰」，郭簡及王本、河本無，帛書、傳本有。

[四] 「就」，郭簡作「夜」，帛書、河本作「與」，多數傳世本作「豫」；「夜」、「與」、「豫」音近可通，讀爲「豫」是；「就」應讀爲「蹴」，「蹴虖」即「蹴然」，指驚慚不安貌。「虖」，郭簡同，帛書作「呵」，傳世本多作「兮」，唯王本「豫」下作「焉」。「水」，帛書同，郭簡、傳世本作「川」，二字形義皆近常通用。

[五] 「鄰」，傳世本同，郭簡、帛乙皆作「叟」。「嚴」，帛乙同，郭簡作「敢」，當如傳世本讀爲「儼」。「客」，王本訛爲「容」。傳本、想本此句作「儼若客」。

[六] 「渙」，帛書及多數傳世本同，想本作「散」，二字同義通用。「澤」，帛書同，郭簡作「懌」，當如傳世本讀爲「釋」，想本作「汋」。「冰之釋」，帛書作「淩釋」，王本、河本作「冰之將釋」，傳本作「冰將釋」，郭簡作「釋」。

[七] 「杶」，郭簡作「屯」，帛乙作「沌」，傳世本多作「敦」，想本作「混」，諸字音近可通。「樸」，帛乙、傳世本同，帛甲作「握」，讀爲「樸」。想本此句作「混若樸」。

[八] 「沌」，遂州本同，郭簡作「坉」，想本作「肫」，皆讀爲「沌」；王本等作「混」，河本作「渾」，帛書作「湷」，亦讀爲「渾」。此字作「渾」或「沌」皆可，二字音義皆近，古書常「渾沌」或「混沌」連言。想本此句作「肫若濁」。

[九] 郭簡無此句。「廣」，帛乙作「浾」，皆如傳世本讀爲「曠」。「浴」，帛書同，漢簡本大多同傳世本作「谷」，唯此處作「浴」。想本此句作「曠若谷」。以上六「如」字，郭簡同作「奴（如）」，帛書、傳世本皆作「若」。傳世本多爲「若谷」句在前，「若濁」句在後，景龍本等順序同於帛書、漢簡本。

[一〇] 此二句傳世本文字多有差異，王本、河本、傳本「動」上多「久」字，傳本「靜」作「澄靖」，「徐」上多「而」字，唯樓古本等與漢簡本全同。郭簡「之」作「者」，「徐」上多「將」字。帛書兩本及想本皆無「孰能」二字。帛書「動」作「重」，另帛甲「靜」作「情」，「徐」作「余」，皆爲借字。

[一一] 「抱」，郭簡、傳世本作「保」，帛書作「葆」。郭簡「盈」（作「呈」）上多「尚」（作「尝」）字。

[一二] 郭簡無此句。帛乙無「夫唯不盈」四字，帛甲及遂州本「不盈」作「不欲盈」。「是以」，帛乙、傳本同，其餘傳世本多作「故」。「敝」，傳本同，帛乙作「褩」，王本、河本作「蔽」，想本作「弊」，皆讀爲「敝」。「不成」，帛乙、傳本同，王本、河本作「不新成」，想本作「復成」。

第五十九章（王本十六章）

•至（致）虛，極；積正，督（篤）[一]。萬物竝作，吾以觀其復[二]。天物云云（芸芸），各復歸其根[三]。曰靜，靜曰復命[四]。復命，一六三 常也；智（知）常，明也[五]。不智（知）常，忘（妄）作，兇[六]。智（知）常曰容，容乃公，公乃王，王乃天，天乃道，道乃久，没而 一六四 不殆[七]。一六五

[一] 「至」，郭簡、帛書及河本同，王本、傳本作「致」。「極」，郭簡作「亙」（或讀爲「恒」），「亙」、「亟」二字形近常混用。「積正」，郭簡作「獸（守）中」，帛書、傳世本皆作「守靜」（帛甲「靜」作「情」）。「督」，帛乙同，帛甲作「表」，整理組認爲乃「裻」之訛，郭簡作「笞」，皆當如傳世本讀爲「篤」。

[二] 「竝」，傳世本作「並」，帛書作「旁」，郭簡作「方」，皆讀爲「並」。「吾以觀其復」，郭簡作「居以須復也」。

[三] 「天物」，帛書同，郭簡作「天道」，傳世本多作「夫物」，傳本作「凡物」。《禮記·王制》：「田不以禮曰暴天物」，孔疏解「天物」爲「天之所生之物」。傳世本「夫物」應爲「天物」之訛，郭簡作「天道」乃屬另一版本系統，文義不同。「云」，想本同，郭簡作「員」，帛甲作「雲」，帛乙作「⿰礻云」，王本作「芸」，傳本作「䞫」，皆音近可通；《說文·員部》：「䞫，

物數紛賾亂也」，段注以「賾」爲本字，「紜」、「芸」等皆借字，後「紜」、「芸」等字行而「賾」廢。郭簡假「堇」爲「根」，另無「歸」字。想本、傅本無「復」字。

〔四〕此句以下郭簡無。傳世本「曰靜」上多「歸根」二字，帛乙無，或爲遺漏重文號所致。「靜曰復命」，想本同，傅本「靜」作「靖」；帛書作「靜是胃（謂）復命」，王本、河本作「是謂復命」。

〔五〕「常也」、「明也」，帛書同，傳世本作「曰常」，「曰明」。

〔六〕「忘」，帛甲作「帍」，帛乙作「芒」，皆當如傳世本讀爲「妄」。帛書兩本此字下有重文號，應讀爲「不知常，妄；妄作，兇」，漢簡本及傳世本皆遺漏重文號，致文義有闕。

〔七〕帛書、傳世本皆無「曰」字。想本「乃」作「能」，「王」作「生」。「没而不殆」，帛書、傳世本皆作「没身不殆」；帛甲「没」作「沕」，「殆」作「怠」，皆音近借字。

第六十章（王本十七、十八、十九章）

·大（太）上，下智（知）有之；其次，親譽之；其次，畏之；其下，母（侮）之[一]。信不足，安（焉）有不信[二]。猶虖 一六六 其貴言。成功遂事，百姓曰我自然[三]。故大道廢，安（焉）有仁義[四]；智慧出，安（焉）有大偽[五]； 一六七 六親不和，安（焉）有孝茲（慈）；國家捪（昏）亂，安（焉）有貞臣[六]。絶聖棄智，民利百倍[七]；絶仁棄義， 一六八 民復孝茲（慈）；絶巧棄利，盜賊無有[八]。此參（三）言以爲文未足，故令之有所屬[九]。見素 一六九 抱樸，少私寡欲。 一七〇

〔一〕「親譽之」，郭簡、帛書同，王本作「親而譽之」，河本、傅本作「親之譽之」。「母」，帛書同，郭簡作「柔」，皆如傳世本讀爲「侮」。

〔二〕「安」，郭簡、帛乙同，帛甲作「案」，傳世本作「焉」，爲表順承關係的連詞。王本等皆將「焉」字屬上讀。

〔三〕「猶虖」，郭簡同，帛書作「猶呵」，河本作「猶兮」，王本作「悠兮」。「成功遂事」，帛書同，郭簡作「成事述（遂）社（功）」，王本等作「功成事遂」，想本作「成功事遂」。「曰」，郭簡、傅本同，帛書及王本、河本作「謂」。傳世本「謂（曰）」上多有「皆」字，郭簡、帛書及想本等無。

〔四〕「故」，郭簡、帛書皆有（郭簡作「古」），傳世本無。傳世本自「大道廢」以下至「有忠臣」分爲第十八章。郭簡、帛書、漢簡本皆與上文連抄，中間無任何符號分隔；且三本皆有「故」字承接上文，說明傳世本十七、十八章原應合爲一章。「安」，同「焉」，郭簡、帛書皆有，傳世本多無，唯傅本「大道廢」、「智慧出」下存「焉」字。

〔五〕郭簡無此句。「智慧」，傅本等同，帛甲作「知（智）快（慧）」，帛乙作「知（智）慧」，王本作「慧智」。

〔六〕「孝」，帛甲作「畜」，讀爲「孝」。「茲」，帛書同，郭簡作「孳」，皆如傳世本讀爲「慈」。「捪」，郭簡作「緍」，帛書作「悶」，皆如傳世本讀爲「昏」。「亂」，帛書作「乳」，隸書常以「乳」爲「亂」。「貞臣」，帛書、傅本同，郭簡作「正臣」，多數傳世本作「忠臣」。

〔七〕「絶聖棄智」，帛書、傳世本皆同，郭簡作「㡭（絶）智棄攴（辯）」。「倍」，帛乙、傳世本同，郭簡作「伓」，帛甲作「負」，皆讀爲「倍」。傳世本自「絶聖棄智」以下分爲第十九章。郭簡此章內容見於甲組竹簡，前兩章則見於丙組竹簡，說明此章與前兩章在早期可能並非合爲一章。但漢簡本此章與上章連抄，且兩章內容確有緊密聯繫，說明漢代確曾合爲一章，後又分開。

〔八〕「絶仁棄義」，帛書、傳世本皆同，郭簡作「㡭（絶）愚棄慮」，或讀爲「絶爲棄慮」，或讀爲「絶偽棄詐」。「孝茲（慈）」，帛乙同，帛甲作「畜（孝）茲（慈）」；郭簡作「季子」，或讀爲「孝慈」，或就其字面義解之。郭簡「絶巧棄利」句在前，與它本句序相反。

〔九〕「參言」，郭簡、帛書及想本皆作「三言」，其餘傳世本作「三者」。「文」，帛書、傳世本同，郭簡作「叓（事）」。「未足」，帛書及想本、傅本同，郭簡及多數傳世本作「不足」。「故

今之有所屬」，帛書同，傳世本無「之」字；郭簡作「或命之或虐（乎）豆（屬）」，「或虐豆」或讀爲「有所屬」。

第六十一章（王本二十章）

•絶學無憂[一]。唯與何（訶），其相去幾何[二]？美與惡，其相去何若[三]？人之所畏，不可以不 一七一 畏人[四]。芒（荒）虖，未央哉[五]！衆人巸巸（熙熙），若鄉（享）大牢而萅（春）登臺[六]。我泊（泊）旖（兮）未佻（兆），若嬰兒之未 一七二 晐（咳）[七]。絫旖（兮），台（似）無所歸[八]。衆人皆有餘，而我蜀（獨）遺（匱）[九]。我愚人之心也，屯屯（沌沌）虖[一〇]。猷（俗）人昭昭，我 一七三 蜀（獨）若昏；猷（俗）人計計（察察），我獨昏昏[一一]。没（忽）旖（兮），其如晦[一二]；芒（恍）旖（兮），其無所止[一三]。衆人皆有以，而我獨 一七四 抏（頑）以鄙[一四]。我欲獨異於人，而唯貴食母[一五]。 一七五

［一］帛乙、傳世本同，郭簡作「㡭（絶）學亡（無）憂（憂）」。過去不少學者認爲此句應屬上章，與「見素抱樸，少私寡欲」連讀。然郭簡「絶學無憂」四字確屬本章，且與「少私寡欲」不連抄，今又添漢簡本新證，足見傳世本分章不誤。

［二］「何」，想本同，郭簡作「可」，帛甲作「訶」，帛乙作「呵」，傳世本多作「阿」，讀爲「訶」是；《說文•言部》：「訶，大言而怒也」，「呵」同「訶」。「其」字帛書有，郭簡、傳世本皆無。

［三］「美」，帛書、傳本同，郭簡作「完（微）」，讀爲「美」，多數傳世本作「善」。「惡」，帛甲同，郭簡、帛乙作「亞」。「何若」，郭簡、帛書及河本等同，王本作「若何」。

［四］「不可以不畏人」，郭簡、帛書句前皆多「亦」字，傳世本作「不可不畏」。郭簡「人」下之句讀符號誤點於「畏」下，以致「人」字誤入下章。

［五］「芒」，帛乙作「朢」，想本作「莽」，景龍本作「忙」，其餘傳世本多作「荒」，讀爲「荒」是。「虖」，帛乙作「呵」，傳世本作「兮」。

［六］「巸」，帛書同，傳世本作「熙」。「鄉」，帛書同，當如傳世本讀爲「享」。「而」，帛書同，傳世本作「如」或「若」。「萅」同「春」，帛書、傳世本皆作「春」。

［七］「泊」，帛甲、王本作「泊」，帛乙作「博」，想本、傳本作「魄」，河本作「怕」，讀爲「泊」是。「旖」，帛書作「焉」，傳世本作「兮」。「佻」，帛甲同，帛乙作「垗」，當如傳世本讀爲「兆」。傳世本「我」下多「獨」字，「未兆」上多「其」字，帛書皆無。「晐」，帛乙、傳本作「咳」，王本、河本作「孩」，讀爲「咳」是；《說文•口部》：「咳，小兒笑也。孩，古文咳，從子」，「未咳」形容嬰兒初生之貌。

［八］「絫」，帛書作「纍」，王本作「儽儽」，傳本作「儡儡」，河本作「乘乘」，「乘」或爲「絫」之訛。「台」即古「以」字，假爲「似」，帛乙作「佁（似）」，傳世本多作「若」。「似無所歸」，傳本作「其不足以無所歸」。

［九］「蜀」假爲「獨」，帛甲、傳世本皆作「獨」。「遺」，帛甲、傳世本同，應讀爲「匱」，義爲「匱乏」。帛乙脱「我獨遺」三字，傳世本「遺」上多「若」字。

［一〇］「屯」，帛甲作「惷」，帛乙作「湷」，王本等作「沌」，想本作「純」，諸字音近可通，讀爲「沌」或「蠢」均可。「虖」，帛書作「呵」，王本等作「兮」。

［一一］「猷」（喻母幽部），帛書作「鬻」（喻母覺部），當如傳世本讀爲「俗」（邪母屋部）。「若昏」，河本等同，帛書作「若悶（悶）呵」，王本作「昏昏」。「計」，帛乙及多數傳世本作「察」，帛甲作「蔡」，傳本作「詧」，皆應讀爲「察」（詳第二十一章注二）。「昏昏」，帛甲作「悶悶呵」，帛乙作「閩閩呵」，傳世本多作「悶悶」，傳本作「閔閔」；「昏」、「悶」音近可通。

［一二］「没」，帛乙作「沕」，帛甲、河本作「忽」，讀爲「忽」是；王本作「澹」，傳本作「淡」，乃另一版本系統。「其如晦」，帛乙及王本、傳本作「其若海」（河本無「其」字），易玄本作「忽若海」，司馬本作「其若晦」，想本作「忽若晦」。疑此字很早就有「晦」、「海」兩種版本，文義不同，「晦」義爲「昏暗」。

［一三］「芒」，帛書作「朢」，皆讀爲「恍」；王本作「飂」，河本作「漂」，傳本作「飄」，乃另一版本系統。「其」，帛甲作「其若」，帛乙、河本作「若」，傳本作「似」。王本此句作「飂兮若無止」，想本作「寂無所止」。

〔一四〕「抏」，帛乙作「閲」，皆如傳世本讀爲「頑」。「頑」下「以」字，帛書、想本同，傳世本多作「似」，傅本作「且」；「以」乃並列連詞，「似」爲「以」之訛。「鄙」，帛乙及多數傳世本同，帛甲作「悝（俚）」，與「鄙」同義，傅本作「圖」，乃「鄙」之訛。

〔一五〕「欲」，帛書、想本同，傳世本多無，傅本「欲」在「獨」下，想本無「獨」字。「唯」字各本皆無。

第六十二章（王本二十一章）

• 孔德之容，唯道是從。道之物，唯訨（怳）唯没（惚）[一]。没（惚）旖（兮）訨（怳）旖（兮），其中有象旖（兮）。訨（怳）旖（兮）没（惚）旖（兮），其 一七六 中有物旖（兮）[二]。幽旖（兮）冥旖（兮），其中有請（情）旖（兮）[三]。其請（情）甚真，其中有信。自今及古，其名不 一七七 去，以說（悦）衆父[四]。吾何以知衆父之然哉？以此[五]。 一七八

〔一〕「道之物」，帛書同，傳世本多作「道之爲物」。「訨」，帛書作「朢」，河本作「怳」，傅本作「芒」，想本作「慌」，皆當如王本讀爲「恍」。「没」，帛甲、河本作「忽」，帛乙作「沕」，王本作「惚」，傅本作「芴」，讀爲「忽」或「惚」均可。

〔二〕「其中有象旖」，帛書作「中有象呵」，范本「呵」作「兮」，多數傳世本作「其中有象」。下句「其中有物旖」亦類似。

〔三〕「幽」，傅本同，帛甲作「潚」，讀爲「幽」；帛乙作「幼」，讀爲「窈」，傳世本多作「窈」；「幽」、「窈」音義皆近常通用。「冥」，帛乙、傳世本皆同，帛甲作「鳴」，讀爲「冥」。「其中有請旖」，帛乙「旖」作「呵」，帛甲作「中有請吔」，傳世本多作「其中有精」，傅本作「中有精兮」。「請」、「精」皆應讀爲「情」。想本以上三句作：「慌惚中有物，惚慌中有像，窈冥中有精。」

〔四〕「自今及古」，帛書、傅本同，其餘傳世本作「自古及今」，由文義及押韻看來，當以帛書、漢簡本爲是。「說」，帛書作「順」，傳世本作「閲」；疑「說」、「閲」皆讀爲「悦」，義爲「取悦」，與「順」義近。「衆」，想本作「終」；「父」，帛乙同，帛甲作「仪」，傳世本多作「甫」。

〔五〕「然哉」，河本、傅本同，帛乙作「然也」，帛甲作「然」，王本作「狀哉」。帛書此章下接傳世本二十四章（企者不立），漢簡本章序同傳世本。

第六十三章（王本二十二章）

• 曲則全，枉則正[一]，洼則盈，敝則新，少則得，多則或（惑）[二]。是以聖人執一以爲天下 一七九 牧[三]。不自見故明，不自視（是）故章（彰）[四]，不自發（伐）故有功，弗矜故長[五]。夫唯無爭，故天下 一八〇 莫能與之爭[六]。古之所謂曲全者，幾語邪？誠全歸之也[七]。 一八一

〔一〕「全」，帛甲訛爲「金」。「枉」，帛甲、傳世本同，帛乙作「汪」，假爲「枉」。「正」，帛乙及想本、傅本同，帛甲作「定」，讀爲「正」；王本、河本作「直」，「正」、「直」義近常通用。

〔二〕「洼」，帛書同，傳世本作「窪」。「敝」，帛甲及王本、傅本同，帛乙作「斃」，河本作「弊」。「或」，想本同，假爲「惑」，帛書及多數傳世本皆作「惑」。

〔三〕帛書此句全同。傳世本「執」作「抱」，「牧」作「式」，「以爲」多作「爲」。「牧」、「式」含義不同，「牧」指治民之君，「天下牧」即《孟子・梁惠王上》「天下之人牧」，「式」義爲法式、

典範。

[四] 「視」讀爲「是」，「章」同「彰」，帛書用字同漢簡本。帛甲「章」、「明」二字位置互倒。帛書兩本此二句位置互倒，想本、遂州本同之，其餘傳世本皆同漢簡本。

[五] 「發」，當如帛書、傳世本讀爲「伐」。「弗矜」，帛書同，傳世本作「不自矜」。帛書「長」上多「能」字，傳世本皆無。

[六] 「無爭」，帛書、傳世本皆作「不爭」。帛書、想本無「天下」二字，其餘傳世本有。

[七] 「曲全」，帛書同，傳世本作「曲則全」。「幾語邪」，帛書作「幾語才（哉）」，傳世本多作「豈虛言哉」，想本作「豈虛語」。「幾語邪」義爲「豈止一句話」，後人不解而增「虛」字。

第六十四章（王本二十三章）

• 希言自然。故剽（飄）風不終朝，趨（驟）雨不終日[一]。孰爲此？天地弗能久，而兄（況）於人虖[二]？ 一八二 故從事而道者同於道，得者同於德，失者同於失[三]。故同於道者，道亦得之； 一八三 同於失者，道亦失之[四]。信不足，安（焉）有不信[五]。 一八四

[一] 「故」字王本、傳本有，帛書、河本皆無。「剽」，帛乙作「薊」，帛甲、傳世本皆作「飄」，讀爲「飄」是。「終」，傳世本多同，帛書作「冬」，傳本作「崇」，皆讀爲「終」。「趨」，想本訛爲「趍」，帛書、范本作「暴」，其餘傳世本多作「驟」；「趨」（清母侯部）應讀爲「驟」（崇母侯部），「驟雨」即「暴雨」。

[二] 傳世本「天地」二字重複，帛書兩本「天地」二字下皆無重文號，同於漢簡本。帛乙「弗」上多「而」字，傳世本作「尚」。「而」，傳世本同，帛乙作「有（又）」。「兄」，帛乙同，讀爲「況」。

[三] 帛書「得」作「德」，乃借字，其餘全同漢簡本。「而」，想本同，傳世本多作「於」。多數傳世本皆誤重「道者」二字，導致文義改變，傳本且多出「從事於得者」、「從事於失者」兩句，唯司馬本同於簡帛本。想本此句作「故從事而道得之」，應有脫文。

[四] 「同於道者」，帛乙作「同於德（得）者」，似更合文理，漢簡本「道」字或是「德（得）」之誤。此句傳世各本變動較大。想本作「同於德者德得之，同於失者道失之」。王本作「同於道者，道亦樂得之；同於德者，德亦樂得之；同於失者，失亦樂得之。」傳本「德」作「得」，且無「同」、「樂」二字。河本「失亦樂得之」作「失亦樂失之」。

[五] 傳世本多作「信不足焉，有不信焉」。此句帛書兩本均無，或認爲乃涉傳世本十七章而誤衍。

第六十五章（王本二十四章）

• 炊（企）者不立[一]，自見者不明，自視（是）者不章（彰），自發（伐）者無功，矜者不長[二]。其在道也，斜（餘） 一八五 食叕（贅）行[三]，物或惡之，故有欲者弗居[四]。 一八六

[一] 「炊」（昌母歌部），帛書同，王本、傳本作「企」（溪母支部），河本作「跂」（群母支部）；「企」、「跂」音義皆同，「炊」乃音近借字，讀爲「企」或「跂」均可。想本此句作「喘者不久」。又傳世本此下多「跨者不行」四字，帛書本無。

[二] 此四句與第六十二章相似，參彼注。帛書「自視」句在前，「自見」句在後，與漢簡本、傳世本句序相反。「發（伐）」，想本作「饒」。「矜」，各本皆作「自矜」；然第六十二章作「弗

矜」，與此「矜」字正相對應，此處未必有脱字。

［三］「在」，帛書及王本等同，河本作「於」。「斜」，帛書作「粽」，傳世本作「餘」，皆一字之異體，從「斗」、從「米」與從「食」同，讀爲「餘」是。各本「餘」上皆有「曰」字。「叕」，帛書及多數傳世本作「贅」，想本作「餟」，「叕」（端母月部）、「贅」（章母月部）音近可通，讀爲「贅」是。

［四］「或」，想本作「有」，二字常通用。「欲」，帛書同，傳世本作「道」。整理組曰：「居，儲蓄。此言惡物爲人所棄，雖有貪欲之人亦不貯積。」其説可從。

第六十六章（王本二十五章）

•有物綸（混）成，先天地生[一]。肅（寂）覺（寥）[二]，獨立而不孩（改）[三]，偏（遍）行而不殆，可以爲天地母[四]。吾不 一八七 智（知）其名，其字曰道，吾强爲之名曰大[五]。大曰慸（逝）[六]，慸（逝）曰遠，遠曰反（返）[七]。天大，地大，道大，王亦 一八八 大[八]。或（域）中有四大，而王居一焉[九]。人灋地，地灋天，天灋道，道灋自然。 一八九

［一］「物」，郭簡作「脜（狀）」。「綸」，郭簡作「蟲」，爲「蚰（昆）」之誤，帛書作「昆」，皆當如傳世本讀爲「混」。「綸」（來母文部）、「混」（匣母文部）音近可通，應讀爲「混」。

［二］「肅覺」，郭簡作「敓繆」，帛甲作「繡呵繆呵」，帛乙作「蕭呵漻呵」；傳世本多作「寂兮寥兮」，傅本作「寂兮寞兮」，想本作「寂漠」。「肅」（心母覺部）、「繡」、「蕭」（心母幽部）、「寂」（從母覺部）諸字音近可通。郭簡「敓」字屬定母月部，與以上諸字古音稍遠，究竟讀爲何字尚有不同意見。「覺」（見母覺部）、「寥」、「漻」（來母幽部）、「繆」（明母幽部）亦爲一聲之轉。郭簡「繆」字從「穋」得聲，屬明母覺部，可讀爲「繆」。「肅覺」、「繡繆（蕭漻）」、「寂寥」均爲疊韻連綿詞（「寂漠」當由「寂寥」變來），形容道體「獨一無二」的狀態。郭簡無嘆詞「呵（兮）」，與漢簡本、想本同。

［三］「孩」，郭簡作「亥」，帛乙作「琢」，傳世本作「改」；「改」（見母之部）、「亥」（匣母之部）音近可通，讀爲「改」是；郭簡、帛書、漢簡三本用字一脈相承，後兩者應爲所謂「隸古定」。

［四］「偏」通「遍」，傳世本作「周」，「周」、「遍」爲同義換用。郭簡、帛書皆無「遍行而不殆」一句，或以爲後人妄增，漢簡本證明此句至少在西漢中期已出現。「天地母」，帛書、范本同，郭簡及多數傳世本皆作「天下母」。

［五］郭簡無上一「吾」字，傳世本多無下一「吾」字。「不」，傳世本同，郭簡、帛書皆作「未」。「其字」，各本皆作「字之」，傅本「字」上多「故强」二字。

［六］「慸」字上部爲「帶」之變體。傳世本此字作「逝」，帛書作「筮」，郭簡此字隸定爲「灊」，皆讀爲「逝」。阜陽漢簡《詩經》中「慸」字數見，讀爲「逝」或「哲」；「慸」（定母月部）、「逝」（禪母月部）古音相近，古書中從「帶」與從「折」之字多可通用。故「慸」可讀爲「逝」，《説文·辵部》：「逝，往也」。

［七］「遠」，帛書、傳世本同，郭簡作「連」，讀爲「遠」或「轉」。「反」，郭簡、帛書及王本、河本皆同，當如傅本讀爲「返」。

［八］帛書、傳世本此句均作「道大，天大，地大，王亦大」，唯郭簡及《淮南子·道應》引文順序與漢簡本相同。從下文看來，「道大」在前似更爲合理，但「天大」在前的文本亦自流傳有緒，未可視爲一時之誤。

［九］「或」，傳世本作「域」，帛書兩本皆作「國」。然帛乙之「國」字，帛甲多作「邦」，唯此處及五十九章作「國」，可見此二「國」字並非「邦國」之義，帛乙中此二「國」字亦非「邦」字避諱而改。郭簡此字作「囶」，讀爲「國」或「域」。「國」、「域」二字同源，先秦文字常寫作「或」。漢簡本「國」字未見省寫爲「或」者，故此「或」字仍應讀爲「域」。

第六十七章（王本二十六章）

•重爲輕根，靜爲趮（躁）君[一]。是以君子冬（終）日行，而不遠其輜重[二]。唯（雖）有榮（縈）館，燕處超 一九〇 若[三]。奈何萬乘之王，而以身輕於天下[四]？輕則失本，趮（躁）則失君[五]。 一九一

[一]「靜」，帛乙、傳世本同，帛甲作「清」，傳本作「靖」，皆讀爲「靜」。「趮」，帛書同，同「躁」，傳世本皆作「躁」。

[二]「君子」，帛書及想本、傳本同，王本、河本作「聖人」。「冬」讀爲「終」，帛乙同，帛甲作「衆」，乃音近借字。「遠」，帛乙同，傳世本作「離」，帛甲作「蘺」，通「離」。「輜」，帛書作「甾」，通「輜」。

[三]「榮館」，帛書作「環官」，傳世本作「榮觀」，范應元注：「觀，一作館」。「榮」當讀爲「縈」，「縈」、「環」皆有「環繞」之義，故可通用。「館」、「觀」常通用，「官」爲其借字。「榮（縈）館」指有圍牆的客舍。「燕處」，帛書及多數傳世本同，傳本作「宴處」。帛書「處」下多「則」字，傳世本無。「超若」，帛乙作「昭（超）若」（帛甲「昭」字殘），傳世本作「超然」。

[四]「奈何」，王本、河本同，帛書作「若何」，傳本作「如之何」。「王」，帛書同，傳世本作「主」。「於」，傳世本多無，帛書有。

[五]「本」，帛書及王本、傳本同，河本及《韓非子・喻老》引文作「臣」。

第六十八章（王本二十七章）

•善行者無勶（轍）迹，善言者無瑕適（謫）[一]，善數者不用檮（籌）筴[二]。善閉者無關鍵，不可啟；一九二 善結者無繩約，不可解[三]。故聖人恒善救人，而無棄人，物無棄財（材），是謂欲（怈）明[四]。 一九三 善人，善人之師也；不善人，善人之資也[五]。不貴其師，不愛其資，唯（雖）智必大迷，此謂眇（妙）要[六]。 一九四

[一]「勶」，帛甲同，帛乙作「達」，想本作「徹」，皆讀爲「轍」（「達」、「轍」皆屬定母月部，「徹」爲透母月部）。「適」，帛書、想本同，當如傳本讀爲「謫」，王本、河本作「讁」。

[二]「數」，帛書及王本、傳本同，河本、想本作「計」。「檮」，帛書同，傳世本作「籌」。「筴」同「策」，帛甲作「箖」，帛乙作「笇」，皆「策」之異體；傳世本多作「策」，遂州本作「筭」。

[三]「關鍵」，傳本同，帛甲作「閞籥」，帛乙作「關籥」，王本作「關楗」，河本、想本作「關揵」；「閞」讀爲「關」，「籥」同「鬮」，亦作「鑰」，「鍵」同「楗」，「揵」乃「楗」之訛；《說文・門部》：「關，以木横持門戶也」，「鬮，關下牡也」，《木部》：「楗，限門也」，《方言》卷五：「戶鑰，自關之東，陳楚之間謂之鍵，自關之西謂之鑰」。「繩」，傳世本同，帛乙作「纆」；《說文・糸部》：「纆，索也」，與「繩」同義。

[四]「故」，帛書、傳世本皆作「是以」。「救」，傳世本同，帛書作「㤹」，讀爲「救」。「而」，帛書、想本同，其餘傳世本多作「故」。「物無棄財」，帛書同，《文子・自然》引文作「物無棄材」；王本此句作「常善救物，故無棄物」，其餘傳世本多同之。「欲」，帛甲作「怈」，帛乙作「曳」，傳世本作「襲」；《說文・心部》：「怈，習也」，「習」、「襲」音義皆近常通用，「怈」、「習」爲同義換用；「欲」（喻母屋部）、「曳」（喻母月部）音近可通，「欲」應讀爲「怈」。

[五]帛書及多數傳世本句首皆有「故」字，想本無。傳世本「善人之師」上多「不」字，應爲衍文，帛書無。「資」，帛乙、傳世本同，帛甲作「齎」，通「資」。

[六]「智」，王本、河本同；帛書作「知」，想本、傳本同。「必」，帛書作「乎」，傳世本無。「迷」，帛乙、傳世本同，帛甲作「眯」，讀爲「迷」。「此謂」，想本、傳本同，帛書及王本、河本作「是

謂」。「眇（妙）要」，帛書同，傳世本作「要妙」。

第六十九章（王本二十八章）

·智（知）其雄，守其雌，爲天下谿；爲天下谿，恒德不離，復歸於嬰兒[一]。智（知）其白，守其辱（黷），爲天下 一九五 谷；爲天下谷，恒德乃足，復歸於樸[二]。智（知）其白，守其黑，爲天下武〈式〉；爲天下武〈式〉，恒德不貣（忒），復歸於無極[三]。 一九六 樸散則爲成器，聖人用則爲官長[四]。 一九七

〔一〕「谿」，傳世本多同，帛甲作「溪」，帛乙作「雞」，想本作「奚」，通「谿」。「離」，帛甲訛爲「雞」。帛書「恒德不離」四字下亦有重文號，即「恒德不離」與「爲天下谿」皆重複，傳世本多同漢簡本。下文「恒德乃足」、「恒德不忒」亦同。想本「爲天下奚」與「爲天下式」皆不重複，應爲脱漏重文號所致。

〔二〕「白」，帛乙同，帛甲訛爲「日」，《莊子·天下》引「老聃」言亦作「白」，傳世本作「榮」。「辱」，各本皆同，應讀爲「黷」；第四章（王本四十一章）「大白如辱」，傳本即作「黷」；《玉篇·黑部》：「黷，垢黑也」，與「白」相對，後人不解，乃改「白」爲「榮」，與「辱」相對。傳世本「知其白，守其黑」句在前，「知其榮，守其辱」句在後，帛書句序同於漢簡本。

〔三〕「武」，帛書、傳世本皆作「式」；「黑」、「式」、「忒」、「極」均爲職部字，「武」爲魚部字，與諸字不押韻，應爲「式」之訛。「貣」，帛甲同，帛乙、想本作「貸」，多數傳世本作「忒」，讀爲「忒」是，《説文·心部》：「忒，更也」。

〔四〕「成器」，帛書、傳世本皆作「器」。傳世本此句下有「大制不割」一句，漢簡本屬下章。

第七十章（王本二十九章）

·大制無畍（割）[一]。將欲取天下而爲之，吾見其不得已。天下神器，非可爲，爲之者敗 一九八 之，執之者失之[二]。物或行或隨[三]，或熱（噓）或炊（吹）[四]，或强或桂〈挫〉，或伓（培）或隋（墮）[五]。是以聖人去 一九九 甚，去奢，去泰[六]。 二〇〇

〔一〕帛書句首多「夫」字，傳世本多作「故」，想本作「是以」。「夫」爲句首語氣詞，從文氣看來，帛書此句屬本章的可能性較大；傳世本將此句置於上章之末，遂改「夫」爲「故」，以承接上文。「無」，帛書、傳本同，王本等作「不」。「畍」同「界」，帛書、傳世本皆作「割」；「界」、「割」同屬見母月部，「界」應讀爲「割」。

〔二〕「非可爲」，帛書下多「者也」二字，傳世本作「不可爲也」。

〔三〕王本句首多「故」字，傳本作「凡」，想本作「夫」，帛書無。「隨」，帛甲、傳世本同，帛乙作「隋」，通「隨」。

〔四〕「熱」，帛乙同，帛甲作「炅」，乃「熱」之異體；王本作「歔」，河本作「呴」，想本作「噓」，傳本作「噤」。「歔」、「噓」、「呴」爲一字之異體，《説文·口部》：「噓，吹也」，《欠部》：「歔，欷也。一曰出氣也」；「熱」（日母月部）與「噓」（曉母魚部）音近可通，應讀爲「噓」。「炊」，當如傳世本讀爲「吹」。「熱」之下，帛乙脱漏「或吹或强」四字，帛甲則殘缺「吹」及其下四字。

〔五〕「桂」爲「挫」之訛，帛乙作「硅」，傳本作「剉」，皆讀爲「挫」，其餘傳世本多作「羸」。「伓」，帛甲作「坏」，帛乙作「陪」，傳本作「培」，諸字音近可通（皆屬之部，幫母或並母），讀爲「培」是，義爲「堆土」；此字王本作「挫」，河本作「載」，想本作「接」。「隋」，帛甲作「撱」，帛乙、傳本作「墮」，王本、河本作「隳」；「墮」、「隳」常通用，皆「毁壞」

［六］ 之義，兩讀皆可。傳本此句作「或彊或剉，或培或墮」，最接近簡帛本。

［六］ 傳世本此句文字全同。「泰」，帛書作「大」，二字常通用；「奢」，帛甲作「楮」，帛乙作「諸」，皆讀爲「奢」。帛書「去泰」在前，「去奢」在後。

第七十一章（王本三十章）

• 以道佐人主，不以兵强於天下，其事好睘（還）［一］。師之所居，楚棘生之［二］。善者果而 二〇一 已，不以取强［三］。故果而毋矜，果而毋驕，果而毋發（伐）［四］，果而毋不得已［五］。物壯則老，二〇二 謂之不道，不道蚤（早）已矣［六］。 二〇三

［一］ 郭簡及傳世本「主」下有「者」字，帛書無。郭簡「不」下多「谷（欲）」字，帛書、傳世本無。傳世本「强」下無「於」字，郭簡、帛書皆有。「睘」，當如傳世本讀爲「還」。郭簡「其事好還」作「其事好長」（「長」下句讀符號誤點於「好」下，致「長」字誤入下章），且位於章末「是胃（謂）果而不强」一句之後。

［二］ 郭簡無此句。「楚」，帛甲同，傳世本作「荊」，「荊」、「楚」同義常通用。「棘」，帛乙、傳世本同，帛甲作「朸」，通「棘」。「之」，帛書同，傳世本作「焉」。傳世本此句下多有「大軍之後，必有凶年」一句，帛書及想本等無。

［三］ 「者」，郭簡、帛書及多數傳世本同，王本訛爲「有」。「不以」，郭簡、想本同，帛書作「毋以」，傳世本多作「不敢以」。

［四］ 「故」字各本皆無。三「毋」字，傳世本皆作「勿」，郭簡皆作「弗」，帛書則「毋驕」作「毋」，其餘作「勿」。「發」，郭簡同，當如帛書、傳世本讀爲「伐」。此三句順序，唯司馬本同於漢簡本。郭簡以「弗伐」、「弗驕」、「弗矜」爲序，帛書、想本等以「勿驕」、「勿矜」、「勿伐」爲序，其餘傳世本多以「勿矜」、「勿伐」、「勿驕」爲序。

［五］ 郭簡無此句。帛書作「果而毋得已居」，「居」爲句末語氣詞，傳世本作「果而不得已」。漢簡本文義與之皆相反，應是誤衍「毋」或「不」字。帛書此下多「是胃（謂）果而不强」一句（帛乙脱「不」字），郭簡同；王本、河本作「果而勿强」，想本、傅本「果」上多「是」字，范本作「是謂」。

［六］ 郭簡無此句。「則」，傳世本同，帛書作「而」。「謂之」，帛乙、想本同，帛甲作「是謂之」，傳世本多作「是謂」。「不道」，帛書及王本等同，想本、傅本作「非道」。「蚤」，帛書同，通「早」。

第七十二章（王本三十一章）

• 夫觟（佳）美，不恙（祥）之器也，物或惡之，故有欲者弗居也［一］。是以君子居則貴左，用 二〇四 兵則貴右［二］。兵者，非君子之器也，不恙（祥）之器也。不得已而用之，恬（銛）僂（鏤）爲上［三］，弗 二〇五 美［四］。若美之，是樂之；樂之，是樂殺人［五］。是樂殺人，不可以得志於天下［六］。是以吉事上（尚）左，喪事上（尚）二〇六 右［七］。扁（偏）將軍居左，上將軍居右，言以喪禮居之［八］。殺人衆，則以悲哀立（莅）之。戰勝，二〇七 以喪禮居之［九］。 二〇八

［一］ 「觟」（匣母支部）可讀爲「佳」（見母支部），「佳美」指有美麗裝飾之物；《史記·扁鵲倉公列傳》引《老子》：「美好者，不祥之器」，「美好」即「佳美」，與漢簡本屬同一版本系統。另外一種讀法是將「觟」讀爲「畫」（匣母錫部），「畫美」是動詞；「夫觟（畫）美不恙（祥）之器也」應連讀，指美化、裝飾「不祥之器」的行爲（詳見附録三）。「觟美」，帛書作「兵

者」，王本等作「佳兵者」，傳本作「美兵者」。疑早期版本原有「兵者」與「觟（佳）美」兩個系統，傳世本「佳兵」、「美兵」乃糅合二本而成，「佳兵」之「兵」亦有可能爲「美」之訛。「恙」，當如帛書、傳世本讀爲「祥」。「欲」，帛甲同，傳世本作「道」。「物或惡之，故有欲者弗居」亦見第六十五章（王本二十四章），可參彼注。

〔二〕「是以」，郭簡、帛書及多數傳世本均無，唯傳本有。

〔三〕郭簡句首多「古（故）曰」二字，帛書、傳世本皆無。「恬」，傳世本同，帛書作「銛」，郭簡作「銽」，從「舌」得聲，可讀爲「銛」；「銛」義爲「鋒利」，「恬」應是「銛」之借字。「僂」，郭簡作「緷」，帛甲作「襲」，帛乙作「襱」；王本作「淡」，想本、河本作「惔」，傳本作「憺」。「緷」、「襲」、「襱」均從「龍」得聲，「龍」屬東部，「僂」屬侯部，二字聲母相同、韻母爲陰陽對轉，故可通假；「僂」疑讀爲「鏤」，《說文・金部》：「鏤，剛鐵也」，「銛鏤」即鋒利的鐵製兵器。「僂」、「惔」形近，疑「僂」先訛爲「惔」，再進一步變爲「淡」、「憺」等字。「銛鏤」訛爲「恬淡」，遂致文義難解。

〔四〕「弗美」，郭簡作「弗媺（美）也」，帛書作「勿美也」，王本、河本作「勝而不美」，傳本作「故不美也」。

〔五〕「若美之」，帛書同，郭簡無「若」字，想本、傳本無「之」字，王本、河本作「而美之者」。郭簡、帛書及王本等皆無「是樂之樂之」五字，傳本此句作「必樂之樂之者」，想本無「樂之者」三字。

〔六〕「是」下誤衍重文號。「樂」上各本皆有「夫」字。「樂殺人」，傳世本多作「樂殺人者」，傳本作「樂人殺人者」，想本作「樂煞者」。想本「得志」作「得意」。

〔七〕「是以」，帛書同，郭簡及想本、傳本作「故」，王本、河本無。「上」，郭簡、帛書同，傳世本作「尚」。「喪事」，郭簡、帛書及想本同，傳世本多作「凶事」。

〔八〕郭簡、帛書及想本、傳本句首多「是以」二字，其餘傳世本無。「扁」，郭簡作「支」，帛甲作「便」，當如帛乙、傳世本讀爲「偏」。「言以喪禮居之」，傳本作「言居上勢則以喪禮處之」，應爲注文竄入。

〔九〕郭簡「殺」上多「古（故）」字，它本無。「眾」，帛書同，王本、河本作「之眾」，想本、傳本作「眾多」。「悲哀」，帛甲及河本等同，郭簡、王本作「哀悲」。郭簡「哀」作「悘」，即「哀」之異體；帛甲作「依」，乃音近借字。「立」，帛書同，郭簡作「位」，傳世本多作「泣」，皆應讀爲「莅」。「居」，郭簡同，帛書、傳世本皆作「處」。

第七十三章（王本三十二、三十三章）

・道恒無名，樸唯（雖）小，天下弗敢臣[一]。侯王若能守之，萬物將自賓[二]。天地相合，以二〇九俞（輸）甘露，民莫之令而自均安（焉）[三]。始正有名，名亦既有，夫亦將智（知）止，智（知）止所以不殆[四]。避（譬）二一〇道之在天下，猶小谷之與江海[五]。故智（知）人者智，自智（知）者明[六]。勝人者有力，自勝二一一者强。智（知）足者富，强行者有志，不失其所者久，死而不亡者壽[七]。二一二

〔一〕「天下」，帛書、傳世本同，郭簡作「天地」。「弗敢臣」，郭簡、帛書同，河本、想本作「不敢臣」，王本、傳本作「莫能臣」。

〔二〕「侯王」，郭簡、帛書及多數傳世本同，想本、傳本作「王侯」。「若」，帛書、傳世本同，郭簡作「女（如）」。郭簡「賓」下有墨釘，或以爲分章符號，但也可能是句讀符號。

〔三〕「俞」，帛書同，郭簡作「逾」，應讀爲「輸」，傳世本作「降」。「露」，傳世本同，郭簡作「雺」，同「露」，帛書作「洛」，乃音近借字。「令」，帛書、傳世本同，郭簡作「命」。「安」，郭簡同，帛書、傳本作「焉」，多數傳世本無。

〔四〕「正」，帛書、傳世本皆作「制」，郭簡作「折」，「折」、「制」同屬章母月部，戰國秦漢出土文獻常假「折」爲「制」。「夫」，河本訛爲「天」；「止」，河本訛爲「之」。「所以」，郭簡、帛書及河本、傳本同，王本作「可以」，想本無。

〔五〕「避」，帛甲作「俾」，郭簡、帛乙作「卑」，皆當如傳世本讀爲「譬」。「小谷」，郭簡作「少（小）浴（谷）」，帛書作「小浴（谷）」，傳世本作「川谷」，「川」應是「小」之訛。「與」，

郭簡、帛書及河本、傳本同，王本作「於」。

[六] 傳世本自「知人者智」以下分爲第三十三章。「故」字各本皆無，在此起承上啟下作用，將傳世本分爲兩章之内容聯爲一體。帛書兩本雖無「故」字，但是否如傳世本分爲兩章則尚難確定。

[七] 「亡」，帛書作「忘」，讀爲「亡」。

第七十四章（王本三十四章）

• 道泛旖（兮），其可左右[一]。萬物作而生弗辤，成功而弗名有[二]，愛利萬物而弗爲主[三]。二二三 故恒無欲矣，可名於小；萬物歸焉而弗爲主，可名於大[四]。是以聖人能成大 二二四 也，以其不爲大，故能成大[五]。二二五

[一] 「道」，帛書同，傳世本作「大道」。「泛」，帛乙作「渢」，王本、河本作「氾」，傳本作「汎」。「氾」、「汎」皆「泛」之異體，「渢」同「汎」。

[二] 「萬物作而生弗辤」，王本、河本作「萬物恃之而生而不辭」，想本、傳本「而生」作「以生」，帛書無此句。「成功而弗名有」，帛書作「成功遂事而弗名有也」，王本、河本作「功成不名有」，想本作「成功不名有」，傳本作「功成而不居」。

[三] 「愛利萬物」，帛書作「萬物歸焉」，與下文重複，應是涉下文而誤。「愛利」，王本作「衣養」，河本作「愛養」；「衣」、「愛」音近，「衣」當讀爲「愛」，想本、傳本作「衣被」，應是「衣養」之訛。

[四] 「故」，傳本同，帛書作「則」，王本、河本無。想本無「故常無欲」四字，疑脱漏。「名於大」，帛甲及想本、傳本同，帛乙作「命於大」，王本、河本作「名爲大」。

[五] 帛書「聖人」下多「之」字，「爲大」下多「也」字，其餘同漢簡本。傳本「成」下多「其」字，「不爲大」作「終不自大」，其餘同漢簡本。王本此句作「以其終不自爲大，故能成其大」，河本、想本「以其」作「是以聖人」。

第七十五章（王本三十五章）

• 埶（設）大象，天下往[一]；往而不害，安（焉）平大（太）[二]。樂與餌，過客止[三]。道之出言曰：淡旖（兮）其無味[四]。二二六 視之不足見，聽之不足聞，用之不可既也[五]。二二七

[一] 「埶」，郭簡同，帛書、傳世本作「執」，應讀爲「設」。「埶」、「設」皆屬書母月部，古書常假「埶」爲「設」，「執」爲「埶」之訛。

[二] 「安」，同「焉」，是表順承的連詞。「大」，郭簡、帛書同，王本、河本作「太」，傳本作「泰」，三字古常通用。

[三] 「客」，帛書作「格」，假爲「客」。

[四] 郭簡「道」上多「古（故）」字，帛書作「故」，傳世本無。「出言」，帛書及想本、傳本同，其餘傳世本多作「出口」。傳世本無「曰」字，帛書「曰」上多「也」字。「旖」，郭簡作「可」，帛書作「呵」，皆讀爲「兮」；王本、河本作「乎」，傳本作「兮」。想本此句作「道出言，淡無味」。

[五] 帛書三句末皆有「也」字，郭簡「用之」作「而」。河本、傳本此三句與漢簡本全同，王本「不可」作「不足」。

第七十六章（王本三十六章）

·將欲欲（翕）之，必古（固）張之[一]；將欲弱之，必古（固）强之；將欲廢之，必古（固）舉之；將欲奪之，二八 必古（固）予之，是謂微明[二]。耎弱勝强[三]。魚不可說（脫）於淵，國之利器不可以視（示）人[四]。二九

［一］「欲」，帛甲作「拾」，帛乙作「擒」，王本作「歙」，河本作「噏」，皆當如想本、傅本讀爲「翕」；《爾雅·釋詁》：「翕，合也」，《易·繫辭上》：「其靜也翕」，韓康伯注：「翕，斂也」，與「張」相對。「古」，帛書同，假爲「固」，傳世本多作「固」，景龍本作「故」，亦借字。

［二］「廢之」，傳世本同，帛書作「去之」。「舉」，帛書作「與」，讀爲「舉」，傳世本作「興」，與「舉」義近。「予」，帛書同，傳世本作「與」。

［三］「耎」同「軟」，帛乙及多數傳世本作「柔」，二字爲同義換用；帛甲作「[illegible]」，整理組認爲即《說文》「友」字古文。「强」，帛書同，王本等作「剛强」。傅本此句作「柔之勝剛，弱之勝彊」，景龍本作「柔勝剛，弱勝强」。

［四］「說」，帛書同，傳世本多作「脫」，傅本作「侻」，讀爲「脫」是，想本作「勝」。「視」，帛甲、想本同，讀爲「示」，帛乙及多數傳世本皆作「示」。

第七十七章（王本三十七章）

·道恒無爲[一]。侯王若能守之，萬物將自化[二]。化而欲作，吾將寘（鎮）之以無名之樸[三]。無名之樸，夫 三〇 亦將不辱[四]。不辱以靜，天地將自正[五]。

·凡二千三百三[六] 三一

［一］「道恒無爲」，郭簡下多「也」字，帛書作「道恒無名」，傳世本作「道常無爲而無不爲」。

［二］「侯王」，帛書及王本等同，想本、傅本作「王侯」。郭簡無「若」字，帛書、傳世本皆有。帛甲無「能」字。「化」，帛乙、傳世本同，郭簡、帛甲作「𢗍」，讀爲「化」。

［三］「寘」，郭簡作「貞」，帛乙作「闐」，傳世本作「鎮」：「寘」「闐」皆屬定母真部（古書亦常寫作「填」），「鎮」屬端母真部，故可通假；「貞」（端母耕部）有「安定」義，與「鎮」爲同義換用。「無名之樸」四字下，郭簡無重文號，說明不必重複，帛乙則「闐（鎮）之以」三字下亦有重文號，帛甲、傳世本皆同漢簡本。

［四］「不辱」，帛書同，郭簡作「智（知）足」，王本作「無欲」，河本等作「不欲」。

［五］「不辱」，傳世本多作「不欲」。「靜」，帛乙及多數傳世本同，郭簡作「束」，帛甲作「情」，傅本作「靖」，皆讀爲「靜」。「天地」，帛書、想本同，郭簡作「萬物」，傳世本多作「天下」。「正」，帛書、傅本同，想本訛爲「止」，郭簡及王本、河本作「定」。

［六］此爲《老子下經》全篇字數之統計，較帛書乙本《道經》篇末自注字數「二千四百廿六」少一百二十三字。

附録

西漢竹書《老子》竹簡一覽表

一　本表内容包括西漢竹書《老子》全部竹簡的編號和相關數據。

二　表中的「整理號」是指竹簡經過拼綴、編聯之後的最終編號，即本書採用的編號。「標籤號」是竹簡清理、拍照時給予的臨時編號。

三　「保存狀況」是指竹簡本身的物理狀態，分爲「整」、「斷」、「殘」、「缺角」四種。「整」表示竹簡完整無缺，或雖略有殘缺，但對長、寬、契口位置等要素的測量没有影響。「斷」表示竹簡折斷，但無殘缺。「殘」表示竹簡有殘缺，並影響到長、寬等要素的測量。「缺角」表示竹簡兩端有一角殘缺，不影響長、寬的測量，但影響契口位置的測量。

四　「契口」指竹簡上用於固定編繩的小缺口，「編痕」指編繩在竹簡上的殘留或印痕。在契口清晰可見的情況下，一般測量契口的位置；在契口不清晰而編痕可見的情況下，則測量編痕的位置。若契口（編痕）殘缺，則注明「殘」；若兩者皆不清晰而無法判明其位置，則注明「不清」；有些竹簡因殘、斷導致契口（編痕）與兩端的距離無法測量，則注明「無法測量」。上、中契口（編痕）一般測量其與竹簡頭端之間的距離，下契口（編痕）一般測量其與竹簡尾端之間的距離。

五　「劃痕」指竹簡背面的斜直刻劃痕跡，一般測量其左端起始位置和右端終止位置各自與竹簡頭端之間的距離。少數竹簡背面有上下兩道劃痕，其數據用斜綫隔開。未發現劃痕的竹簡則注明「無」。

六　若竹簡預定測量的一端殘斷，而另一端完整，則契口（編痕）和劃痕起止位置均改爲測量其與竹簡另一端之間的距離。在這種情況下，讀者根據表中完整竹簡的平均長度，即可大致推算出契口（編痕）和劃痕的實際位置。

七　對於一些特殊情況，如竹簡殘斷導致測量方式改變，竹簡背後有兩道劃痕，竹簡從劃痕處折斷而使劃痕缺失等，均在備注中用文字説明。

八　表中所有數據的長度單位均爲「厘米」，精確到小數點後一位。

整理號	標籤號	保存狀況	長	寬	上契口/編痕	中契口/編痕	下契口/編痕	劃痕（左）	劃痕（右）	備注
一	2289	下殘	30.7	0.8	1.5	15.8	殘	0.8/10.2	1.4/10.6	兩道劃痕
二 a	1829	斷	12.1	0.9	1.4	—	—	1.5	2.0	
二 b	3101	斷	20.1	0.9	—	16.2	1.6			中契口距下端
三	1743	整	31.9	0.8	1.4	15.8	1.7	2.1	2.7	
四	1941	整	32.1	0.8	1.4	15.8	1.6	2.7	3.2	
五	1798	整	32.1	0.9	1.4	15.8	1.7	3.2	3.7	
六 a	1575	斷	28.1	0.9	1.4	15.9	—	3.8	4.2	
六 b	3741	斷	4.3	0.9	—	—	1.7			
七	2433	整	32.1	0.9	1.5	15.8	1.7	4.1	4.7	
八 a	2753	斷	22.1	0.8	1.4	15.8	—	4.7	5.2	
八 b	3217	斷	11.4	0.8	—	—	1.7			
九	1793	整	32.1	0.9	1.5	15.8	1.7	5.3	5.8	
一〇	3539	下殘	4.7	0.9	1.3	殘	殘	殘	殘	
一一	2701	下殘	23.7	0.9	1.4	15.7	殘	6.2	6.7	
一二 a	3487	斷	9.6	0.9	1.6	—	—	6.8	7.1	
一二 b	2750	斷	22.9	0.9	—	16.2	1.6			中契口距下端
一三 a	2776	斷	21.8	0.9	1.3	15.7	—	7.2	7.7	
一三 b	3438	斷	11.9	0.9	—	—	1.7			
一四	2003	整	32.1	0.9	1.5	15.8	1.6	7.7	8.1	
一五	1756	整	32.1	0.8	1.6	16.0	1.8	8.3	8.6	
一六 a	3434	斷	19.5	0.9	1.5	15.8	—	8.4	8.9	
一六 b	3407	斷	13.1	0.9	—	—	1.6			
一七 a	2516	斷	26.8	0.9	1.4	15.7	—	9.2	9.6	
一七 b	3545	斷	5.4	0.9	—	—	1.6			
一八	3333	下殘	15.0	0.8	1.5	殘	殘	0.1/9.7	0.7/10.1	兩道劃痕
一九	2481	整	32.1	0.9	1.4	15.8	1.7	1.0	1.7	
二〇	2256	整	32.1	0.8	1.4	15.8	1.7	1.8	2.4	
二一	2410	整	32.2	0.9	1.4	16.0	1.7	2.5	3.2	
二二	2253	整	32.1	0.8	1.4	15.8	1.7	3.2	3.8	
二三 a	3610	斷	4.4	0.9	1.5	—	—			從劃痕處折斷
二三 b	3703	斷	8.3	0.9	—	—	—			
二三 c	3103	斷	20.7	0.9	—	16.2	1.6			中契口距下端
二四	1755	整	31.9	0.8	1.4	15.8	1.7	4.5	5.0	
二五	1828	整	32.0	0.9	1.4	15.6	1.6	5.0	5.7	
二六	1902	整	32.1	0.8	1.4	15.7	1.6	5.8	6.4	
二七	2246	整	31.9	0.8	1.4	15.7	1.7	6.5	7.1	
二八	2479	整	32.1	0.8	1.4	15.8	1.7	7.2	7.6	
二九 a	3178	斷	13.4	0.9	1.5	—	—	7.7	8.1	
二九 b	3647	斷、下殘	5.9	0.9	—	殘	殘			
三〇	1997	整	32.1	0.9	1.4	15.7	1.7	8.2	8.8	
三一	2237	上殘	31.1	0.8	30.7	16.2	1.6	23.4	22.9	上、中契口及劃痕皆距下端
三二 a	2552	斷	8.1	0.9	1.4	—	—			從劃痕處折斷
三二 b	2511	斷	24.9	0.9	—	16.3	1.8			中契口距下端
三三	2074	整	32.1	0.8	1.4	15.8	1.7	10.0	10.4	
三四 a	1961	斷	21.7	0.9	1.4	15.7	—	0.1/10.6	0.9/11.1	兩道劃痕
三四 b	3490	斷	11.9	0.9	—	—	1.8			
三五	1897	整	32.1	0.8	1.4	15.8	1.7	0.9/13.4	1.5/13.9	兩道劃痕
三六	2000	整	32.1	0.8	1.5	15.8	1.6	1.5	2.3	

（續 表）

整理號	標籤號	保存狀況	長	寬	上契口/編痕	中契口/編痕	下契口/編痕	劃痕（左）	劃痕（右）	備注
三七 a	2510	斷	25.7	0.9	1.4	15.7	—	2.5	3.1	
三七 b	3555	斷、下殘	5.1	0.9	—	—	殘			
三八	2434	整	32.1	0.8	1.4	15.8	1.7	3.2	3.8	
三九	2425	整	32.1	0.8	1.4	15.8	1.7	3.8	4.5	
四〇 a	3527	斷	5.3	0.9	1.4	—	—	4.6	5.2	
四〇 b	2506	斷	27.3	0.9	—	16.4	1.7			中契口距下端
四一 a	3712	斷	5.8	0.8	1.4	—	—			從劃痕處折斷
四一 b	2490	斷	26.9	0.8	—	16.3	1.7			中契口距下端
四二	2347	整	32.1	0.8	1.4	15.7	1.7	5.9	6.5	
四三	1767	整	32.0	0.8	1.4	15.7	1.7	6.5	7.1	
四四	2045	整	32.1	0.9	1.4	15.7	1.7	7.0	7.6	
四五	1985	整	32.1	0.9	1.5	15.8	1.6	7.6	8.2	
四六	2033	整	32.1	0.8	1.4	15.8	1.6	8.3	8.8	
四七	2310	整	32.1	0.8	1.4	15.9	1.6	8.8	9.4	
四八	2245	整	32.1	0.8	1.4	15.8	1.7	9.5	10.0	
四九 a	2501	斷	28.7	0.9	1.4	15.8	—	9.9	10.4	
四九 b	1843	斷、下殘	3.0	0.9	—	—	無法測量			
五〇	2337	整	32.1	0.9	1.5	15.9	1.7	10.5	11.1	
五一 a	2542	斷	22.6	0.8	1.4	15.7	—	11.1	11.6	
五一 b	3386	斷	11.5	0.8	—	—	1.6			
五二 a	3412	斷	13.2	0.8	1.4	—	—	11.7	12.0	劃痕右端殘
五二 b	3091	斷	20.7	0.8	—	16.2	1.6			中契口距下端
五三	2069	整	32.1	0.8	1.4	15.8	1.6	0.1/12.8	0.9/13.4	兩道劃痕
五四 a	3023	斷	20.3	0.8	不清	15.8	—	2.7	3.4	
五四 b	3411	斷	12.0	0.8	—	—	1.7			
五五	1996	整	32.0	0.9	1.4	15.7	1.7	3.8	4.6	
五六	2487	整	32.1	0.8	1.4	15.8	1.6	4.8	5.5	
五七	2252	整	32.0	0.8	1.4	15.8	1.6	5.7	6.3	
五八	2339	整	32.1	0.9	1.5	15.8	1.7	6.5	7.2	
五九 a	3250	斷	8.2	0.9	1.4	—	—			從劃痕處折斷
五九 b	2555	斷	10.2	0.9	—	無法測量	—			
五九 c	3356	斷	14.7	0.9	—	—	1.7			
六〇	2312	整	32.0	0.9	1.4	15.7	1.7	8.1	8.8	
六一	1988	整	32.1	0.9	1.4	15.8	1.8	9.4	10.1	
六二	1750	整	32.1	0.8	1.4	15.8	1.7	9.9	10.4	
六三	1827	整	32.1	0.9	1.4	15.8	1.8	10.2	10.8	
六四	1896	整	32.1	0.9	1.4	15.7	1.7	11.0	11.5	
六五	2340	整	32.0	0.9	1.4	15.8	1.7	11.7	12.2	
六六	2254	整	32.1	0.8	1.4	15.8	1.5	12.3	13.0	
六七	2352	下殘	29.9	0.9	1.4	15.7	殘	13.7	14.4	
六八 a	2538	斷	23.4	0.9	1.4	15.7	—	14.5	15.1	
六八 b	3485	斷	11.0	0.9	—	—	1.8			
六九 a	1233	斷	21.9	0.9	1.4	15.7	—	0.1/15.3	1.2/16.0	兩道劃痕
六九 b	3492	斷	11.0	0.9	—	—	1.8			
七〇 a	1914	斷	16.4	0.9	1.4	15.7	—	1.5	2.5	兩道劃痕
七〇 b	3459	斷	16.1	0.9	—	—	1.7	15.8	15.2	第二道距下端
七一	1898	下殘	30.3	0.8	1.4	15.7	殘	1.3/15.9	2.3/16.4	兩道劃痕
七二 a	1835	斷	9.3	0.9	1.4	—	—	2.6	3.5	

(續 表)

整理號	標籤號	保存狀況	長	寬	上契口/編痕	中契口/編痕	下契口/編痕	劃痕（左）	劃痕（右）	備注
七二 b	2526	斷	24.0	0.9	—	16.3	1.6			中契口距下端
七三	2255	整	32.1	0.8	1.4	15.8	1.7	3.7	4.7	
七四	2341	下缺角	32.1	0.9	1.5	15.8	殘	4.8	5.6	
七五 a	3243	斷	8.8	0.9	1.3	—	—	5.7	6.4	
七五 b	2553	斷	9.3	0.9	—	無法測量	—			
七五 c	3348	斷	14.8	0.9	—	—	1.7			
七六	1900	整	32.0	0.8	1.4	15.7	1.6	6.6	7.3	
七七	1990	整	32.0	0.9	1.4	15.7	1.6	7.5	8.2	
七八	1984	整	32.0	0.9	1.5	15.7	1.8	8.2	9.0	
七九	1991	整	32.0	0.9	1.4	15.8	1.6	9.1	9.8	
八〇 a	1846	斷	10.7	0.9	1.4	—	—			從劃痕處折斷
八〇 b	1964	斷	21.9	0.9	—	16.1	1.6			中契口距下端
八一 a	2114	斷、下残	26.4	0.9	1.4	15.8	—	11.7	12.4	
八一 b	1463	斷	4.2	0.9	—	—	1.7			
八二 a	2112	斷、下残	26.8	0.9	1.4	15.8	—	12.5	13.2	
八二 b	1487	斷	3.7	0.9	—	—	1.8			
八三 a	3336	斷	14.5	0.9	1.4	—	—	13.3	14.0	
八三 b	3733	斷	4.7	0.9	—	殘	—			
八三 c	3347	斷	16.2	0.9	—	—	1.7			
八四	2349	下缺角	32.1	0.9	1.4	15.7	殘	無	無	
八五 a	3332	斷	13.6	0.9	1.3	—	—			
八五 b	3099	斷	19.0	0.9	—	16.3	1.7	17.4	16.9	中契口、劃痕距下端
八六	2318	整	32.1	0.9	1.4	15.7	1.7	0.1/15.3	1.2/15.8	兩道劃痕
八七	2031	整	32.1	0.8	1.4	15.8	1.6	1.7	2.2	
八八	1892	整	32.1	0.8	1.4	15.7	1.6	2.4	3.0	
八九	2039	整	32.0	0.9	1.4	15.7	1.6	3.1	3.7	
九〇	2030	整	32.1	0.9	1.4	15.7	1.7	3.8	4.3	
九一	1814	整	32.0	0.9	1.4	15.6	1.6	4.4	4.9	
九二 a	1910	斷	18.2	0.9	1.4	15.8	—	4.9	5.5	
九二 b	1953	斷	17.3	0.9	—	—	1.7			
九三	1789	整	32.0	0.9	1.4	15.8	1.7	6.0	6.5	
九四	1808	下殘	30.7	0.9	1.4	15.8	30.3	6.5	7.1	
九五 a	2544	斷、下殘	20.5	0.9	1.4	15.7	—	7.2	7.6	
九五 b	3745	斷	2.3	0.9	—	—	—			
九五 c	3586	斷、下殘	3.2	0.9	—	—	殘			
九六	2113	下殘	26.8	0.9	1.4	15.7	殘	7.8	8.1	
九七 a	3461	斷、上殘	18.2	0.9	殘	無法測量	—	6.5	7.0	劃痕距殘存上端測量
九七 b	3506	斷、上殘	7.1	0.9	—	—	—			
九七 c	3713	斷	5.5	0.9	—	—	1.7			
九八	2430	整	32.2	0.9	1.4	15.8	1.7	9.2	9.7	
九九	2023	整	32.2	0.8	1.4	15.7	1.7	10.0	10.4	
一〇〇	2313	整	32.1	0.9	1.4	15.7	1.7	0.1	0.8	
一〇一	2250	整	32.1	0.8	1.5	15.7	1.7	1.7	2.4	
一〇二	2027	整	32.1	0.8	1.4	15.8	1.6	2.6	3.1	
一〇三	2066	整	32.1	0.8	1.4	15.7	1.6	3.1	3.6	
一〇四	1823	整	32.1	0.8	1.4	15.2	1.7	3.9	4.5	
一〇五	1758	整	32.0	0.8	1.4	15.9	1.6	4.6	5.2	
一〇六	1819	整	32.0	0.8	1.4	15.7	1.6	5.3	5.8	

（續 表）

整理號	標籤號	保存狀況	長	寬	上契口/編痕	中契口/編痕	下契口/編痕	劃痕（左）	劃痕（右）	備注
一〇七	1784	整	32.1	0.9	1.5	15.7	1.8	6.4	6.9	
一〇八a	2521	斷、上殘	25.9	0.9	殘	14.3	—	5.7	6.2	中契口、劃痕距殘存上端測量
一〇八b	2549	斷	5.1	0.9	—	—	1.4			
一〇九	3233	下殘	8.0	0.8	1.4	殘	殘			從劃痕處折斷
一一〇	2316	整	32.1	0.9	1.4	15.7	1.7	8.1	8.6	
一一一	2227	上殘	30.2	0.8	殘	16.2	1.7	23.5	23.0	中契口、劃痕距下端
一一二	2314	整	32.1	0.8	1.4	15.7	1.6	9.2	9.6	
一一三	1891	整	32.1	0.8	1.4	15.8	1.7	9.8	10.2	
一一四	1792	整	32.1	0.9	1.5	15.8	1.7	10.3	10.8	
一一五	1901	整	32.1	0.8	1.4	15.7	1.7	10.9	11.3	
一一六	1751	整	32.0	0.8	1.4	15.7	1.7	0.1/11.7	0.8/12.1	兩道劃痕
一一七	1982	整	32.1	0.8	1.4	15.8	1.7	0.9	1.6	
一一八a	2559	斷	11.2	0.9	1.4	—	—	0.1	1.0	兩道劃痕
一一八b	2563	斷	22.0	0.9	—	16.3	1.7	18.6	18.1	中契口、劃痕距下端
一一九a	3716	斷	5.0	0.9	1.4	—	—	1.3	2.0	
一一九b	3027	斷	19.3	0.9	—	無法測量	—			
一一九c	3470	斷	8.7	0.9	—	—	1.8			
一二〇a	3446	斷	10.3	0.9	殘	—	—	2.2	3.0	
一二〇b	1840	斷	5.3	0.9	—	—	—			
一二〇c	1912	斷	18.3	0.9	—	16.3	1.7			中契口距下端
一二一a	1915	斷	15.8	0.9	1.4	殘	—	3.1	3.9	
一二一b	1913	斷	17.0	0.9	—	—	1.7			
一二二	1754	整	32.0	0.9	1.3	15.8	1.8	4.0	4.8	
一二三a	1924	斷	5.5	0.9	1.4	—	—			從劃痕處折斷
一二三b	2494	斷	27.2	0.9	—	16.2	1.7			
一二四	2592	整	32.0	0.8	1.4	15.9	1.6	0.1/9.5	0.6/9.9	兩道劃痕
一二五	2070	整	32.1	0.8	1.4	15.8	1.6	0.7	1.1	
一二六	1862	整	32.1	0.8	1.4	15.7	1.6	1.2	1.6	
一二七	2001	整	32.1	0.8	1.4	15.8	1.6	1.8	2.2	
一二八	2029	整	32.1	0.8	1.4	15.8	1.6	2.3	2.6	
一二九	2096	整	32.1	0.8	1.3	15.7	1.8	2.6	3.0	
一三〇	1820	整	32.0	0.8	1.4	15.8	1.6	3.2	3.5	
一三一a	1921	斷	4.2	0.8	1.4	—	—	3.6	4.1	
一三一b	2104	斷	28.4	0.8	—	16.3	1.7			中契口距下端
一三二	2042	整	32.0	0.8	1.4	15.8	1.6	4.2	4.5	
一三三	2032	整	32.0	0.8	1.4	15.8	1.5	4.6	5.0	
一三四a	3289	斷	5.4	0.8	1.4	—	—			
一三四b	5109	斷	27.1	0.8	—	16.2	1.7	27.0	26.5	中契口、劃痕距下端
一三五	3916	整	32.0	0.8	1.3	15.2	1.6	5.4	5.8	
一三六	3888	整	32.1	0.8	1.3	15.7	1.6	5.9	6.3	
一三七	2415	整	32.1	0.8	1.2	15.8	1.6	6.5	6.9	
一三八a	3901	斷	23.9	0.8	1.4	15.2	—	7.0	7.4	
一三八b	3263	斷	9.0	0.8	—	—	1.7			
一三九	1993	下殘	31.7	0.8	1.4	15.7	29.3	7.5	8.0	下契口距上端
一四〇	2485	下殘	31.7	0.8	1.5	15.8	殘	8.0	8.5	
一四一	2315	整	32.1	0.8	1.4	15.7	1.7	9.0	9.5	
一四二	2438	整	32.0	0.8	1.4	15.8	1.6	0.9/10.2	1.4/10.6	兩道劃痕
一四三	2342	整	32.0	0.8	1.4	15.5	1.6	1.7	2.2	

(續 表)

整理號	標籤號	保存狀況	長	寬	上契口/編痕	中契口/編痕	下契口/編痕	劃痕（左）	劃痕（右）	備注
一四四	1864	整	32.0	0.8	1.4	15.7	1.7	2.2	2.7	
一四五	2068	整	32.1	0.8	1.4	15.8	1.7	3.0	3.4	
一四六	1863	整	32.1	0.8	1.4	15.7	1.7	3.5	4.0	
一四七	1741	整	32.0	0.8	1.4	15.7	1.8	4.0	4.5	
一四八	1992	整	32.0	0.8	1.4	15.7	1.6	4.7	5.2	
一四九	1868	整	32.1	0.8	1.4	15.7	1.7	5.5	5.8	
一五〇	1825	下缺角	32.1	0.8	1.4	15.7	殘	6.0	6.5	
一五一 a	1968	斷	7.0	0.8	1.5	—	—	6.5	7.0	
一五一 b	2109	斷	25.3	0.8	—	16.1	1.5			中契口距下端
一五二 a	5183	斷、下殘	6.0	0.8	1.4					
一五二 b	5347	斷	2.2	0.8	—	—	—			從劃痕處折斷
一五二 c	3581	斷	5.0	0.8	—	—	—			
一五二 d	5099	斷	20.3	0.8	—	殘	1.7			
一五三 a	5118	斷	21.1	0.8	1.4	15.7	—	7.5	7.9	
一五三 b	5149	斷	14.3	0.8	—	—	1.7			
一五四 a	3242	斷、上殘	8.6	0.8	1.3	—	—	8.0	8.4	
一五四 b	3245	斷	8.3	0.8	—	—	—			
一五四 c	3145	斷	16.2	0.8	—	殘	1.6			
一五五	3887	整	32.0	0.8	1.4	15.6	1.6	8.7	9.1	
一五六	3863	整	32.0	0.8	1.3	15.1	1.6	9.1	9.5	
一五七	1994	整	32.0	0.8	1.4	15.7	1.6	0.3/9.6	0.8/10.1	兩道劃痕
一五八	2421	整	32.0	0.8	1.4	15.7	1.6	1.2	1.9	
一五九	2437	整	32.1	0.8	1.4	15.8	1.8	2.0	2.7	
一六〇	2486	整	32.0	0.8	1.5	15.8	1.7	2.8	3.4	
一六一	1870	整	32.1	0.8	1.4	15.7	1.6	3.6	4.2	
一六二	2004	整	32.1	0.8	1.4	15.8	1.7	4.3	4.8	
一六三	1946	整	32.1	0.8	1.4	15.7	1.6	4.9	5.5	
一六四	1740	整	32.0	0.8	1.4	16.0	1.2	5.5	6.1	
一六五	1766	整	32.0	0.8	1.5	15.8	1.6	6.2	6.8	
一六六	1824	整	32.1	0.8	1.4	15.7	1.6	6.7	7.2	
一六七	1939	整	32.0	0.8	1.4	15.8	1.6	7.2	7.7	
一六八	1745	整	32.0	0.8	1.4	15.8	1.7	7.7	8.3	
一六九 a	3599	斷	5.5	0.8	1.3	—	—			
一六九 b	3665	斷	3.8	0.8	—	—	—			從劃痕處折斷
一六九 c	3449	斷	10.5	0.8	—	無法測量	—			
一六九 d	3364	斷	14.2	0.8	—	—	1.7			
一七〇	2423	整	32.0	0.8	1.5	15.7	1.6	8.9	9.5	
一七一 a	1720	斷	24.6	0.8	1.4	15.8	—	9.5	10.1	
一七一 b	3244	斷	9.0	0.8	—	—	1.6			
一七二	2319	整	32.1	0.8	1.4	15.8	1.7	10.2	10.7	
一七三	2424	整	32.1	0.8	1.4	15.8	1.6	10.8	11.3	
一七四	2484	整	32.1	0.8	1.4	15.8	1.7	11.5	12.0	
一七五	1872	整	32.1	0.8	1.4	15.8	1.6	1.2/11.5	1.9/11.9	兩道劃痕
一七六	2044	整	32.1	0.8	1.4	15.7	1.7	2.0	2.7	
一七七	1866	整	32.1	0.8	1.4	15.7	1.7	2.8	3.4	
一七八	1742	整	32.1	0.8	1.4	15.6	1.6	3.6	4.2	
一七九	1749	整	32.1	0.8	1.4	15.8	1.7	4.4	5.0	
一八〇	1747	整	32.0	0.8	1.4	15.7	1.7	5.2	5.8	

（續 表）

整理號	標籤號	保存狀況	長	寬	上契口/編痕	中契口/編痕	下契口/編痕	劃痕（左）	劃痕（右）	備注
一八一	2065	整	32.1	0.8	1.4	15.8	1.6	6.4	7.0	
一八二	1822	整	32.1	0.8	1.4	15.7	1.6	7.2	7.6	
一八三	1818	整	32.1	0.8	1.5	15.7	1.3	7.8	8.4	
一八四	2426	整	32.1	0.8	1.4	15.8	1.8	8.6	9.3	
一八五	2480	整	32.1	0.8	1.4	15.8	1.7	9.2	9.7	
一八六	2413	整	32.1	0.8	1.4	15.9	1.6	9.8	10.2	
一八七	2311	整	32.0	0.8	1.5	15.7	1.7	無	無	
一八八	1981	整	32.1	0.8	1.4	15.8	1.7	0.1/11.0	1.0/11.4	兩道劃痕
一八九	1989	整	32.1	0.8	1.4	15.8	1.7	0.0/12.3	0.6/12.8	兩道劃痕
一九〇	1998	整	32.1	0.8	1.4	15.7	1.7	0.9/12.9	1.6/13.4	兩道劃痕
一九一	1760	整	32.1	0.8	1.4	15.8	1.6	2.5	3.3	
一九二	1940	整	32.1	0.8	1.4	15.8	1.7	3.2	3.9	
一九三	1987	整	32.1	0.8	1.4	15.8	1.7	3.9	4.5	
一九四	1869	整	32.1	0.9	1.4	15.8	1.7	4.6	5.2	
一九五	1999	整	32.1	0.8	1.4	15.7	1.6	5.2	5.7	
一九六	2038	整	32.0	0.8	1.4	15.7	1.7	5.9	6.4	
一九七	2420	整	32.1	0.8	1.4	15.8	1.7	6.8	7.4	
一九八	2482	整	32.1	0.8	1.4	15.9	1.6	7.5	8.0	
一九九	2429	整	32.1	0.8	1.4	15.7	1.7	8.1	8.6	
二〇〇	2067	整	32.1	0.8	1.4	15.7	1.6	8.8	9.3	
二〇一	1944	整	32.1	0.8	1.5	15.8	1.7	9.3	9.9	
二〇二	1797	整	32.1	0.8	1.5	15.8	1.7	10.1	10.6	
二〇三	2002	整	32.1	0.8	1.4	15.8	1.7	10.7	11.2	
二〇四	2075	整	32.1	0.8	1.4	15.7	1.6	11.3	11.8	
二〇五	1748	整	32.0	0.8	1.4	15.8	1.7	0.9	1.6	
二〇六	2037	整	32.0	0.8	1.4	15.7	1.6	1.7	2.4	
二〇七	2416	整	32.1	0.8	1.4	15.8	1.6	2.5	3.2	
二〇八	2436	整	31.9	0.8	1.4	15.8	1.6	3.3	3.9	
二〇九	2079	整	32.0	0.8	1.4	15.7	1.6	4.1	4.7	
二一〇	1871	整	32.1	0.8	1.4	15.8	1.6	4.7	5.2	
二一一	2036	整	32.0	0.8	1.4	15.7	1.5	5.4	5.9	
二一二	1986	整	32.0	0.8	1.5	15.7	1.7	6.1	6.6	
二一三	1768	整	31.9	0.8	1.4	15.9	1.7	6.6	7.2	
二一四	1817	整	32.0	0.8	1.3	15.8	1.6	7.4	7.9	
二一五	2431	整	32.0	0.8	1.4	15.9	1.6	8.0	8.5	
二一六	2435	整	32.1	0.8	1.4	15.8	1.7	8.6	9.1	
二一七	1889	整	32.1	0.8	1.4	15.7	1.7	9.2	9.7	
二一八	1980	整	32.2	0.8	1.4	15.8	1.7	9.8	10.4	
二一九	1762	整	32.0	0.8	1.4	15.9	1.6	10.7	11.3	
二二〇	2422	整	32.1	0.8	1.5	15.7	1.6	11.5	12.1	
二二一	2047	整	32.0	0.8	1.4	15.7	1.6	0.1/12.1	0.8/12.7	兩道劃痕

《老子》主要版本全文對照表

本表爲西漢竹書《老子》與郭店本、帛書甲本、帛書乙本、王弼本、河上公本、嚴遵本、想爾注本、傅奕本共九種《老子》版本的全文對照表。各版本出處詳見「釋文　注釋」前附「説明」。全表分爲《上經》（《德經》）和《下經》（《道經》）兩個部分。因爲嚴遵本僅存《德經》部分，想爾注本僅存《道經》部分，所以《上經》與《下經》兩表恰好都是八種版本，各分八豎欄。表格的每一横欄以漢簡本的一章爲準，在漢簡本和王弼本、河上公本、嚴遵本、傅奕本每章文字之末，都用阿拉伯數字括注該章序號。由於帛書兩本分章情況大多不明，想爾注本不分章，郭店本竹簡分爲三組且分章情況複雜，故皆未括注章號；但在郭店本每段文字之末，均據《郭店楚墓竹簡》一書注明其分組及簡號。爲便於讀者閱讀和比較，採用横排同文對照形式，並加了簡單的現代標點。漢簡本和郭店本、帛書兩本的全部文字（包括重文、合文號）均依照原字形寫定，不加括注；其闕文字數可以推定者用□表示，無法推定者用省略號表示，帛書本抄錯塗改的廢字用○表示；其脱文、衍文均保留原貌，不加改動。漢簡本每章之前的分章符號，以及帛書本少數段落之前的圓形墨點，均予以保留。另外需要特别説明的是，本表所録河上公本經文主要根據王卡先生點校的《老子道德經河上公章句》（中華書局一九九三年版），其底本爲《四部叢刊》影印南宋建安虞氏刊本，但該書還參照其他河上公注本（包括敦煌本）對底本文字進行了改動。本表的録文以影宋本爲準，但用括號標出該書所注明的重要異文和脱文（異文用圓括號，脱文用方括號），請讀者留意。

王弼本	河上公本	嚴遵本	傅奕本
上德不德，是以有德；下德不失德，是以無德。 上德無爲而無以爲，下德爲之而有以爲， 上仁爲之而無以爲，上義爲之而有以爲， 上禮爲之而莫之應，則攘臂而扔之。 故失道而後德，失德而後仁，失仁而後義，失義而後禮。 夫禮者，忠信之薄，而亂之首。 前識者，道之華，而愚之始。 是以大丈夫處其厚，不居其薄；處其實，不居其華。故去彼取此。(38)	上德不德，是以有德；下德不失德，是以無德。 上德無爲而無以爲，下德爲之而有以爲， 上仁爲之而無以爲，上義爲之而有以爲， 上禮爲之而莫之應，則攘臂而仍之。 故失道而後德，失德而後仁，失仁而後義，失義而後禮。 夫禮者，忠信之薄，而亂之首。 前識者，道之華，而愚之始。 是以大丈夫處其厚，不居（處）其薄；處其實，不居（處）其華。故去彼取此。(38)	上德不德，是以有德；下德不失德，是以無德。 上德無爲而無不爲，下德爲之而有以爲， 上仁爲之而無以爲，上義爲之而有以爲， 上禮爲之而莫之應，則攘臂而仍之。 故失道而後德，失德而後仁，失仁而後義，失義而後禮。 禮者，忠信之薄，而亂之首。 前識者，道之華，而愚之始。 是以大丈夫處其厚，不處其薄；處其實，不處其華。去彼取此。(1)	上德不德，是以有德；下德不失德，是以無德。 上德無爲而無不爲，下德爲之而無以爲， 上仁爲之而無以爲，上義爲之而有以爲， 上禮爲之而莫之應，則攘臂而仍之。 故失道而後德，失德而後仁，失仁而後義，失義而後禮。 夫禮者，忠信之薄，而亂之首也。 前識者，道之華，而愚之始也。 是以大丈夫處其厚，不處其薄；處其實，不處其華。故去彼取此。(38)
昔之得一者，天得一以清，地得一以寧，神得一以靈，谷得一以盈，萬物得一以生， 侯王得一以爲天下貞。 其致之，天無以清將恐裂，地無以寧將恐發， 神無以靈將恐歇，谷無以盈將恐竭，萬物無以生將恐滅， 侯王無以貴高將恐蹶。 故貴以賤爲本，高以下爲基。 是以侯王自謂孤寡不穀。此非以賤爲本邪？非乎？ 故致數輿無輿。不欲琭琭如玉，珞珞如石。(39)	昔之得一者，天得一以清，地得一以寧，神得一以靈，谷得一以盈，萬物得一以生， 侯王得一以爲天下正。 其致之，天無以清將恐裂，地無以寧將恐發， 神無以靈將恐歇，谷無以盈將恐竭，萬物無以生將恐滅， 侯王無以貴高將恐蹷。 故貴〔必〕以賤爲本，高必以下爲基。 是以侯王自謂（稱）孤寡不轂（穀）。此非以賤爲本耶？非乎？ 故致數車無車。不欲琭琭如玉，落落如石。(39)	昔之得一者，天得一以清，地得一以寧，神得一以靈，谷得一以盈， 侯王得一以爲天下正。 其致之，天無以清將恐裂，地無以寧將恐發， 神無以靈將恐歇，谷無以盈將恐竭， 侯王無以爲正而貴高將恐蹷。 故貴以賤爲本，高以下爲基。 侯王自謂孤寡不穀，唯斯以賤爲本與？非耶？ 故造輿於無輿。不欲碌碌如玉，落落如石。(2)	昔之得一者，天得一以清，地得一以寧，神得一以靈，谷得一以盈，萬物得一以生， 王侯得一以爲天下貞。 其致之一也，天無以清將恐裂，地無以寧將恐發， 神無以靈將恐歇，谷無以盈將恐竭，萬物無以生將恐滅， 王侯無以爲貞而貴高將恐蹷。 故貴以賤爲本，高以下爲基。 是以王侯自謂孤寡不穀，是其以賤爲本也，非歟？ 故致數譽無譽。不欲碌碌若玉，落落若石。(39)
反者道之動，弱者道之用。 天下萬物生於有，有生於無。(40)	反者道之動，弱者道之用。 天下萬物生於有，有生於無。(40)	反者道之動，弱者道之用。 天地之物生於有，有生於無。(2)	反者道之動，弱者道之用。 天下之物生於有，有生於無。(40)
上士聞道，勤而行之。中士聞道，若存若亡。 下士聞道，大笑之，不笑，不足以爲道。 故建言有之：明道若昧，進道若退，夷道若纇； 上德若谷，大白若辱，廣德若不足， 建德若偷，質真若渝； 大方無隅，大器晚成， 大音希聲，大象無形，道隱無名。 夫唯道，善貸且成。(41)	上士聞道，勤而行之。中士聞道，若存若亡。 下士聞道，大笑之，不笑，不足以爲道。 故建言有之：明道若昧，進道若退，夷道若纇； 上德若谷，大白若辱，廣德若不足， 建德若偷（揄），質真若渝； 大方無隅，大器晚成， 大音希聲，大象無形，道隱無名。 夫唯道，善貸且成。(41)	上士聞道，勤而行之。中士聞道，若存若亡。 下士聞道，大笑之，不笑，不足以爲道。 故建言有之：明道若昧，進道若退，夷道若纇； 上德若谷，大白若辱，盛德若不足， 建德若偷，質真若渝； 大方無隅，大器晚成， 大音希聲，大象無形，道隱無名。 夫唯道，善貸且成。(3)	上士聞道，而勤行之。中士聞道，若存若亡。 下士聞道，而大笑之，不笑，不足以爲道。 故建言有之曰：明道若昧，夷道若纇，進道若退； 上德若谷，大白若黵，廣德若不足， 建德若媮，質真若輸； 大方無隅，大器晚成， 大音稀聲，大象無形，道隱無名。 夫惟道，善貸且成。(41)

漢簡本	郭店本	帛書甲本	帛書乙本
• 上德不德，是以有德；下德不失德，是以無德。 上德無爲而無以爲，下德□之而無以爲， 上仁爲之而無以爲，上義爲之而有以爲， 上禮爲之而莫之應，則攘臂而乃之。 故失道而後德，失德而後仁，失仁而後義，失義而後禮。 夫禮，忠信之淺，而亂之首也。 前識者，道之華，而愚之首也。 是以大丈夫居其厚，不居其薄；居其實，不居其華。故去被取此。(1)		□□□□□□□□□□□□□□□□□德。 上德无□□无以爲也， 上仁爲之□□以爲也，上義爲之而有以爲也， 上禮□□□□□□□□，□攘臂而乃之。 故失道而后德，失德而后仁，失仁而后義，□□□□□ □□□□□□□□而亂之首也。 □□□道之華也，而愚之首也。 是以大丈夫居亓厚而不居亓泊，居亓實不居亓華。故去皮取此。	上德不德，是以有德；下德不失德，是以无德。 上德无爲而无以爲也， 上仁爲之而无以爲也，上德爲之而有以爲也， 上禮爲之而莫之應也，則攘臂而乃之。 故失道而后德，失德而句仁，失仁而句義，失義而句禮。 夫禮者，忠信之泊也，而亂之首也。 前識者，道之華也，而愚之首也。 是以大丈夫居□□□□居亓泊，居亓實而不居亓華。故去罷而取此。
• 昔得一者，天得一以精，地得一以寧，神得一以靈，谷得一以盈， 侯王得一以爲正。 其致之也，天毋已精將恐死， 地毋已寧將恐發， 神毋已靈將恐歇，谷毋已盈將恐渴， 侯王毋已貴以高將恐厥。 是故必貴以賤爲本，必高以下爲基。 是以侯王自謂孤寡不轂，此其賤之本邪？非也？ 故致數輿無輿。不欲祿＝如玉，□□□□。(2)		昔之得一者，天得一以清，地得□以寧，神得一以霝，浴得一以盈， 侯□□□而以爲正。 亓至之也，胃天毋已清將恐□， 胃地毋□□將恐□， 胃神毋已霝□恐歇，胃浴毋已盈將恐渴， 胃侯王毋已貴□□□□□。 故必貴而以賤爲本，必高矣而以下爲基。 夫是以侯王自胃孤寡不橐，此亓賤□□與？非□？ 故致數與无與。是故不欲□□若玉，硌□□□。	昔得一者，天得一以清，地得一以寧，神得一以霝，浴得一盈， 侯王得一以爲天下正。 亓至也，胃天毋已清將恐蓮， 地毋已寧將恐發， 神毋□□□恐歇，谷毋已□將渴， 侯王毋已貴以高將恐欮。 故必貴以賤爲本，必高矣而以下爲基。 夫是以侯王自胃孤寡不橐，此亓賤之本與？非也？ 故至數輿无輿。是故不欲祿＝若玉，硌＝若石。
• 反者道之動也，弱者道之用也。 天下之物生於有＝生於無。(3)	返也者，道僮也。溺也者，道之甬也。 天下之勿生於又，生於亡。 (甲組簡 37)	□□□道之動也。弱也者，道之用也。 天□□□□□□□□□□□	反也者，道之動也。□□者，道之用也。 天下之物生於有＝□於无。
• 上士聞道，堇能行。中士聞道，若存若亡。 下士聞道，大笑之，弗笑，不足以爲道。 是以建言有之曰：明道如沫，進道如退，夷道如類； 上德如谷，大白如辱，廣德如不足， 建德如榆，桎真如輸； 大方無隅，大器勉成， 大音希聲，天象無刑，道殷無名。 夫唯道，善貣且成。(4)	上士昏道，堇能行於亓中＝士昏道，若昏若亡。 下士昏道，大笑之，弗大笑，不足以爲道矣。 是以建言又之：明道女孛，迟道女纇，□道若退； 上悳女浴，大白女辱，坒悳女不足， 建悳女□，□貞女愈； 大方亡禺，大器曼成， 大音祗聖，天象亡荎。 道□□□□□□□ (乙組簡 9-12)	……道，善□□□□	上□□道，堇能行之。中士聞道，若存若亡。 下士聞道，大笑之，弗笑，□□以爲道。 是以建言有之曰：明道如費，進道如退，夷道如類； 上德如浴，大白如辱，廣德如不足， 建德如□，質□□□； 大方无禺，大器免成， 大音希聲，天象无刑，道褒无名。 夫唯道，善始且善成。

（續 表）

王弼本	河上公本	嚴遵本	傅奕本
道生一，一生二，二生三，三生萬物。萬物負陰而抱陽，沖氣以爲和。 人之所惡，唯孤寡不穀，而王公以爲稱。 故物或損之而益，或益之而損。 人之所教，我亦教之。 强梁者不得其死，吾將以爲教父。（42）	道生一，一生二，二生三，三生萬物。萬物負陰而抱陽，沖氣以爲和。 人之所惡，唯孤寡不轂（穀），而王公以爲稱。 故物或損之而益，或益之而損。 人之所教，我亦教之。 强梁者不得其死，吾將以爲教父。（42）	道生一，一生二，二生三，三生萬物。萬物負陰而抱陽，沖氣以爲和。 人之所惡，唯孤寡不穀，而王公以名稱。 損之而益，益之而損。 人之所教，亦我教之。 强梁者不得其死，吾將以爲教父。（4）	道生一，一生二，二生三，三生萬物。萬物負陰而襃陽，沖氣以爲和。 人之所惡，惟孤寡不穀，而王侯以自稱也。 故物或損之而益，或益之而損。 人之所以教我，亦我之所以教人。 彊梁者不得其死，吾將以爲學父。（42）
天下之至柔，馳騁天下之至堅。 無有入無間。吾是以知無爲之有益。 不言之教，無爲之益，天下希及之。（43）	天下之至柔，馳騁天下之至堅。 無有入〔於〕無間。吾是以知無爲之有益。 不言之教，無爲之益，天下希及之。（43）	天下之至柔，馳騁天下之至堅。 無有入於無間。吾是以知無爲之有益。 不言之教，無爲之益，天下希及之。（5）	天下之至柔，馳騁天下之至堅。 出於無有，入於無間。吾是以知無爲之有益也。 不言之教，無爲之益，天下稀及之矣。。（43）
名與身孰親？身與貨孰多？得與亡孰病？ 是故甚愛必大費，多藏必厚亡。 知足不辱，知止不殆，可以長久。（44）	名與身孰親？身與貨孰多？得與亡孰病？ 甚愛必大費，多藏必厚亡。 知足不辱，知止不殆，可以長久。（44）	名與身孰親？身與貨孰多？得與亡孰病？ 是故甚愛必大費，多藏必厚亡。 故知足不辱，知止不殆，可以長久。（6）	名與身孰親？身與貨孰多？得與亡孰病？ 是故甚愛必大費，多藏必厚亡。 知足不辱，知止不殆，可以長久。（44）
大成若缺，其用不弊。大盈若沖，其用不窮。 大直若屈，大巧若拙，大辯若訥。 躁勝寒，靜勝熱，清靜爲天下正。（45）	大成若缺（缺），其用不弊。大盈若沖，其用不窮。 大直若屈，大巧若拙，大辯若訥。 躁勝寒，靜勝熱，清靜爲天下正。（45）	大成若缺，其用不弊。大盈若沖，其用不窮。 大直若屈，大巧若拙，大辯若訥。 躁勝寒，静勝熱，能静能清，爲天下正。（7）	大成若缺，其用不敝。大滿若盅，其用不窮。 大直若詘，大巧若拙，大辯若訥。 躁勝寒，靖勝熱，知清靖以爲天下正。（45）
天下有道，卻走馬以糞。天下無道，戎馬生於郊。 禍莫大於不知足，咎莫大於欲得。 故知足之足，常足矣。（46）	天下有道，却走馬以糞。天下無道，戎馬生於郊。 罪莫大於可欲，禍莫大於不知足，咎莫大於欲得。 故知足之足，常足〔矣〕。（46）	天下有道，却走馬以糞。天下無道，戎馬生於郊。 罪莫大於可欲，禍莫大於不知足，咎莫大於欲得。 知足之足，常足矣。（8）	天下有道，郤走馬以播。天下無道，戎馬生於郊。 罪莫大於可欲，禍莫大於不知足，咎莫憯於欲得。 故知足之足，常足矣。（46）
不出戶，知天下；不闚牖，見天道。 其出彌遠，其知彌少。 是以聖人不行而知，不見而名，不爲而成。（47）	不出戶，〔以〕知天下；不窺牖，〔以〕見天道。 其出彌遠，其知彌少。 是以聖人不行而知，不見而名，無（不）爲而成。（47）	不出戶，知天下；不窺牖，見天道。 其出彌遠，其知彌少。 是以聖人不行而知，不見而名，不爲而成。（9）	不出戶，可以知天下；不窺牖，可以知天道。 其出彌遠，其知彌尟。 是以聖人不行而知，不見而名，不爲而成。（47）
爲學日益，爲道日損。損之又損，以至於無爲，無爲而無不爲。 取天下常以無事，及其有事，不足以取天下。（48）	爲學日益，爲道日損。損之又損〔之〕，以至於無爲，無爲而無不爲。 取天下常以無事，及其有事，不足以取天下。（48）	爲學日益，爲道日損。損之又損之，至於無爲而無以爲。 將欲取天下者，常以無事；及其有事，不足以取天下。（10）	爲學者日益，爲道者日損。損之又損之，以至於無爲，無爲則無不爲。 將欲取天下者，常以無事；及其有事，又不足以取天下矣。（48）

漢簡本	郭店本	帛書甲本	帛書乙本
•道生一＝生二＝生三＝生萬＝物＝負陰抱陽，中氣以爲和。 人之所惡，唯孤寡不穀，而王公以自命也。 是故物或損而益，或益而損。 人之所教，亦我而教人。 故强梁者不得死，吾將以爲學父。(5)		□□□□□□□□□□□□□□□□□□□□中氣以爲和。 天下之所惡，唯孤寡不槖，而王公以自名也。 勿或敗之□□，□之而敗。 故人□□教，夕議而教人。 故强良者不得死，我□以爲學父。	道生一＝生二＝生三＝生□□□□□□□□□□□□以爲和。 人之所亞，唯孤寡不槖，而王公以自□□ □□□□□云＝之而益。 □□□□□□□□□□ □□□□□□□吾將以□□父。
•天下之至柔，馳騁於天下之至堅。 無有入於無閒。吾是以智無爲之有益也。 不言之教，無爲之益，天下希及之矣。(6)		天下之至柔，□甹於天下之致堅。 无有入於无間。五是以知无爲□□益也。 不□□教，无爲之益，□下希能及之矣。	天下之至□，馳騁乎天下□□□ □□□□无閒。吾是以□□□□□□也。 不□□□□□□□□□□□□□□矣。
•身與名孰親？身與貨孰多？得與亡孰病？ 是故甚愛必大費，多臧必厚亡。 故智足不辱，智止不殆，可以長久。(7)	明與身篙新？身與貨篙多？貴與貢篙疠？ 甚忎必大賫，㕦賨必多貢。 古智足不辱，智圭不怠，可以長舊。 （甲組簡35-37）	名與身孰親？身與貨孰多？得與亡孰病？ 甚□□□□□□□□亡。 故知足不辱，知止不殆，可以長久。	名與……
•大成如缺，其用不敝。大盈如沖，其用不窮。 大直如詘，大巧如拙，大盛如絀。 趮勝寒，靜勝熱，清靜爲天下政。(8)	大成若夬，亓甬不峇。大涅若中，亓甬不穿。 大攷若佃，大成若詘，大植若屈。 喿勑蒼，青勑然，清青爲天下定。 （乙組簡13-15）	大成若缺，亓用不幣。大盈若盅，亓用不竆。 大直如詘，大巧如拙，大赢如炳。 趮勝寒，靚勝炅，請靚可以爲天下正。	□□□□□□□□□□盈如沖，亓□□□ □巧如拙□□□□□□□□絀。 趮朕寒□□□□□□□□□□□□
•天下有道，卻走馬以糞。天下無道，戎馬產於鄗。 故罪莫大於可欲，禍莫大於不智足，咎莫灊於欲得。 故智足之足，恒足矣。(9)	辠莫至虐甚欲，咎莫僉虐谷𢔍，化莫大虐不智足。 智足之爲足，此亙足矣。 （甲組簡5-6）	•天下有道，□走馬以糞。天下无道，戎馬生於郊。 •罪莫大於可欲，𢡺莫大於不知足，咎莫憯於欲得。 □□□□□恒足矣。	□□□道，卻走馬□糞。无道，戎馬生於郊。 罪莫大□可欲，禍□□□□□□□□□□□□ □□□□□□足矣。
•不出於戶，以智天下；不規於牖，以智天道。 其出瓕遠，其智瓕少。 是以聖人弗行而智，弗見而命，弗爲而成。(10)		不出於戶，以知天下；不規於牖，以知天道。 亓出也瓕遠，亓□□□□ □□□□□□□□□□□□□弗爲而□	不出於戶，以知天下；不規於□，□知天道。 亓出籋遠者，亓知籋□。 □□□□□□□□□□□而名，弗爲而成。
•爲學者日益，爲道者日損【＝】之有損之，至於無□□□□□□□ □□□□□□無事，及其有事，有不足以取天下。(11)	學者日嗌，爲道者日員＝之或員，以至亡爲也，亡爲而亡不爲。 （乙組簡3-4）	……爲。 取天下也恒……	爲學者日益，聞道者日云＝之有云，以至於无□□□□□□□□ 取天下恒无事，及亓有事也，□□足以取天□。

（續 表）

王弼本	河上公本	嚴遵本	傅奕本
聖人無常心，以百姓心爲心。 善者吾善之，不善者吾亦善之，德善。 信者吾信之，不信者吾亦信之，德信。 聖人在天下，歙歙，爲天下渾其心。 〔百姓皆注其耳目焉〕，聖人皆孩之。（49）	聖人無常心，以百姓心爲心。 善者吾善之，不善者吾亦善之，德善。 信者吾信之，不信者吾亦信之，德信。 聖人在天下，怵怵，爲天下渾其心。 百姓皆注其耳目，聖人皆孩之。（49）	聖人無常心，以百姓心爲心。 善者吾善之，不善者吾亦善之，得善矣。 信者吾信之，不信者吾亦信之，得信矣。 聖人在天下，惵惵乎，爲天下渾心。 百姓皆注其耳目，聖人皆駭之。（11）	聖人無常心，以百姓心爲心。 善者吾善之，不善者吾亦善之，得善矣。 信者吾信之，不信者吾亦信之，得信矣。 聖人之在天下，歙歙焉，爲天下渾渾焉。 百姓皆注其耳目，聖人皆咳之。（49）
出生入死。生之徒十有三，死之徒十有三， 人之生，動之死地亦十有三。 夫何故？以其生生之厚。 蓋聞善攝生者，陸行不遇兕虎，入軍不被甲兵。 兕無所投其角，虎無所措其爪，兵無所容其刃。 夫何故？以其無死地。（50）	出生入死。生之徒十有三，死之徒十有三， 人之生，動之死地十有三。 夫何故？以其生（求）生之厚。 蓋聞善攝生者，陸行不遇兕虎，入軍不避（被）甲兵。 兕無〔所〕投其角，虎無所措〔其〕爪，兵無所容其刃。 夫何故？以其無死地。（50）	出生入死。生之徒十有三，死之徒十有三， 而民生，動之死地十有三。 夫何故？以其生生之厚。 蓋聞善攝生者，陸行不避兕虎，入軍不被甲兵。 兕無所投其角，虎無所措其爪，兵無所容其刃。 夫何故哉？以無死地。（12）	出生入死。生之徒十有三，死之徒十有三， 而民之生生而動，動皆之死地亦十有三。 夫何故？以其生生之厚也。 蓋聞善攝生者，陸行不遇兕虎，入軍不被甲兵。 兕無所投其角，虎無所措其爪，兵無所容其刃。 夫何故也？以其無死地焉。（50）
道生之，德畜之，物形之，勢成之。 是以萬物莫不尊道而貴德。 道之尊，德之貴，夫莫之命而常自然。 故道生之，德畜之，長之育之，亭之毒之，養之覆之。 生而不有，爲而不恃，長而不宰，是謂玄德。（51）	道生之，德畜之，物形之，勢成之。 是以萬物莫不尊道而貴德。 道之尊，德之貴，夫莫之命而常自然。 故道生之，德畜之，長之育之，成之孰之，養之覆之。 生而不有，爲而不恃，長而不宰，是謂玄德。（51）	道生之，德畜之，物形之，勢成之。 是以萬物尊道而貴德。 道尊德貴，夫莫之爵而常自然。 道生之，德畜之，長之育之，成之熟之，養之覆之。 生而不有，爲而不恃，長而不宰，是謂玄德。（13）	道生之，德畜之。物形之，勢成之。 是以萬物莫不尊道而貴德。 道之尊，德之貴，夫莫之爵而常自然。 故道生之，德畜之，長之育之，亭之毒之，蓋之覆之。 生而不有，爲而不恃，長而不宰，是謂玄德。 （51）
天下有始，以爲天下母。 既得其母，以知其子；既知其子，復守其母，没身不殆。 塞其兑，閉其門，終身不勤。 開其兑，濟其事，終身不救。 見小曰明，守柔曰强。用其光，復歸其明，無遺身殃，是爲習常。（52）	天下有始，以爲天下母。 既知其母，復知其子；既知其子，復守其母，没身不殆。 塞其兑，閉其門，終身不勤。 開其兑，濟其事，終身不救。 見小曰明，守柔日强。用其光，復歸其明，無遺身殃，是謂習常。（52）	天下有始，以爲天下母。 既得其母，以知其子；既知其子，復守其母，没身不殆。 塞其兑，閉其門，終身不勤。 開其兑，濟其事，終身不救。 見小曰明，守柔曰强。用其光，復歸其明，無遺身殃，是謂襲常。（14）	天下有始，可以爲天下母。 既得其母，以知其子；既知其子，復守其母，没身不殆。 塞其兑，閉其門，終身不勤。 開其兑，濟其事，終身不救。 見小曰明，守柔曰彊。用其光，復歸其明，無遺身殃，是謂襲常。（52）
使我介然有知，行於大道，唯施是畏。 大道甚夷，而民好徑。 朝甚除，田甚蕪，倉甚虚。 服文綵，帶利劍， 厭飲食，財貨有餘。 是謂盗夸，非道也哉！（53）	使我介然有知，行於大道，唯施是畏。 大道甚夷，而民好徑。 朝甚除，田甚蕪，倉甚虚。 服文綵，帶利劍， 厭飲食，財貨有餘。 是謂盗夸（誇），〔盗誇〕非道〔也〕哉！（53）	使我介然有知，行於大道，唯施是畏。 大道甚夷，而民好遥。 朝甚除，田甚蕪，倉甚虚。 服文采，帶利劍， 厭飲食，財貨有餘。 是謂盗誇，非道哉！（15）	使我介然有知，行於大道，惟施是畏。 大道甚夷，而民好徑。 朝甚除，田甚蕪，倉甚虚。 服文采，帶利劍， 猒飲食，貨財有餘。 是謂盗夸，盗夸非道也哉！（53）

漢簡本	郭店本	帛書甲本	帛書乙本
【·】聖人恒無心，以百生之心爲心。 善者虖亦善之，不善者虖亦善之，直善也。 信者虖信之，不信者虖亦信之，直信也。 聖人之在天下也，臽＝然，爲天下渾【心】。 而百姓皆屬其耳目焉，聖人而皆晐之。(12)		□□□□□以百□之心爲□。 善者善之，不善者亦善□□□□ □□□□□□□□□□□□信也。 □□之在天下，愉＝焉，爲天下渾心。 百姓皆屬耳目焉，聖人皆□□。	□人恒无心，以百省之心爲心。 善□□□□□□□□□□□善也。 信者信之，不信者亦信之，德信也。 耶人之在天下也，欲＝焉，□□□□□ □生皆注亓□□□□□□□□
•出生入死。生之徒十有三，死之徒十有三， 而民姓生焉，動皆之死地之十有三。 夫何故也？以其姓生也。 蓋聞善聶生者，陵行不避累虎，入軍不被兵革。 虎無所錯其蚤，累無所椯其角，兵無所容其刃。 夫何故也？以其無死地焉。(13)		□生□□□□□□有□□□徒十有三， 而民生＝，動皆之死地之十有三。 夫何故也？以亓生＝也。 蓋□□執生者，陵行不□矢虎，入軍不被甲兵。 矢无所椯亓角，虎无所昔亓蚤，兵无所容□□ □何故也？以亓无死地焉。	□生入死。生之□□□□□□之徒十又三， 而民生＝，僮皆之死地之十有三。 □何故也？以亓生＝。 蓋聞善執生者，陵行不辟累虎，入軍不被兵革。 累无□□□□□□□□□亓蚤，兵□□□□□ □□□也？以亓无□□□
•道生之，德畜之，物刑之，埶成之。 是以萬物奠道而貴德。 道之奠，德之貴，夫莫之爵而恒自然。 故道生之畜之，長之逐之， 亭之孰之，養之復之。 故生而弗有，爲而弗持，長而弗宰，是謂玄德。(14)		•道生之而德畜之，物刑之而器成之。 是以萬物奠道而貴□ □之奠，德之貴也，夫莫之时而恒自然也。 •道生之畜之，長之遂之， 亭之□之，□□□□ □□弗有也，爲而弗寺也，長而弗宰也，此之謂玄德。	道生之，德畜之，物刑之而器成之。 是以萬物尊道而貴德。 道之尊也，德之貴也，夫莫之爵也，而恒自然也。 道生之畜□□□□之， 亭之毒之，養之復□ □□□□□□□□□□□弗宰，是胃玄德。
•天下有始，可以爲天下母。 既得其母，以智其子；既智其子，復守其母，歿身不殆。 塞其脱，閉其門，終身不僅。 啟其脱，齊其事，終身不來。 見小曰明，守柔曰强。用其光，復歸其明，毋遺身央，是謂襲常。(15)	閟亓門，賽其兑，冬身不否。 啟亓兑，賽其事，冬身不逨。 (乙組簡13)	天下有始，以爲天下母。 既得亓母，以知亓□，復守亓母，没身不殆。 •塞亓悶，閉亓門，終身不堇。 啟亓悶，濟亓事，終身□□。 □小曰□，守柔曰强。用亓光，復歸亓明，毋遺身央，是胃襲常。	天下有始，以爲天下母。 既得亓母，以知亓子；既知亓子，復守亓母，没身不佁。 塞亓埦，閉亓門，冬身不堇。 啟亓埦，齊亓□，□□不棘。 見小曰明，守□□强。用□□□□□□□遺身央，是胃□常。
•使我介有智，行於大道，唯蛇是畏。 大道甚夷，而民好街。 朝甚除，田甚蕪，倉甚虚。 服文采，帶利劍， 厭食，資貨有餘。 是謂盗竽，非道也。(16)		•使我摞有知也，□□大道，唯□□□。 □□甚夷，民甚好解。 朝甚除，田甚芜，倉甚虚。 服文采，帶利□， □食，貨□□□ □□□□□□□	使我介有知，行於大道，唯他是畏。 大道甚夷，民甚好懈。 朝甚除，田甚芜，倉甚虚。 服文采，帶利劍， 猒食，而齎財□□ □□盗□非□也。

（續 表）

王弼本	河上公本	嚴遵本	傅奕本
善建者不拔，善抱者不脱，子孫以祭祀不輟。 修之於身，其德乃真；修之於家，其德乃餘； 修之於鄉，其德乃長；修之于國，其德乃豐；修之於天下，其德乃普。 故以身觀身，以家觀家，以鄉觀鄉，以國觀國，以天下觀天下。吾何以知天下然哉？以此。(54)	善建者不拔，善抱者不脱，子孫祭祀不輟。 修之於身，其德乃真；修之於家，其德有（乃）餘； 修之於鄉，其德乃長；修之于國，其德乃豐；修之於天下，其德乃普。 故以身觀身，以家觀家，以鄉觀鄉，以國觀國，以天下觀天下。〔吾〕何以知天下之然哉？以此。(54)	善建者不拔，善抱者不脱，子孫祭祀不輟。 修之於身，〔其德乃真〕；修之於家，其德有餘； 修之於鄉，其德乃長；修之於國，其德乃豐；修之於天下，其德乃普。 故以身觀身，以家觀家，以鄉觀鄉，以國觀國，以天下觀天下。吾何以知其然哉？以此。(16)	善建者不拔，善襃者不脱，子孫祭祀不輟。 修之身，其德乃真；修之家，其德乃餘； 修之鄉，其德乃長；修之邦，其德乃豐；修之天下，其德乃溥。 故以身觀身，以家觀家，以鄉觀鄉，以邦觀邦，以天下觀天下。吾奚以知天下之然哉？以此。(54)
含德之厚，比於赤子。 蜂蠆虺蛇不螫，猛獸不據，攫鳥不搏，骨弱筋柔而握固。 未知牝牡之合而全作，精之至也。 終日號而不嗄，和之至也。 知和曰常，知常曰明，益生曰祥，心使氣曰强。 物壯則老，謂之不道，不道早已。(55)	含德之厚，比於赤子。 毒蟲不螫，猛獸不據，玃（攫）鳥不搏，骨弱筋（筋）柔而握固。 未知牝牡之合而峻作，精之至也。 終日號而不啞，和之至也。 知和曰常，知常曰（日）明，益生日祥，心使氣日强。 物壯將（則）老，謂之不道，不道早已。(55)	含德之厚，比於赤子。 毒蟲不螫，攫鳥不搏，猛獸不據，骨弱筋柔而握固。 未知牝牡之合而峻作，精之至。 終日嗥而嗌不嗄，和之至。 知和曰常，知常曰明，益生曰祥，心使氣曰强。 物壯則老，謂之非道，不道早已。(17)	含德之厚者，比之於赤子也。 蜂蠆不螫，猛獸不據，攫鳥不搏，骨弱筋柔而握固。 未知牝牡之合而朘作，精之至也。 終日號而嗌不敫，和之至也。 知和曰常，知常曰明，益生曰祥，心使氣則彊。 物壯則老，謂之不道，不道早已。(55)
知者不言，言者不知。 塞其兑，閉其門， 挫其鋭，解其分， 和其光，同其塵， 是謂玄同。 故不可得而親，不可得而疎；不可得而利，不可得而害；不可得而貴，不可得而賤。故爲天下貴。(56)	知者不言，言者不知。 塞其兑，閉其門， 挫其鋭，解其紛， 和其光，同其塵， 是謂玄同。 故不可得而親，亦不可得而踈；不可得而利，亦不可得而害；不可得而貴，亦不可得而賤。故爲天下貴。(56)	知者不言，言者不知。 塞其兑，閉其門， 挫其鋭，解其忿， 和其光，同其塵， 是謂玄同。 不可得而親，不可得而踈；不可得而利，不可得而害；不可得而貴，不可得而賤。爲天下貴。(18)	知者不言也，言者不知也。 塞其兑，閉其門， 挫其鋭，解其紛， 和其光，同其塵， 是謂玄同。 不可得而親，亦不可得而疏；不可得而利，亦不可得而害；不可得而貴，亦不可得而賤。故爲天下貴。(56)
以正治國，以奇用兵，以無事取天下。吾何以知其然哉？以此。 天下多忌諱，而民彌貧；民多利器，國家滋昏； 人多伎巧，奇物滋起；法令滋彰，盗賊多有。 故聖人云：我無爲而民自化，我好静而民自正，我無事而民自富，我無欲而民自樸。(57)	以正治國，以奇用兵，以無事取天下。吾何以知其然哉？以此。 天下多忌諱，而民彌貧；民多利器，國家滋昏； 人多伎（技）巧，奇物滋起；法物滋彰，盗賊多有。 故聖人云：我無爲而民自化，我好静而民自正，我無事而民自富，我無欲而民自樸。(57)	以正治國，以奇用兵，以無事取天下。吾何以知其然哉？ 天下多忌諱，而民彌貧；民多利器，國家滋昏； 人多伎巧，奇物滋起；法令滋彰，盗賊多有。 聖人之言云：我無爲而民自化，我無事而民自富，我好静而民自正，我無欲而民自樸。(19)	以政治國，以奇用兵，以無事取天下。吾奚以知天下其然哉？以此。 夫天下多忌諱，而民彌貧；民多利器，國家滋昏； 民多知慧，而衺事滋起；法令滋章，盗賊多有。 故聖人云：我無爲而民自化，我好靖而民自正，我無事而民自富，我無欲而民自樸。(57)
其政悶悶，其民淳淳；其政察察，其民缺缺。 禍兮，福之所倚；福兮，禍之所伏。孰知其極？ 其無正，正復爲奇，善復爲妖。 人之迷，其日固久。 是以聖人方而不割，廉而不劌，直而不肆，光而不燿。(58)	其政悶悶，其民醇醇；其政察察，其民缺缺（缺缺）。 禍兮，福之所倚；福兮，禍之所伏。孰知其極？ 其無正，正復爲奇，善復爲訞。 人之迷，其日固久。 是以聖人方而不割，廉而不害，直而不肆，光而不曜（耀）。(58)	其政悶悶，其民諓諓；其政察察，其民缺缺。 禍兮，福之所倚；福兮，禍之所伏。孰知其極？ 其無正，正復爲奇，善復爲妖。 人之迷，其日固久矣。(19)	其政閔閔，其民偆偆；其政詧詧，其民缺缺。 禍兮，福之所倚；福兮，禍之所伏。孰知其極？ 其無正衺，正復爲奇，善復爲祅。人之迷也，其日固久矣。 是以聖人方而不割，廉而不劌，直而不肆，光而不耀。(58)

漢簡本	郭店本	帛書甲本	帛書乙本
• 善建不拔，善抱不脱，子孫以其祭祀不絶。 脩之身，其德乃真；脩之家，其德有餘； 脩之鄉，其德乃長； 脩之國，其德乃逢；脩之天下，其德乃薄。 以身觀身，以家觀家，以鄉觀鄉，以國觀國，以天下觀天下。 吾何以知天下然哉？以此。（17）	善建者不果，善佔者不兑，子孫以亓祭祀不乇。 攸之身，亓悳乃貞；攸之豪，亓悳又舍； 攸之向，亓悳乃長； 攸之邦，亓悳乃奉；攸之天下，□□□□。 □□□豪，以向觀向，以邦觀邦，以天下觀天下。 虐可以智天□□□□□□。（乙組簡 15-18）	善建□□拔，□□□□□子孫以祭祀□□ □□□□□□□□□□□□□餘， 脩之□□□□□□□□□□ □□□□□□□□□□ 以身□身，以家觀家，以鄉觀鄉，以邦觀邦，以天□觀□□ □□□□□□□□□□□，	善建者□□□□□□□子孫以祭祀不絶。 脩之身，亓德乃真；脩之家，亓德有餘； 脩之鄉，亓德乃長；脩之國，亓德乃夆；脩之天下，亓德乃博。 以身觀身，以家□□，□□□國，以天下觀天下。 吾何□知天下之然茲？以□。
• 含德之厚者，比於赤子。 蜂蠆虺蛇弗赫，猛獸攫鳥弗薄，骨弱筋柔而握固。 未智牝牡之合而狻怒，精之至也。 終日號而不幽，和之至也。 和曰常，智和曰明，益生曰詳，心使氣曰强。 物壯則老，謂之不=道=蚤已。（18）	酓悳之厚者，比於赤子。 蟲蠆=它弗蓋，攫鳥猷獸弗扣，骨溺菫秫而捉固。 未智牝戊之佥家惹，精之至也。 冬日虐而不惪，和之至也。 和曰県，智和曰明，賹生曰羕，心叓燹曰勥。 勿臧則老，是胃不道。 （甲組簡 33-35）	□□之厚□，比於赤子。 逢㾖螝地弗螫，攫鳥猛獸弗搏，骨弱筋柔而握固。 未知牝□□□□□□□精□至也。 終日號而不嚘，和之至也。 和曰常，知和曰明，益生曰祥，心使氣曰强。 □□即老，胃之不=道□□□	含德之厚者，比於赤子。 蠭癘虫蛇弗赫，據鳥孟獸弗捕，骨筋弱柔而握固。 未知牝牡之會而朘怒，精之至也。 冬日號而不嚘，□□□□。 □□常，知常曰明，益生□祥，心使氣曰强。 物□則老，胃之不=道=蚤已。
• 智者弗言=者弗智。 塞其脱，閉其門， 和其光，同其眇， 挫其兑，解其紛， 是謂玄同。 故不可得而親，亦不可得而疏；不可得而利，亦不可得而害；不可得而貴，亦不可得而賤。 故爲天下貴。（19）	智之者弗言=之者弗智。 閔亓逸，賽亓門， 和亓光，迵亓新， 剴亓韻，解亓紛， 是胃玄同。 古不可导而新，亦不可导而疋；不可导而利，亦不可导而害；不可导而貴，亦可不可导而戔。 古爲天下貴。 （甲組簡 27-29）	□□弗言=者弗知。 塞亓悶，閉亓□， □其光，同亓墼， 坐亓閱，解亓紛， 是胃玄同。 故不可得而親，亦不可得而疏；不可得而利，亦不可得而害；不可□而貴，亦不可得而淺。 故爲天下貴。	知者弗言=者弗知。 塞亓垸，閉亓門， 和亓光，同亓塵， 銼亓兑，而解亓紛， 是胃玄同。 故不可得而親也，亦□□得而□；□□得而○利，□□□得而害；不可得而貴，亦不可得而賤。故爲天下貴。
• 以正之國，以倚用兵，以無事取天下。吾何以智其然也？ 夫天多忌諱而民墮貧，民多利器而固家茲昏， 人多智而苛物茲起，灋物茲章而盜賊多有。 故聖人之言云：我無爲而民自化，我無事而民自富，我好靜而民自正，我欲不欲而民自樸。（20）	以正之邦，以戠甬兵，以亡事取天下。虐可以智亓肰也？ 夫天多异韋而民爾畔，民多利器而邦慈昏， 人多智而戓勿慈记，灋勿慈章，覜惻多又。 是以聖人之言曰：我無事而民自禧，我無爲而民自蠱，我好青而民自正，我谷不谷而民自樸。 （甲組簡 29-32）	• 以正之邦，以畸用兵，以无事取天下。吾何□□□□也哉？ 夫天下□□諱而民彌貧，民多利器而邦家茲昏， 人多知而何物茲□，□□□□□盜賊□□。 □□□□□□□我无爲也而民自化，我好靜而民自正，我无事民□□□□□□□□□□	以正之國，以畸用兵，以无事取天下。吾何以知亓然也才？ 夫天下多忌諱而民彌貧，民多利器□□□□昏， □□□□□□□□□物茲章而盜賊□□。 是以□人之言曰：我无爲而民自化，我好靜而民自正，我无事而民自富，我欲不欲而民自樸。
• 其正昏=，其民菩=；其正計=，其國夬=。 福，禍之所倚；禍，福之所伏。 夫孰智其極？ 其無正=復爲倚，善復爲芺。 人之廢，其日固久矣。（21）		□□□□□□□□亓正察=，亓邦夬=。 駜，福之所倚；福，駜之所伏……	亓正閔=，亓民屯=；亓正察=，亓□□□。 □□□□□；福，□之所伏。 孰知亓極？ □无正也，正□□□，善復爲□。□之悉也，亓日固久矣。 是以方而不割，兼而不刺，直而不紲，光而不眺。

（續 表）

王弼本	河上公本	嚴遵本	傅奕本
		方而不割，廉而不劌，直而不肆，光而不耀。	
治人事天，莫若嗇。夫唯嗇，是謂早服，早服謂之重積德，重積德則無不克，無不克則莫知其極。莫知其極，可以有國；有國之母，可以長久。 是謂深根固柢，長生久視之道。(59)	治人事天，莫若嗇。夫唯嗇，是謂早服，早服謂之重積德，重積德則無不剋，無不剋則莫知其極。莫知其極，可以有國；有國之母，可以長久。 是謂深根固蒂，長生久視之道。(59)	治人事天，莫如嗇。夫唯嗇，是以蚤服。重積德則無不剋。莫知其極，可以有國。有國之母，可以長久。 深根固蒂，長生久視。(20)	治人事天，莫若嗇。夫惟嗇，是以早服。早服謂之重積德，重積德則無不克，無不克則莫知其極。莫知其極，可以有國。有國之母，可以長久。 是謂深根固柢，長生久視之道。(59)
治大國若烹小鮮。以道莅天下，其鬼不神。 非其鬼不神，其神不傷人。非其神不傷人，聖人亦不傷人。 夫兩不相傷，故德交歸焉。(60)	治大國若烹小鮮。以道莅（蒞）天下，其鬼不神。 非其鬼不神，其神不傷人。非其神不傷人，聖人亦不傷〔人〕。 夫兩不相傷，故德交歸焉。(60)	治大國者若烹小鮮。以道莅天下，其鬼不神。 非其鬼不神，其神不傷人。非其神不傷人，聖人亦不傷人。 兩不相傷，德交歸焉。(21)	治大國若烹小鮮。以道蒞天下者，其鬼不神。 非其鬼不神，其神不傷人。非其神不傷人，聖人亦不傷人。 夫兩不相傷，故德交歸焉。(60)
大國者下流，天下之交，天下之牝。牝常以靜勝牡，以靜爲下。 故大國以下小國，則取小國；小國以下大國，則取大國。 故或下以取，或下而取。 大國不過欲兼畜人，小國不過欲入事人。夫兩者各得其所欲，大者宜爲下。(61)	大國者下流，天下之交，天下之牝。牝常以靜勝牡，以靜爲下。 故大國以下小國，則取小國；小國以下大國，則取大國。 或下以取，或下而取。 大國不過欲兼畜人，小國不過欲入事人。夫兩者各得其所欲，大者宜爲下。(61)	大國者，天下之所流，天下之所交，天下之牝。牝以靜勝牡，牝以靜爲下。 故大國以下小國，則取小國；小國以下大國，則取大國。 故或下而取之，或下而取於人。 夫大國不過欲兼畜人，小國不過欲入事人。夫皆得其所欲，大者宜爲下。(22)	大國者，天下之下流，天下之交，天下之牝。牝常以靖勝牡，以其靖，故爲下也。 故大國以下小國，則取於小國；小國以下大國，則取於大國。 或下以取，或下而取。 大國不過欲兼畜人，小國不過欲入事人。兩者各得其所欲，故大者宜爲下。(61)
道者，萬物之奧。 善人之寶，不善人之所保。 美言可以市，尊行可以加人。 人之不善，何棄之有？ 故立天子，置三公，雖有拱璧以先駟馬，不如坐進此道。 古之所以貴此道者何？不曰以求得，有罪以免邪？故爲天下貴。(62)	道者，萬物之奧。 善人之寶，不善人之所保。 美言可以市，尊行可以加人。 人之不善，何棄之有？ 故立天子，置三公，雖有拱璧以先駟馬，不如坐進此道。 古之所以貴此道者，何不日以求得？有罪以免耶，故爲天下貴。(62)	道者，萬物之奧。 善人之寶，不善人之所不保。 美言可以市，尊行可以加人。 人之不善，何棄之有？ 故立天子，置三公，雖有拱璧以先駟馬，不如坐進此道。 古之所以貴此道者何？不曰求以得，有罪以免？故爲天下貴。(23)	道者，萬物之奧也。 善人之所寶，不善人之所保。 美言可以於市，尊言可以加於人。人之不善，何棄之有？ 故立天子，置三公，雖有拱璧以先駟馬，不如進此道也。 古之所以貴此道者何也？不曰求以得，有罪以免邪？故爲天下貴。(62)
爲無爲，事無事，味無味。 大小多少，報怨以德。 圖難於其易，爲大於其細。 天下難事必作於易，天下大事必作於細。是以聖人終不爲大，故能成其大。 夫輕諾必寡信，多易必多難。是以聖人猶難之，故終無難矣。(63)	爲無爲，事無事，味無味。 大小多少，報怨以德。 圖難於其易，爲大於其細。 天下難事必作於易，天下大事必作於細。是以聖人終不爲大，故能成其大。 夫輕諾必寡信，多易必多難。是以聖人猶難之，故終無難。(63)	爲無爲，事無事，味無味。 大小多少，報怨以德。 圖難於易，爲大於細。 難事作於易，大事作於細。是以聖人終不爲大，故能成其大。 輕諾者必寡信，多易者必多難。聖人猶難之，故終無難。(24)	爲無爲，事無事，味無味。 大小多少，報怨以德。 圖難乎於其易，爲大乎於其細。 天下之難事必作於易，天下之大事必作於細。是以聖人終不爲大，故能成其大。 夫輕諾者必寡信，多易者必多難。是以聖人猶難之，故終無難矣。(63)

漢簡本	郭店本	帛書甲本	帛書乙本
•方而不割，廉而不刖，直而不肆，光而不燿。 治人事天，莫如嗇。夫唯嗇，是以蚤＝服＝是謂重＝積＝德＝則無＝不＝克＝則莫＝智＝其＝極＝則可以有＝國＝之母，可以長久。 是謂深根固抵，長生久視之道也。（22）	紿人事天，莫若嗇。夫唯嗇，是以彔是以彔備，是胃□□□□□□□□不＝克＝則莫＝智＝亓＝亙＝可以又＝郕＝之母，可以長□ □□□□□□長生舊視之道也。 （乙組簡1-3）	……可以有＝國＝之母，可以長久。 是胃深槿固氐，長□□□□道也。	治人事天，莫若嗇。夫唯嗇，是以蚤＝服＝是胃重＝積□□□□□□□□□□□□□莫＝知＝亓＝□＝□□有＝國＝之母，可□□久。 是胃□根固氐，長生久視之道也。
•治大國若亨小鮮。以道位天下，其鬼不神。 非其鬼不神，其神不傷人。非其神不傷人也，聖人亦弗傷。 夫兩不相傷，故德交歸焉。（23）		□□□□□□□□□□□天下，亓鬼不神。 非亓鬼不神也，亓神不傷人也。非亓申不傷人也，聖人亦弗傷□。 □□不相□，□德交歸焉。	治大國若亨小鮮。以道立天下，亓鬼不神。 非亓鬼不神也，亓神不傷人也。非亓神不傷人也，□□□弗傷也。 夫兩□相傷，故德交歸焉。
•大國者下游也，天下之牝也。天下之交也，牝恒以靜勝牡。以其靜也，故爲下。 故大國以下小國，則取小＝國＝以下大國，則取於大國。 故或下以取，或下□□ □□□□□□□□□□□□□□ □□□□□□□□□□□□□□ 爲下。（24）		大邦者下流也，天下之牝。天下之郊也，牝恒以靚勝牡。爲亓靚□□宜爲下。 大邦□下小□，則取小＝邦＝以下大邦，則取於大邦。 故或下以取，或下而取。 □大邦者不過欲兼畜人，小邦者不過欲入事人。夫皆得亓欲□□□□□爲下。	大國□□□□□□□□牝也。天下之交也，牝恒以靜朕牡。爲亓靜也，故宜爲下也。 故大國以下□國，則取小＝國＝以下大國，則取於大國。 故或下□□□下而取。 故大國者不□欲并畜人，小國不□欲入事人。夫□□亓欲，則大者宜爲下。
•道者，萬物之椯也。 善人之葆，不善人之所葆也。 美言可以市，奠行可以賀人＝之不善，何棄之有？ 故立天子，置三公，唯有共之璧以先四馬，不如坐而進此。 古之所以貴此者，何也？不曰求以得，有罪以免虖？故爲天下貴。（25）		□者，萬物之注也。 善人之菜也，不善人之所菜也。 美言可以市，奠行可以賀人＝之不善也，何棄□有？ 故立天子，置三卿，雖有共之璧以先四馬，不善坐而進此。 古之所以貴此者，何也？不胃□□得，有罪以免輿？故爲天下貴。	道者，萬物之注也。 善人之菜也，不善人之所保也。 美言可以市，奠行可以賀人＝之不善，何□□□ □立天子，置三鄉，雖有□□璧以先四馬，不若坐而進此。 古□□□□□□□□不胃求以得，有罪以免與？故爲天下貴。
•爲無爲，事無事，味無味。 小大，多少，報怨以德。 圖難虖其易也，爲大虖其細也。 天下之難事作於易，天下之大事作於細。是以聖人終不爲大，故能成大。 夫輕若必寡信，多易者必多難。 是以聖人猶難之，故終無難。（26）	爲亡爲，事亡事，未亡未。 大少之，多惕必多難。 是以聖人猷難之，古冬亡難。 （甲組簡14-15）	爲无爲，事无事，味无未。 大小，多少，報怨以德。 圖難乎□□□□□□□□□□。 天下之難作於易，天下之大作於細。是以聖人冬不爲大，故能□□□ □□□□□□□□□□必多難。 是□□人猷難之，故冬於无難。	爲无爲□□□□□□□ □□□□□□□□□ □□□□□□□□□乎亓細也。 天下之□□□易，天下之大□□□ □□□□□□□□□□□□□□ 夫輕若□□信，多易必多難。 是以耶人□□之，故□□□□。

（續 表）

王弼本	河上公本	嚴遵本	傅奕本
其安易持，其未兆易謀， 其脆易泮，其微易散。 爲之於未有，治之於未亂。 合抱之木，生於毫末； 九層之台，起於累土； 千里之行，始於足下。(64)	其安易持，其未兆易謀， 其脆易破，其微易散。 爲之於未有，治之於未亂。 合抱之木，生於毫末； 九層之台，起於累土； 千里之行，始於足下。(64)	其安易持，其未兆易謀， 其脆易破，其微易散。 爲之未有，治之未亂。 合抱之木，生於毫末； 九重之臺，起於壘土； 百仞之高，始於足下。(25)	其安易持，其未兆易謀。 其脆易判，其微易散。 爲之乎其未有，治之乎其未亂。 合褢之木，生於豪末； 九成之臺，起於累土； 千里之行，始於足下。(64)
爲者敗之，執者失之。 是以聖人無爲故無敗，無執故無失。 民之從事，常於幾成而敗之。 慎終如始，則無敗事。 是以聖人欲不欲，不貴難得之貨；學不學，復眾人之所過。 以輔萬物之自然，而不敢爲。(64)	爲者敗之，執者失之。 聖人無爲故無敗，無執故無失。 民之從事，常於幾成而敗之。 慎終如始，則無敗事。 是以聖人欲不欲，不貴難得之貨；學不學，復眾人之所過。 以輔萬物之自然，而不敢爲。(64)	爲者敗之，執者失之。 故聖人無爲則無敗，無執則無失。 民之從事，常於幾成而敗之。 慎終如始，則無敗事。 是以聖人欲不欲，不貴難得之貨；學不學，復衆人之所過。 以輔萬物之自然，而不敢爲。(25)	爲者敗之，執者失之。 是以聖人無爲故無敗，無執故無失。 民之從事，常於其幾成而敗之。 慎終如始，則無敗事矣。 是以聖人欲不欲，不貴難得之貨；學不學，以復眾人之所過。 以輔萬物之自然，而不敢爲也。(64)
古之善爲道者，非以明民，將以愚之。 民之難治，以其智多。 故以智治國，國之賊；不以智治國，國之福。 知此兩者，亦稽式。 常知稽式，是謂玄德。玄德深矣，遠矣，與物反矣，然後乃至大順。(65)	古之善爲道者，非以明民，將以愚之。 民之難治，以其智多。 以智治國，國之賊；不以智治國，國之福。 知此兩者，亦楷式。 常知楷式，是謂玄德。玄德深矣，遠矣，與物反矣，乃至於大順。(65)	古之善爲道者，非以明民，將以愚之。 民之難治，以其知之。 以智治國，國之賊；不以智治國，國之福。 知此兩者，亦楷式。 常知楷式，是謂玄德。玄德深矣，遠矣，與物反，至於大順。(26)	古之善爲道者，非以明民，將以愚之。 民之難治，以其多知也。 故以知治國，國之賊也；不以知治國，國之福也。 常知此兩者，亦稽式也。 能知稽式，是謂玄德。玄德深矣，遠矣，與物反矣，乃復至於大順。(65)
江海所以能爲百谷王者，以其善下之，故能爲百谷王。 是以欲上民，必以言下之；欲先民，必以身後之。 是以聖人處上而民不重，處前而民不害。 是以天下樂推而不厭。 以其不爭，故天下莫能與之爭。(66)	江海所以能爲百谷王者，以其善下之，故能爲百谷王。 是以聖人欲上民，必以〔其〕言下之；欲先民，必以〔其〕身後之。 是以聖人處上而民不重，處前而民不害。 是以天下樂推而不厭。 以其不爭，故天下莫能與之爭。(66)	江海所以能爲百谷王者，以其下之，故能爲百谷王。 是以聖人，其欲上民，以言下之；其欲先民，以身後之。 故在上而民不重，居民之前而民不害。 天下樂推而上之，而不知厭。 非以争，故天下莫能與之争。(27)	江海所以能爲百谷王者，以其善下之也，故能爲百谷王。 是以聖人欲上民，必以其言下之；欲先民，必以其身後之。 是以聖人處之上而民弗重，處之前而民不害也。 是以天下樂推而不猒。 不以其不爭，故天下莫能與之爭。(66)

漢簡本	郭店本	帛書甲本	帛書乙本
•其安易持也，其未兆易謀也， 其脃易判也，其微易散也。 爲之其無有也，治之其未亂也。 合抱之木，作於豪末； 九成之臺，作於絫土； 百仞之高，始於足下。(27)	亓安也，易朱也；亓未莀也，易悔也； 亓毳也，易畔也；亓幾也，易後也。 爲之於亓亡有也，絧之於亓未亂。 匌□□□□□□末； 九成之臺，乍□□□ □□□□□□足下。 (甲組簡 25-26)	•亓安也，易持也；□□□□易謀□ ……毫末； 九成之臺，作於贏土； 百仁之高，台於足□。	 ……木，作於毫末； 九成之臺，作於蘽土； 百千之高，始於足下。
•爲者敗之，執者失之。 是以聖人無爲，故無敗也；無執，故無失也。 民之從事也，恒於其成事而敗之。故慎終如始，則無敗事矣。 是以聖人欲不欲，不貴難得之貨；學不學，而復衆人之所過。 以輔萬物之自然，而弗敢爲。(28)	爲之者敗之，執之者遠之。 是以聖人亡爲古亡敗，亡執古亡遊。 臨事之紀，誓冬女忖，此亡敗事矣。 聖人谷不谷，不貴難导之貨；孝不孝，逡衆之所逃。 是古聖人能尃萬勿之自肰，而弗能爲。(甲組簡 10-13) 爲之者敗之，執之者遊之。聖人無爲古無敗也，無執古□□□誓冬若詒，則無敗事壴。人之敗也，亙於亓戲成也敗之。是以□人欲不欲，不貴戁导之貨；學不學，逡衆之所逃。是以能楠攜勿之自肰，而弗敢爲。(丙組簡 11-14)	□□□□□□□□□□□□ □□□□也，□无敗□；无執也，故无失也。 民之從事也，恒於亓成事而敗之。故慎終若始，則□□□□ □□□□欲不欲，而不貴難得之脇；學不學，而復衆人之所過。 能輔萬物之自□，□弗敢爲。	爲之者敗之，執者失之。 是以耶人无爲□□□□□□□□ □□□□□。 民之從事也，恒於亓成而敗之。 故曰慎冬若始，則无敗事矣。 是以耶人欲不欲，而不貴難得之貨；學不學，復衆人之所過。 能輔萬物之自然，而弗敢爲
•古之爲道者，非以明民也，將以愚之也。 民之難治，以其智也。 故以智 = 國 = 之賊也，以不智 = 國 = 之德也。 恒智此兩者，亦楷式。 恒智楷式，是謂玄 = 德 = 深矣，遠□□□□□□□□□ (29)		故曰：爲道者非以明民也，將以愚之也。 民之難□也，以亓知也。 故以知 = 邦 = 之賊也，以不知 = 邦□□德也。 恒知此兩者，亦稽式也。 恒知稽式，此胃玄 = 德 = 深矣，遠矣，與物□矣，乃□□□	古之爲道者，非以明□□□□□之也。 夫民之難治也，以亓知也。 故以知 = 國 = 之賊也，以不知 = 國 = 之德也。 恒知此兩者，亦稽式也。 恒知稽式，是胃玄 = 德 = 深矣，遠矣，□物反也，乃至大順。
•江海之所以能爲百谷王者，以其善下之也，故能爲百谷王。 是□□人之欲高民也，必以其言下之；其欲先民也，必以其身後之。 是以居上□民弗重，居前而民弗害也。 是以天下樂推而弗厭也。 不以其無爭邪？故天下莫能與之爭。(30)	江海所以爲百浴王，以其能爲百浴下，是以能爲百浴王。 聖人之才民前也，以身後之；亓才民上也，以言下之。 亓才民上也，民弗 也；亓才民前也，民弗害也。 天下樂進而弗詀。 以亓不静也，古天下莫能與之静。 (甲組簡 2-5)	□海之所以能爲百浴王者，以亓善下之，是以能爲百浴王。 是以聖人之欲上民也，必以亓言下之；亓欲先□□，必以亓身後之。 故居前而民弗害也，居上而民弗重也。 天下樂隼而弗猒也。 非以亓无諍與？故□□□□□諍。	江海所以能爲百浴□□，□亓□下之也，是以能爲百浴王。 是以耶人之欲上民也，必以亓言下之；亓欲先民也，必以亓身後之。 故居上而民弗重也，居前而民弗害。 天下皆樂誰而弗猒也。 不□亓无爭與？故天下莫能與爭。

(續 表)

王弼本	河上公本	嚴遵本	傅奕本
天下皆謂我道大，似不肖。 夫唯大，故似不肖；若肖，久矣其細也夫！ 我有三寶，持而保之： 一曰慈，二曰儉，三曰不敢爲天下先。 慈，故能勇；儉，故能廣； 不敢爲天下先，故能成器長。 今舍慈且勇，舍儉且廣，舍後且先，死矣！ 夫慈，以戰則勝，以守則固。 天將救之，以慈衛之。(67)	天下皆謂我大，似不肖。 夫唯大，故似不肖；若肖，久矣其細〔也〕夫！ 我有三寶，持而寶（保）之： 一曰慈，二曰儉，三曰不敢爲天下先。 慈，故能勇；儉，故能廣； 不敢爲天下先，故能成器長。 今捨〔其〕慈且勇，舍〔其〕儉且廣，舍〔其〕後且先，死矣！ 夫慈，以戰則勝，以守則固。 天將救之，以慈衛之。(67)	天下謂我大，似不肖。 夫唯大，故似不肖；若肖，久其小矣。 吾有三寶，持而保之： 一曰慈，二曰儉，三曰不敢爲天下先。 慈，故能勇；儉，故能廣； 不敢爲天下先，故能成器長。 今釋慈且勇，釋儉且廣，釋後且先，則死矣。 夫慈，以戰則勝，以守則固。 天將救之，以慈衛之。(28)	天下皆謂吾大，似不肖。 夫惟大，故似不肖；若肖，久矣其細也夫！ 吾有三寶，持而寶之： 一曰慈，二曰儉，三曰不敢爲天下先。 夫慈，故能勇；儉，故能廣； 不敢爲天下先，故能成器長。 今捨其慈且勇，捨其儉且廣，捨其後且先，是謂入死門。 夫慈，以陳則正，以守則固。 天將救之，以慈衛之。(67)
善爲士者不武，善戰者不怒，善勝敵者不與，善用人者爲之下。 是謂不爭之德，是謂用人之力，是謂配天，古之極。(68)	〔古之〕善爲士者不武，善戰者不怒，善勝戰 < 敵 > 者不與，善用人者爲下。 是謂不爭之德，是謂用人之力，是謂配天，古之極。(68)	善爲士者不武，善戰者不怒，善勝敵者不與，善用人者爲之下。 是謂不争之德，用人之力，是謂配天，古之極。(28)	古之善爲士者不武也，善戰者不怒，善勝敵者不爭，善用人者爲之下。 是謂不爭之德，是謂用人之力，是謂配天，古之極也。(68)
用兵有言：吾不敢爲主而爲客，不敢進寸而退尺。 是謂行無行，攘無臂，扔無敵，執無兵。 禍莫大於輕敵，輕敵幾喪吾寶。 故抗兵相加，哀者勝矣。(69)	用兵有言：吾不敢爲主而爲客，不敢進寸而退尺。 是謂行無行，攘無臂，仍無敵，執無兵。 禍莫大於輕敵，輕敵幾喪吾寶。 故抗兵相加，哀者勝矣。(69)	用兵有言：吾不敢爲主而爲客，不敢進寸而退尺。 是謂行無行，攘無臂，執無兵，仍無敵。 禍莫大於輕敵，輕敵幾喪吾寶。(29)	用兵有言曰：吾不敢爲主而爲客，不敢進寸而退尺。 是謂行無行，攘無臂，執無兵，仍無敵。 禍莫大於無敵，無敵則幾亡吾寶。 故抗兵相若，則哀者勝矣。(69)
吾言甚易知，甚易行；天下莫能知，莫能行。 言有宗，事有君。 夫唯無知，是以不我知。知我者希，則我者貴。是以聖人被褐懷玉。(70)	吾言甚易知，甚易行；天下莫能知，莫能行。 言有宗，事有君。 夫惟無知，是以不我知。知我者希，則我者貴。是以聖人被褐懷玉。(70)	吾言甚易知，甚易行；而天下莫能知，莫能行。 言有宗，事有君。 唯我無知，是以不吾知。知我者希，則我貴矣。是以聖人被褐而懷玉。(30)	吾言甚易知，甚易行；而人莫之能知，莫之能行。 言有宗，事有主。 夫惟無知，是以不吾知也。知我者稀，則我貴矣。是以聖人被褐而懷玉。(70)
知不知，上；不知知，病。 夫唯病病，是以不病。 聖人不病，以其病病，是以不病。(71)	知不知，上；不知知，病。 夫唯病病，是以不病。 聖人不病，以其病病，是以不病。(71)	知不知，上；不知知，病。 夫唯病病，是以不病。 聖人不病，以其病病，是以不病。(31)	知不知，尚矣；不知知，病矣。 夫惟病病，是以不病。 聖人之不病，以其病病，是以不吾病。(71)
民不畏威，則大威至。 無狎其所居，無厭其所生。 夫唯不厭，是以不厭。 是以聖人自知不自見，自愛不自貴。故去彼取此。(72)	民不畏威，〔則〕大威至矣。 無狹其所居，無厭其所生。 夫唯不厭，是以不厭。 是以聖人自知不自見，自愛不自貴。故去彼取此。(72)	民不畏威，則大威至。 無挾其所居，無厭其所生。 夫唯不厭，是以不厭。 是以聖人自知不自見，自愛不自貴。去彼取此。(32)	民不畏威，則大威至矣。 無狎其所居，無猒其所生。 夫惟無猒，是以無猒。 是以聖人自知而不自見，自愛而不自貴。故去彼取此。(72)
勇於敢則殺，勇於不敢則活。 此兩者，或利或害。 天之所惡，孰知其故？是以聖人猶難之。 天之道，不爭而善勝，不言而善應， 不召而自來，繟然而善謀。 天網恢恢，疏而不失。(73)	勇於敢則殺，勇於不敢則活。 〔知〕此兩者，或利或害。 天之所惡，孰知其故？是以聖人猶難之。 天之道，不爭而善勝，不言而善應， 不召而自來，繟然而善謀。 天網恢恢，踈而不失。(73)	勇於敢則殺，勇於不敢則活。 常知此兩者，或利或害。 天之所惡，孰知其故？ 天之道，不争而善勝，不言而善應， 不召而自來，坦然而善謀。 天網恢恢，疏而不失。(33)	勇於敢則殺，勇於不敢則活。 此兩者，或利或害。 天之所惡，孰知其故？是以聖人猶難之。 天之道，不爭而善勝，不言而善應， 不召而自來，默然而善謀。 天網恢恢，疏而不失。(73)

漢簡本	郭店本	帛書甲本	帛書乙本
•天下皆謂我大，以不宵。 夫唯大，故不宵；若宵，久矣其細也夫！ 我恒有三葆，侍而葆之： 一曰茲，二曰斂，三曰不敢爲天下先。 茲，故能勇；斂，故能廣； 不敢爲天下先，故能爲成器長。 今舍其茲且勇，舍其斂且廣，舍其後且先，則死矣。 夫茲，以陳則正，以守則固。 天之救之，若以茲衛之。(31)		□□□□□□□□□ 夫唯□，故不宵；若宵，細久矣。 我恒有三葆之： 一曰茲，二曰檢，□□□□□□□□ □□□□□□故能廣； 不敢爲天下先，故能爲成事長。 今舍亓茲且勇，舍亓後且先，則必死矣。 夫茲，□□則勝，以守則固。 天將建之，女以茲垣之。	天下□胃我大＝而不宵。 夫唯不宵，故能大；若宵，久矣亓細也夫！ 我恒有三琛，市而琛之： 一曰茲，二曰檢，三曰不敢爲天下先。 夫茲，故能勇；檢，故能廣； 不敢爲天下先，故能爲成器長。 □舍亓茲且勇，舍亓檢且廣，舍亓後且先，則死矣。 夫茲，以單則朕，以守則固。 天將建之，如以茲垣之。
•善爲士者不武，善戰者不怒，善勝適者弗與，善用人者爲之下。 是謂不爭之德，是謂用人，是謂肥天，古之極。(32)		善爲士者不武，善戰者不怒，善勝敵者弗□，善用人者爲之下。 □胃不静之德，是胃用人，是胃天，古之極也。	故善爲士者不武，善單者不怒，善朕敵者弗與，善用人者爲之下。 是胃不爭□德，是胃用人，是胃肥天，古之極也。
•用兵有言曰：吾不敢爲主而爲客，不敢進寸而退尺。 是謂行無行，攘無臂，執無兵，乃無適。 禍莫大於無＝適＝則幾亡吾葆矣。 故亢兵相若，則哀者勝矣。(33)		•用兵有言曰：吾不敢爲主而爲客，吾不進寸而芮尺。 是胃行无行，襄无臂，執无兵，乃无敵矣。 𢕟莫於於无＝適＝斤亡吾吾葆矣。 故稱兵相若，則哀者勝矣。	用兵又言曰：吾不敢爲主而爲客，不敢進寸而退尺。 是胃行无行，攘无臂，執无兵，乃无敵。 禍莫大於無＝敵＝近〇亡吾琛矣。 故抗兵相若，而依者朕□。
•吾言甚易智，甚易行；而天下莫之能智，莫之能行。 言有宗，事有君。 夫唯無智，是以不吾智＝我者希，則我貴矣。是以聖人被褐而懷玉。(34)		吾言甚易知也，甚易行也；而人莫之能知也，而莫之能行也。 言有君，事有宗。 亓唯无知也，是以不□□□□□□□我貴矣。是以聖人被褐而褱玉。	吾言易知也，易行也；而天下莫之能知也，莫之能行也。 夫言又宗，事又君。 夫唯无知也，是以不我知＝者希，則我貴矣。是以耶人被褐而褱玉。
•智不智，上矣；不智＝，病矣。 夫唯病＝，是以不病。 聖人□□病，以其不病□□□□不病。(35)		知不知，尚矣；不＝知＝，病矣。 是以聖人之不病，以亓□□□□□□□	知不知，尚矣；不知＝，病矣。 是以耶人之不□也，以亓病＝也，是以不病。
【•】□不畏威，則大威至矣。 毋柙其所居，毋厭其□生。 夫唯弗厭，是以不厭。 是以聖人自智而不自見也，自愛而不自貴也。故去被取此。(36)		□□□畏＝，則大□□□矣。 •毋閘亓所居，毋猒亓所生。 亓唯弗猒，是□□ □□□□□□□□□□□□□ 而不自貴也。故去被取此。	民之不畏＝，則大畏將至矣。 毋伊亓所居，毋猒亓所生。 夫唯弗猒，是以不猒。 是以耶人自知而不自見也，自愛而不自貴也。故去罷而取此。
•勇於敢則殺，勇於不敢則枯。 此兩者，或利或害。 天之所惡，孰智其故？ 天之道，不爭而善勝，不言善應， 弗召自來，䵷然善謀。 天罔怪＝，疏而不失。(37)		•勇於敢者□□□於不敢者則栝。□□□□□□□ □□□□□□□□ □□□□□□□□不言而善應， 不召而自來，彈而善謀。 □□□□□□□□	勇於敢則殺，勇於不敢則栝。 □兩者，或利或害。 天之所亞，孰知亓故？ 天之道，不單而善朕，不言而善應， 弗召而自來，單而善謀。 天罔经＝，疏而不失。

(續 表)

王弼本	河上公本	嚴遵本	傅奕本
民不畏死，奈何以死懼之？ 若使民常畏死，而爲奇者，吾得執而殺之，孰敢？ 常有司殺者殺，夫代司殺者殺，是謂代大匠斲。 夫代大匠斲者，希有不傷其手矣。(74)	民不畏死，奈何以死懼之？ 若使民常畏死，而爲奇者，吾得執而殺之，孰敢？ 常有司殺者，夫代司殺者，是謂代大匠斲。 夫代大匠斲者，希有不傷〔其〕手矣。(74)	民不畏死，奈何以死懼之？ 若使民常畏死，而爲奇者，吾得執而殺之，夫孰敢矣？ 常有司殺者殺，而代司殺者殺，是代大匠斲。 夫代大匠斲，希不傷其手。(34)	民常不畏死，如之何其以死懼之？ 若使民常畏死，而爲奇者，吾得而殺之，孰敢也？ 常有司殺者殺，而代司殺者殺，是代大匠斲。 夫代大匠斲者，稀不自傷其手矣。(74)
民之饑，以其上食税之多，是以饑。 民之難治，以其上之有爲，是以難治。 民之輕死，以其求生之厚，是以輕死。 夫唯無以生爲者，是賢於貴生。(75)	民之飢，以其上食税之多，是以飢。 民之難治，以其上之有爲，是以難治。 民之輕死，以其求生之厚，是以輕死。 夫唯無以生爲者，是賢於貴生。(75)	人之飢也，上食税之多，是以飢。 百姓難治，以上有爲，是以不治。 民之輕死，求生之厚，是以輕死。 無以生爲，是賢於貴生。(35)	民之飢者，以其上食税之多也，是以飢。 民之難治者，以其上之有爲也，是以難治。 民之輕死者，以其上求生生之厚也，是以輕死。 夫惟無以生爲貴者，是賢於貴生也。(75)
人之生也柔弱，其死也堅强。 萬物草木之生也柔脆，其死也枯槁。 故堅强者死之徒，柔弱者生之徒。 是以兵强則不勝，木强則兵。 强大處下，柔弱處上。(76)	人之生也柔弱，其死也堅强。 萬物草木之生也柔脆，其死也枯槁。 故堅强者死之徒，柔弱者生之徒。 是以兵强則不勝，木强則共。 强大處下，柔弱處上。(76)	人之生也柔弱，其死也堅强。 草木之生柔脆，其死枯槁。 故堅强者死之徒，柔弱者生之徒。 故兵强不勝，木强則共。 强大處下，小弱處上。(36)	人之生也柔弱，其死也堅彊。 草木之生也柔脆，其死也枯槁。 故堅彊者死之徒也，柔弱者生之徒也。 是以兵彊者則不勝，木彊則共。 故堅彊處下，柔弱處上。(76)
天之道，其猶張弓與？ 高者抑之，下者舉之，有餘者損之，不足者補之。 天之道，損有餘而補不足。人之道則不然，損不足以奉有餘。 孰能有餘以奉天下？唯有道者。 是以聖人爲而不恃，功成而不處，其不欲見賢。(77)	天之道，其猶張弓乎？ 高者抑之，下者舉之，有餘者損之，不足者與（益）之。 天之道，損有餘而補不足。人之道則不然，損不足以奉有餘。 孰能有餘以奉天下？唯有道者。 是以聖人爲而不恃，功成而不處，其不欲見賢。(77)	天之道，其猶張弓。 高者案之，下者舉之，有餘者損之，不足者補之。 天之道，損有餘，補不足。人之道則不然，損不足，奉有餘。 孰能損有餘而奉天下？唯有道者。 是以聖人爲而不恃，成功不居，不欲見賢。(37)	天之道，其猶張弓者歟？ 高者抑之，下者舉之，有餘者損之，不足者補之。 天之道，損有餘而補不足。人之道則不然，損不足以奉有餘。 孰能損有餘而奉不足於天下者？其惟道者乎？ 是以聖人爲而不恃，功成而不居，其不欲見賢邪。(77)
天下莫柔弱於水，而攻堅强者莫之能勝，其無以易之。 弱之勝强，柔之勝剛，天下莫不知，莫能行。 是以聖人云：受國之垢，是謂社稷主； 受國不祥，是爲天下王。正言若反。(78) 和大怨，必有餘怨，安可以爲善？ 是以聖人執左契，而不責於人。 有德司契，無德司徹。天道無親，常與善人。(79)	天下柔弱莫過於水，而攻堅强者莫知〈之〉能勝，其無以易之。 弱之勝强，柔之勝剛，天下莫不知，莫能行。 故聖人云：受國之垢，是謂社稷主； 受國之不祥，是謂天下王。正言若反。(78) 和大怨，必有餘怨，安可以爲善？ 是以聖人執左契，而不責於人。 有德司契，無德司徹。天道無親，常與善人。(79)	天下莫柔弱於水，而攻堅强者莫之能先，其無以易之矣。 夫水之勝强，柔之勝剛，天下莫不知，莫之能行。 聖人言云：受國之垢，是謂社稷之主； 受國不祥，是謂天下之王。正言若反。 和大怨，必有餘怨，安可以爲善？ 是以聖人執左契，不以責於人。 有德司契，無德司轍。天道無親，常與善人。(38)	天下莫柔弱於水，而攻堅彊者莫之能先，以其無以易之也。 柔之勝剛，弱之勝彊，天下莫不知，而莫之能行。 故聖人之言云：受國之垢，是謂社稷之主； 受國之不祥，是謂天下之主。正言若反也。(78) 和大怨，必有餘怨，安可以爲善？ 是以聖人執左契，而不責於人。 故有德司契，無德司徹。天道無親，常與善人。(79)

漢簡本	郭店本	帛書甲本	帛書乙本
•民恒不畏死，奈何其以殺懼之也？ 若使民恒不畏死，而爲畸者，吾得而殺之，夫孰敢矣？ 恒有司殺者，夫代司殺者殺，是代大匠斲也。 夫代大匠斲者，希不傷其手矣。(38)		□□□□□□□奈何以殺思之也？ 若民恒是死，則而爲者，吾將得而殺之，夫孰敢矣？ 若民□□必畏死，則恒有司殺者。夫伐司殺者殺，是伐大匠斲也。 夫伐大匠斲者，則□不傷亓手矣。	若民恒且畏不畏死，若何以殺曜之也？ 使民恒且畏死，而爲畸者，□得而殺之，夫孰敢矣？ 若民恒且必畏死，則恒又司殺者。夫代司殺者殺，是代大匠斲。 夫代大匠斲，則希不傷亓手。
•人之飢也，以其取食脱之多也，是以飢。 百姓之不治也，以上之有以爲也，是以不治。 民之輕死也，以其生之厚也，是以輕死。 夫唯無以生爲，是賢貴生也。(39)		•人之飢也，以亓取食连之多也，是以飢。 百姓之不治也，以亓上有以爲□，是以不治。 •民之巠死，以亓求生之厚也，是以巠死。 夫唯无以生爲者，是賢貴生。	人之飢也，以亓取食跳之多，是以飢。 百生之不治也，以亓上之有以爲也，□以不治。 民之輕死也，以亓求生之厚也，是以輕死。 夫唯无以生爲者，是賢貴生。
•人之生也柔弱，其死也倰信堅强。 萬物草木之生也柔弱，其死也苦蒿。 故堅强者死之徒也，柔弱者生之徒也。 是以兵强則不勝，木强則核。 故强大居下，柔弱居上。(40)		•人之生也柔弱，亓死也䏈仞賢强。 萬物草木之生也柔脆，亓死也椊薧。 故曰：堅强者死之徒也，柔弱微細生之徒也。 兵强則不勝，木强則恒。 强大居下，柔弱微細居上。	人之生也柔弱，亓死也髄信堅强。 萬□□木之生也柔椊，亓死也棟槁。 故曰：堅强死之徒也，柔弱生之徒也。 □以兵强則不朕，木强則兢。 故强大居下，柔弱居上。
•天之道，猶張弓者也。 高者抑之，下者舉之，有餘者損之，不足者輔之。 天之□，損有餘而奉不足。人之道不然，損不足而奉有餘。 孰能有餘而有取奉於天者？唯有道者也。 是以聖人爲而弗有，成功而弗居，其欲不見賢也。(41)		天下□□□□□□者也。 高者印之，下者舉之，有餘者敗之，不足者補之。 故天之道，敗有□□□□□。□□□不然，敗□□□奉有餘。 孰能有餘而有以取奉於天者乎？□□□□□ □□□□□□□□□□□□□□□ □□□□□□見賢也。	天之道，酉張弓也。 高者印之，下者舉之，有余者云之，不足者□□。 □□□□云有余而益不足。人之道，云不足而奉又余。 夫孰能又余而□□奉於天者？唯又道者乎？ 是以耶人爲而弗又，成功而弗居也，若此亓不欲見賢也。
•天下莫柔弱於水，而功堅强者莫之能失也，以其無以易之也。 故水之勝剛，弱之勝强，天下莫弗智，而莫能居，莫能行。 故聖人之言云：受國之詢，是謂社稷之主； 受國之不恙，是謂天下之王。 正言若反。 和大怨，必有餘怨，安可以爲善？ 是以聖人執左契，而不以責於人。 故有德司契，無德司肆。天道無親，恒與善人。(42)		天下莫柔□□□，□□堅强者莫之能□也，以亓无□易□ □□□□□□勝强，天□□□□□□□□行也。 故聖人之言云：曰受邦之詢，是胃社稷之主； 受邦之不祥，是胃天下之王。 □□若反。 和大怨，必有餘怨，焉可以爲善？ 是以聖右介，而不以責於人。 故有德司介，□德司徹。夫天道无親，恒與善人。	天下莫柔弱於水，□□□□□ □□□□以亓无以易之也。 水之朕剛也，弱之朕强也，天下莫弗知也，而□□□□也。 是故耶人之言云：曰受國之詢，是胃社稷之主； 受國之不祥，是胃天下之王。 正言若反。 禾大□□□□□□□□□爲善？ 是以耶人執左芥，而不以責於人。 故又德司芥，无德司徹。□□ □□□□□□ 德 三千卌一

（續 表）

王弼本	河上公本	嚴遵本	傅奕本
小國寡民。使有什伯之器而不用，使民重死而不遠徙。 雖有舟輿，無所乘之； 雖有甲兵，無所陳之。使人復結繩而用之。 甘其食，美其服，安其居，樂其俗。 鄰國相望，雞犬之聲相聞，民至老死不相往來。（80）	小國寡民。使〔民〕有什伯，人之器而不用，使民重死而不遠徙。 雖有舟轝（輿），無所乘之； 雖有甲兵，無所陳之。使民復結繩而用之。 甘其食，美其服，安其居，樂其俗。 鄰國相望，雞狗之聲相聞，民至老〔死〕不相往來。（80）	小國寡民。使人有什伯之器而不用，使民重死而不遠徙。 雖有舟輿，無所乘之； 雖有甲兵，無所陳之。使人結繩而用之。 甘其食，美其服，樂其俗，安其居。 鄰國相望，雞犬之聲相聞，民至老死不相往來。（39）	小國寡民。使民有什伯之器而不用也，使民重死而不遠徙。 雖有舟輿，無所乘之； 雖有甲兵，無所陳之。使民復結繩而用之。 至治之極，民各甘其食，美其服，安其俗，樂其業。 鄰國相望，雞犬之聲相聞，使民至老死不相與往來。（80）
信言不美，美言不信； 善者不辯，辯者不善； 知者不博，博者不知。 聖人不積，既以爲人，己愈有；既以與人，己愈多。 天之道，利而不害；聖人之道，爲而不爭。（81）	信言不美，美言不信； 善者不辯，辯者不善； 知者不博，博者不知。 聖人不積，既以爲人，己愈有；既以與人，己愈多。 天之道，利而不害；聖人之道，爲而不爭。（81）	信言不美，美言不信； 知者不博，博者不知； 善者不辯，辯者不善。 是故聖人不積，既以爲人，己愈有；既以與人，己愈多。 天之道，利而不害；聖人之道，爲而不争。（40）	信言不美，美言不信； 善言不辯，辯言不善； 知者不博，博者不知。 聖人無積，既以爲人，己愈有；既以與人，己愈多。 天之道，利而不害；聖人之道，爲而不爭。（81）

漢簡本	郭店本	帛書甲本	帛書乙本
• 小國寡民。使有什佰人之氣而勿用，使民重死而遠徙。 有舟車，無所乘之； 有甲兵，無所陳之。使民復結繩而用之。 甘其食，美其服，樂其俗，安其居。 鄰國相盟，雞狗之音相聞，民至老而死不相往來。(43)		• 小邦寡民。使十百人之器毋用，使民重死而遠送。 有車周，无所乘之； 有甲兵，无所陳□□□□□□□用之。 甘亓食，美亓服，樂亓俗，安亓居。 㗊邦相塱，雞狗之聲相聞，民□□□□□□□	小國寡民。使有十百人器而勿用，使民重死而遠徙。 又周車，无所乘之； 有甲兵，无所陳之。使民復結繩而用之。 甘亓食，美亓服，樂亓俗，安亓居。 哭國相塱，雞犬之□□聞，民至老死不相往來。
• 信言不美＝言不信； 智者不博＝者不智； 善者不辯＝者不善。 聖人無責，氣以爲人，己俞有；氣以予人，己俞多。 天之道，利而弗害；人之道，爲而弗爭也。 • 凡二千九百卌二(44)		□□□□□□不□； □者不博，□者不知； 善□□□□者不善。 • 聖人无□，□以爲……	信言不美＝言不信； 知者不博＝者不知； 善者不多＝者不善。 耶人无積，既以爲人，己俞有；既以予人矣，己俞多。 故天之道，利而不害；人之道，爲而弗爭。

（續 表）

王弼本	河上公本	想爾注本	傅奕本
道可道，非常道；名可名，非常名。 無名，天地之始；有名，萬物之母。 故常無欲，以觀其妙；常有欲，以觀其徼。 此兩者同出而異名，同謂之玄。玄之又玄，衆妙之門。(1)	道可道，非常道；名可名，非常名。 無名，天地之始；有名，萬物之母。 故常無欲，以觀其妙；常有欲，以觀其徼。 此兩者同出而異名，同謂之玄。玄之又玄，衆妙之門。(1)		道可道，非常道；名可名，非常名。 無名，天地之始；有名，萬物之母。 故常無欲，以觀其妙；常有欲，以觀其徼。 此兩者同出而異名，同謂之玄。玄之又玄，衆妙之門。(1)
天下皆知美之爲美，斯惡已；皆知善之爲善，斯不善已。 故有無相生，難易相成，長短相較，高下相傾，音聲相和，前後相隨。 是以聖人處無爲之事，行不言之教。 萬物作焉而不辭，生而不有，爲而不恃，功成而弗居。夫唯弗居，是以不去。(2)	天下皆知美之爲美，斯惡已；皆知善之爲善，斯不善已。 故有無相生，難易相成，長短相形，高下相傾，音聲相和，前後相隨。 是以聖人處無爲之事，行不言之教。 萬物作焉而不辭，生而不有，爲而不恃，功成而弗居。夫惟弗（不）居，是以不去。(2)		天下皆知美之爲美，斯惡已；皆知善之爲善，斯不善已。 故有無之相生，難易之相成，長短之相形，高下之相傾，音聲之相和，前後之相隨。 是以聖人處無爲之事，行不言之教。 萬物作而不爲始，生而不有，爲而不恃，功成不處。夫惟不處，是以不去。(2)
不尚賢，使民不爭；不貴難得之貨，使民不爲盜；不見可欲，使民心不亂。 是以聖人之治，虛其心，實其腹，弱其志，强其骨。 常使民無知無欲，使夫智者不敢爲也。爲無爲，則無不治。(3)	不尚賢，使民不爭；不貴難得之貨，使民不爲盜；不見可欲，使心不亂。 是以聖人〔之〕治，虛其心，實其腹，弱其志，强其骨。 常使民無知無欲，使夫智者不敢爲也。爲無爲，則無不治。(3)	……不見可欲，使心不亂。 聖人治，靈其心，實其腹，弱其志，强其骨。 常使民无知无欲，使知者不敢、不爲，則無不治。	不尚賢，使民不爭；不貴難得之貨，使民不爲盜；不見可欲，使民心不亂。 是以聖人之治也，虛其心，實其腹，弱其志，彊其骨。 常使民無知無欲，使夫知者不敢爲。爲無爲，則無不爲矣。(3)
道沖而用之，或不盈。淵兮似萬物之宗。 挫其銳，解其紛，和其光，同其塵。湛兮似或存。 吾不知誰之子，象帝之先。(4)	道沖而用之，或不盈。淵乎似萬物之宗。 挫其銳，解其紛，和其光，同其塵。湛兮似若存。 吾不知誰之子，象帝之先。(4)	道沖而用之，又不盈。淵似萬物之宗。 挫其銳，解其忿，和其光，同其塵。湛似常存。 吾不知誰子，象帝之先。	道盅而用之，又不滿。淵兮似萬物之宗。 挫其銳，解其紛，和其光，同其塵。湛兮似或存。 吾不知誰之子，象帝之先。(4)
天地不仁，以萬物爲芻狗；聖人不仁，以百姓爲芻狗。 天地之間，其猶橐龠乎？虛而不屈，動而愈出。 多言數窮，不如守中。(5)	天地不仁，以萬物爲芻狗；聖人不仁，以百姓爲芻狗。 天地之間，其猶橐籥乎？虛而不屈，動而愈出。 多言數窮，不如守中。(5)	天地不仁，以萬物爲芻苟；聖人不仁，以百姓爲芻苟。 天地之間，其猶橐蘥。虛而不屈，動而愈出。 多言數窮，不如守中。	天地不仁，以萬物爲芻狗；聖人不仁，以百姓爲芻狗。 天地之間，其猶橐籥乎？虛而不詘，動而俞出。 多言數窮，不如守中。(5)
谷神不死，是謂玄牝。玄牝之門，是謂天地根。 緜緜若存，用之不勤。(6) 天長地久。天地所以能長且久者，以其不自生，故能長生。 是以聖人後其身而身先，外其身而身存。非以其無私邪？故能成其私。(7)	谷神不死，是謂玄牝。玄牝之門，是謂天地根。 綿綿若存，用之不勤。(6) 天長地久。天地所以能長且久者，以其不自生，故能長生。 是以聖人後其身而身先，外其身而身存。非以其無私邪(耶)？故能成其私。(7)	谷神不死，是謂玄牝。玄牝門，天地根。 綿綿若存，用之不勤。 天長地久。天地所以能長久者，以其不自生，故能長久。 是以聖人後其身而身先，外其身而身存。以其无尸，故能成其尸。	谷神不死，是謂玄牝。玄牝之門，是謂天地之根。 綿綿若存，用之不勤。(6) 天長地久。天地所以能長且久者，以其不自生，故能長生。 是以聖人後其身而身先，外其身而身存。不以其無私邪？故能成其私。(7)

漢簡本	郭店本	帛書甲本	帛書乙本
•道可道，非恒道殹；名可命，非恒名也。 無名，萬物之始也；有名，萬物之母也。 故恒無欲，以觀其眇；恒有欲，以觀其所僥。 此兩者同出，異名同謂。玄之有玄之，眾眇之門。(45)		•道可道也，非恒道也；名可名也，非恒名也。 无名，萬物之始也；有名，萬物之母也。 □恒无欲也，以觀其眇；恒有欲也，以觀其所噭。 兩者同出，異名同胃。玄之有玄，眾眇之□。	道可道也□□□□ □□□□□恒名也。 无名，萬物之始也；有名，萬物之母也。 故恒无欲也，□□□□；恒又欲也，以觀亓所噭。 兩者同出，異名同胃。玄之又玄，眾眇之門。
•天下皆智美之爲美，亞已；皆智善之爲善，斯不善矣。 故有無之相生，難易之相成，短長之相刑，高下之相頃，言聲之相和，先後之相隨。 是以聖人居無爲之事，行不言之教。 萬物作而弗辭，爲而弗侍，成功而弗居。夫唯弗居，是以弗去。(46)	天下皆智散之爲媺也，亞已；皆智善，此亓不善已。 又亡之相生也，難惕之相成也，長耑之相型也，高下之相涅也，音聖之相和也，先後之相墮也。 是以聖人居亡爲之事，行不言之孿。 萬勿隻而弗杙也，爲而弗志也，成而弗居。天唯弗居也，是以弗去也。(甲組簡15-18)	天下皆知美爲美，惡已；皆知善，訾不善矣。 有无之相生也，難易之相成也，長短之相刑也，高下之相盈也，意聲之相和也，先後之相隋，恒也。 是以聲人居无爲之事，行□□□□ □□□□□□也，爲而弗志也，成功而弗居也。夫唯居，是以弗去。	天下皆知美之爲美，亞已；皆知善，斯不善矣。 □□□□生也，難易之相成也，長短之相刑也，高下之相盈也，音聲之相和也，先後之相隋，恒也。 是以耶人居无爲之事，行不言之教。 萬物昔而弗始，爲而弗侍也，成功而弗居也。夫唯弗居，是以弗去。
•不上賢，使民不爭；不貴難得之貨，使民不爲盜；不見可欲，使心不亂。 是以聖人之治也，虛其心，實其腹，弱其志，强其骨。 恒使民無智無欲，使夫智不敢、弗爲，則無不治矣。(47)		不上賢□□□□□□□□□□□ □民不爲□不□□□□民不乚。 是以聲人之□□□□□□□□ □□□强其骨。 恒使民无知无欲也，使□□□ □□□□□□□□□□	不上賢，使民不爭；不貴難得之貨，使民不爲盜；不見可欲，使民不乚。 是以耶人之治也，虛亓心，實亓腹，弱亓志，强亓骨。 恒使民无知无欲也，使夫知不敢、弗爲而已，則无不治矣。
•道沖而用之，有弗盈。淵旖，佁萬物之宗。 椊其脫，解其紛，和其光，同其袗。湛旖佁或存。 吾不智其誰子，象帝之先。(48)		□□□□□□□盈也。潚呵，始萬物之宗。 銼其，解其紛，和其光，同□ □□□□或存。 吾不知□子也，象帝之先。	道沖而用之，有弗盈也。淵呵，佁萬物之宗。 銼亓兑，解亓芬，和亓光，同亓塵。湛呵佁或存。 吾不知亓誰之子也，象帝之先。
•天地不仁，以萬物爲芻狗；聖人不仁，以百姓爲芻狗。 天地之閒，其猶橐籥虖？虛而不屈，動而揄出。 多聞數窮，不若守於中。(49)	天埅之刎，亓猷囯籊與？虛而不屈，邎而愈出。(甲組簡23)	天地不仁，以萬物爲芻狗；聲人不仁，以百省□□狗。 天地□閒，□猶橐籥輿？虛而不淈，蹱而俞出。 多聞數窮，不若守於中。	天地不仁，以萬物爲芻狗；耶人不仁，□百姓爲芻狗。 天地之閒，亓猷橐籥輿？虛而不淈，動而俞出。 多聞數窮，不若守於中。
•谷神不死，是謂玄=牝=之門，是謂天地之根。 緜虖若存，用之不墐。 天長地久。天地之所以能長且久者，以其不自生也，故能長生。 是以聖人後其身而身先，外其身而身存。不以其無私虖？故能成其私。(50)		浴神□死，是胃玄=牝=之門，是胃□地之根。 緜=呵若存，用之不堇。 天長地久。天地之所以能□且久者，以其不自生也，故能長生。 是以聲人芮其身而身先，外其身而身存。不以其无□輿？故能成其□。	浴神不死，是胃玄=牝=之門，是胃天地之根。 緜=呵亓若存，用之不堇。 天長地久。天地之所以能長且久者，以亓不自生也，故能長生。 是以耶人退亓身而身先，外亓身而身先，外亓身而身存。不以亓无私輿？故能成亓私。

（續 表）

王弼本	河上公本	想爾注本	傅奕本
上善若水。水善利萬物而不爭。處衆人之所惡，故幾於道。居善地，心善淵，與善仁，言善信，正善治，事善能，動善時。夫唯不爭，故無尤。(8)	上善若水。水善利萬物而不爭。處衆人之所惡，故幾於道。居善地，心善淵，與善仁，言善信，正善治，事善能，動善時。夫唯不爭，故無尤。(8)	上善若水。水善利萬物，又不爭。處衆人之所惡，故幾於道。居善地，心善淵，與善仁，言善信，政善治，事善能，動善時。夫唯不爭，故无尤。	上善若水。水善利萬物而不争。居衆人之所惡，故幾於道矣。居善地，心善淵，與善人，言善信，政善治，事善能，動善時。夫惟不爭，故無尤矣。(8)
持而盈之，不如其已。揣而梲之，不可長保。金玉滿堂，莫之能守。富貴而驕，自遺其咎。功遂身退，天之道。(9)	持而盈之，不如其已。揣而鋭之，不可長保。金玉滿堂，莫之能守。富貴而驕，自遺其咎。功成，名遂，身退，天之道。(9)	持而滿之，不若其已。揣而悅之，不可長寶。金玉滿室，莫之能守。富貴而驕，自遺咎。名成，功遂，身退，天之道。	持而盈之，不如其已。敠而梲之，不可長保。金玉滿室，莫之能守。富貴而驕，自遺其咎。成名，功遂，身退，天之道。(9)
載營魄抱一，能無離乎？專氣致柔，能嬰兒乎？滌除玄覽，能無疵乎？愛民治國，能無知乎？天門開闔，能無雌乎？明白四達，能無爲乎？生之畜之，生而不有，爲而不恃，長而不宰，是謂玄德。(10)	載營魄抱一，能無離。專氣致柔，能嬰兒。滌除玄覽，能無疵。愛民治國，能無知（爲）。天門開闔，能無（爲）雌。明白四達，能無知。生之畜之，生而不有，爲而不恃，長而不宰，是謂玄德。(10)	載營魄抱一，能無離。專氣致柔，能嬰兒。滌除玄覽，能无疵。愛民治國，而无知。明白四達，而无爲。天地開闔，而爲雌。生之畜之，生而不有，爲而不恃，長而不宰，是謂玄德。	載營魄裦一，能無離乎？專氣致柔，能如嬰兒乎？滌除玄覽，能無疵乎？愛民治國，能無以知乎？天門開闔，能爲雌乎？明白四達，能無以爲乎？生之畜之，生而不有，爲而不恃，長而不宰，是謂玄德。(10)
三十輻共一轂，當其無，有車之用。埏埴以爲器，當其無，有器之用。鑿戶牖以爲室，當其無，有室之用。故有之以爲利，無之以爲用。(11)	三十輻共一轂，當其無，有車之用。埏埴以爲器，當其無，有器之用。鑿戶牖以爲室，當其無，有室之用。故有之以爲利，無之以爲用。(11)	卅輻共一轂，當其无，有車之用。埏埴爲器，當其无，有器之用。鑿戶牖以爲室，當其无，有室之用。有之以爲利，无之以爲用。	三十輻共一轂，當其無，有車之用。埏埴以爲器，當其無，有器之用。鑿戶牖以爲室，當其無，有室之用。故有之以爲利，無之以爲用。(11)
五色令人目盲，五音令人耳聾，五味令人口爽，馳騁畋獵令人心發狂，難得之貨令人行妨。是以聖人爲腹不爲目，故去彼取此。(12)	五色令人目盲，五音令人耳聾，五味令人口爽，馳騁田獵令人心發狂，難得之貨令人行妨。是以聖人爲腹不爲目，故去彼取此。(12)	五色令人目盲，五音令人耳聾，五味令人口爽，馳騁田獦令人心發狂，難得之貨令人行妨。是以聖人爲腹不爲目，故去彼取此。	五色令人目盲，五音令人耳聾，五味令人口爽，馳騁田獵令人心發狂，難得之貨令人行妨。是以聖人爲腹不爲目，故去彼取此。(12)
寵辱若驚，貴大患若身。何謂寵辱若驚？寵爲下，得之若驚，失之若驚，是謂寵辱若驚。何謂貴大患若身？吾所以有大患者，爲吾有身；及吾無身，吾有何患？故貴以身爲天下，若可寄天下；愛以身爲天下，若可託天下。(13)	寵辱若驚，貴大患若身。何謂寵辱？〔寵爲上〕，辱爲下，得之若驚，失之若驚，是謂寵辱若驚。何謂貴大患若身？吾所以有大患者，爲吾有身；及吾無身，吾有何患？故貴以身爲天下者，則可寄於天下；愛以身爲天下者，乃可以託於天下。(13)	寵辱若驚，貴大患若身。何謂寵辱爲下？得之若驚，失之若驚，是謂寵辱若驚。何謂貴大患若身？吾所以有大患，爲我有身；及我无身，吾有何患？故貴以身於天下，〔若可託天下〕；愛以身爲天下，若可寄天下。	寵辱若驚，貴大患若身。何謂寵辱若驚？寵爲下，得之若驚，失之若驚，是謂寵辱若驚。何謂貴大患若身？吾所以有大患者，爲吾有身；苟吾無身，吾有何患乎？故貴以身爲天下者，則可以託天下矣；愛以身爲天下者，則可以寄天下矣。(13)

漢簡本	郭店本	帛書甲本	帛書乙本
•上善如水＝善利萬物而有爭。 眾人之所惡，故幾於道矣。 居善地，心善淵，予善天，言善信，正善治，事善能，動善時。 夫唯不爭，故無尤。（51）		上善治水＝善利萬物而有靜。 居眾之所惡，故幾於道矣。 居善地，心善潚，予善信，正善治，事善能，踵善時。夫唯不靜，故无尤。	上善如水＝善利萬物而有爭。 居眾人之所亞，故幾於道矣。 居善地，心善淵，予善天，言善信，正善治，事善能，動善時。 夫唯不爭，故无尤。
•持而盈之，不如其已。梪而允之，不可長葆。 金玉盈室，莫能守。富貴而驕，自遺咎。 功遂身退，天之道也。（52）	朱而涅之，不不若已。湍而羣之，不可長保也。 金玉涅室，莫能獸也。貴福喬，自遺咎也。 攻述身退，天之道也。 （甲組簡 37-39）	㨁而盈之不□□□□□□□之，□可長葆之。 金玉盈室，莫之守也。貴富而驕，自遺咎也。 功述身芮，天□□□。	㨁而盈之，不若亓已。掓而允之，不可長葆也。 金玉□室，莫之能守也。貴富而驕，自遺咎也。 功遂身退，天之道也。
•載熒魄抱一，能毋離虖？槫氣致柔，能嬰兒虖？ 脩除玄鑑，能毋有疵虖？愛民沽國，能毋以智虖？ 天門啟閉，能爲雌虖？明白四達，能毋以智虖？ 故生之畜之，生而弗有，長而弗宰，是謂玄德。（53）		□□□□□□□□□□□□□ 能嬰兒乎？ 脩除玄藍，能毋疵乎？愛□□ □□□□□□ □□□□□□□□□□□□□ □□□□ 生之畜之，生而弗□□ □□□□□□德。	戴營袙抱一，能毋离乎？槫氣至柔，能嬰兒乎？ 脩除玄監，能毋有疵乎？愛民栝國，能毋以知乎？ 天門啟闔，能爲雌乎？明白四達，能毋以知乎？ 生之畜之，生而弗有，長而弗宰也，是胃玄德。
•卅輻同一轂，當其無，有車之用也。 挻殖器，當其無，有殖器之用也。 鑿戶牖，當其無，有室之用也。 故有之以爲利，無之以爲用。（54）		卅□□□□□其无，□□之用□。 然埴爲器，當其无，有埴器□□□ □□□當其无，有□之用也。 故有之以爲利，无之以爲用。	卅楅同一轂，當亓无，有車之用也。 𡐨埴而爲器，當亓无，有埴器之用也。 鑿戶牖，當亓无，有室之用也。 故有之以爲利，无之以爲用。
•五色令人目眊，敺騁田獵令人心發狂，難得之貨令人行方，五味令人之口爽，五音令人之耳聾。 是以聖人爲腹不爲目，故去被取此。（55）		五色使人目明，馳騁田臘使人□□□，難得之價使人之行方，五味使人之口㗅，五音使人之耳聾。 是以聲人之治也，爲腹不□□，故去罷耳此。	五色使人目盲，馳騁田臘使人心發狂，難得之貨○使人之行仿，五味使人之口爽，五音使人之耳□。 是以耶人之治也，爲腹而不爲目，故去彼而取此。
•寵辱若□，貴大患若身。 何謂寵辱？寵爲下，是謂寵辱。得之若驚，失之若驚，是謂寵辱若驚。 何謂貴大患若身？吾所以有大患者，爲吾有身；及吾無身，吾有何患？ 故貴以身爲天下，若可以橐天下；愛以身爲天下，若可以寄天下。（56）	㥵辱若纓，貴大患若身。 可胃㥵辱？㥵爲下也，导之若纓，遊之若纓，是胃㥵辱纓。 □□□□□若身？虗所以又大患者，爲虗又身；返虗亡身，或可□□ □□□□爲天下，若可以厇天下矣；悉以身爲天下，若可以迲天下矣。（乙組簡 5-8）	龍辱若驚，貴大梡若身。 苛胃龍辱若驚？龍之爲下，得之若驚，失□若驚，是胃龍辱若驚。 何胃貴大梡若身？吾所以有大梡者，爲吾有身也；及吾无身，有何梡？ 故貴爲身於爲天下，若可以迈天下矣；愛以身爲天下，女可以寄天下。	弄辱若驚，貴大患若身。 何胃弄辱若驚？弄之爲下也，得之若驚，失之若驚，是胃弄辱若驚。 何胃貴大患若身？吾所以有大患者，爲吾有身也；及吾無身，有何患？ 故貴爲身於爲天下，若可以橐天下□；愛以身爲天下，女可以寄天下矣。

（續 表）

王弼本	河上公本	想爾注本	傅奕本
視之不見名曰夷，聽之不聞名曰希，搏之不得名曰微。 此三者不可致詰，故混而爲一。其上不皦，其下不昧。 繩繩不可名，復歸於無物。 是謂無狀之狀，無物之象，是謂惚恍。 迎之不見其首，隨之不見其後。 執古之道，以御今之有，能知古始，是謂道紀。（14）	視之不見名曰夷，聽之不聞名曰希，搏之不得名曰微。 此三者不可致詰，故混而爲一。其上不皦，其下不昧。 繩繩不可名，復歸於無物。 是爲無狀之狀，無物之象，是謂忽恍。 迎之不見其首，隨之不見其後。 執古之道，以御今之有，以知古始，是謂道紀。（14）	視之不見名曰夷，聽之不聞名曰希，博之不得名曰微。 此三者不可致詰，故混而爲一。其上不皦，其下不忽。 蠅蠅不可名，復歸於无物。 是无狀之狀，无物之像，是謂惚慌。 迎不見其首，隨不見其後。 執古之道，以御今之有，以知古始，是謂道紀。	視之不見名曰夷，聽之不聞名曰希，摶之不得名曰微。 此三者不可致詰，故混而爲一。一者，其上之不皦，其下之不昧。 繩繩兮不可名，復歸於無物。 是謂無狀之狀，無物之象，是謂芴芒。 迎之不見其首，隨之不見其後。 執古之道，可以御今之有，能知古始，是謂道紀。（14）
古之善爲士者，微妙玄通，深不可識。 夫唯不可識，故强爲之容。 豫焉若冬涉川，猶兮若畏四鄰， 儼兮其若容，涣兮若冰之將釋，敦兮其若樸，曠兮其若谷，混兮其若濁。 孰能濁以靜之？徐清。孰能安以久動之？徐生。 保此道者不欲盈，夫唯不盈，故能蔽不新成。（15）	古之善爲士者，微妙玄通，深不可識。 夫唯不可識，故强爲之容。 與兮若冬涉川，猶兮若畏四隣， 儼兮其若客，涣兮若冰之將釋，敦兮其若朴，曠兮其若谷，渾兮其若濁。 孰能濁以〔止〕靜之？徐清。孰能安以久動之？徐生。 保此道者不欲盈，夫唯不盈，故能蔽不新成。（15）	古之善爲士者，微妙玄通，深不可識。 夫唯不可識，故彊爲之容。 豫若冬涉川，猶若畏四鄰， 儼若客，散若冰將汋，混若樸，曠若谷，肫若濁。 濁以靜之徐清，安以動之徐生。 保此道者不欲盈，夫唯不盈，能弊復成。	古之善爲道者，微妙玄通，深不可識。 夫惟不可識，故彊爲之容曰：豫兮若冬涉川，猶兮若畏四鄰， 儼若客，涣若冰將釋，敦兮其若樸，曠兮其若谷，混兮其若濁。 孰能濁以澄靖之而徐清？孰能安以久動之而徐生？ 保此道者不欲盈，夫惟不盈，是以能敝而不成。（15）
致虛，極；守靜，篤。 萬物並作，吾以觀復。 夫物芸芸，各復歸其根。歸根曰靜，是謂復命。復命曰常，知常曰明。 不知常，妄作，凶。 知常容，容乃公，公乃王，王乃天，天乃道，道乃久，没身不殆。（16）	至虛，極；守靜，篤。 萬物並作，吾以觀其復。 夫物芸芸，各復歸其根。歸根曰靜，是謂（靜曰）復命。復命曰常，知常曰明。 不知常，萎（妄）作，凶。 知常容，容乃公，公乃王，王乃天，天乃道，道乃久，没身不殆。（16）	致虛，極；守靜，篤。 萬物並作，吾以觀其復。 夫物云云，各歸其根。歸根曰靜，靜曰復命。復命曰常，知常明。 不知常，妄作，凶。 知常容，容能公，公能生，生能天，天能道，道能久，没身不殆。	致虛，極；守靖，篤。 萬物並作，吾以觀其復。 凡物䖐䖐，各歸其根。歸根曰靖，靖曰復命。復命曰常，知常曰明。 不知常，妄作，凶。 知常容，容乃公，公乃王，王乃天，天乃道，道乃久，没身不殆。（16）
太上，下知有之；其次，親而譽之；其次，畏之；其次，侮之。 信不足，焉有不信焉。悠兮其貴言。 功成事遂，百姓皆謂我自然。（17） 大道廢，有仁義；慧智出，有大僞；六親不和，有孝慈；國家昏亂，有忠臣。（18） 絶聖棄智，民利百倍；絶仁棄義，民復孝慈；絶巧棄利，盗賊無有。 此三者以爲文不足，故令有所屬。見素抱樸，少私寡欲。（19）	太上，下知有之；其次，親之譽之；其次，畏之；其次，侮之。 信不足焉，〔有不信焉〕。猶兮其貴言。 功成事遂，百姓皆謂我自然。（17） 大道廢，有仁義；智惠（慧）出，有大僞；六親不和，有孝慈；國家昏亂，有忠臣。（18） 絶聖棄智，民利百倍；絶仁棄義，民復孝慈；絶巧棄利，盗賊無有。 此三者以爲文不足，故令有所屬。見素抱樸，少私寡欲。（19）	太上，下知有之；其次，親之譽之；其次，畏之；其次，侮之。 信不足，有不信。猶其貴言。 成功事遂，百姓謂我自然。 大道廢，有仁義；智慧出，有大僞；六親不和，有孝慈；國家昏亂，有忠臣。 絶聖棄知，民利百倍；絶仁棄義，民復孝慈；絶巧棄利，盗賊无有。 此三言爲文未足，故令有所屬。見素抱樸，少私寡欲。	太上，下知有之；其次，親之；其次，譽之；其次，畏之；其次，侮之。 故信不足，焉有不信。猶兮其貴言哉。 功成事遂，百姓皆曰我自然。（17） 大道廢，焉有仁義；智慧出，焉有大僞；六親不和，有孝慈；國家昏亂，有貞臣。（18） 絶聖棄知，民利百倍；絶仁棄義，民復孝慈；絶巧棄利，盗賊無有。 此三者以爲文而未足也，故令有所屬。見素褎朴，少私寡欲。（19）

漢簡本	郭店本	帛書甲本	帛書乙本
•視而弗見，命之曰夷；聽而弗聞，命之曰希；搏而弗得，命之曰微。 參也，不可致計，故運而爲一。 參也，其上不杲，其下不没。 台＝微＝，不可命，復歸於無物。 是謂無狀之狀，無物之象，是謂没芒。 隨而不見其後，迎而不見其首。 執古之道，以御今之有，以智古以，是謂道紀。(57)		視之而弗見，名之曰聲；聽之而弗聞，名之曰希；捪之而弗得，名之曰夷。 三者不可至計，故園□□□＝者，其上不攸，其下不物。 尋＝呵，不可名也，復歸於无物。 是胃无狀之狀，无物之□□□□ □□□□□□□而不見其首。 執今之道，以御今之有，以知古始，是胃□□。	視之而弗見，□之曰微；聽之而弗聞，命之曰希；○捪之而弗得，命之曰夷。 三者不可至計，故緒而爲一＝者，亓上不謬，亓下不物。 尋＝呵，不可命也，復歸於无物。 是胃无狀之狀，无物之象，是胃沕望。 隋而不見亓後，迎而不見亓首。 執今之道，以御今之有，以知古始，是胃道紀。
•古之爲士者，微眇玄達，深不可識。 夫唯不可識，故强爲之頌曰： 就虖其如冬涉水，猶虖其如畏四鄰， 嚴虖其如客，渙虖其如冰之澤， 杶虖其如樸，沌虖其如濁，廣虖其如浴。 孰能濁以靜之？徐清。孰能安以動之？徐生。 抱此道者不欲盈，夫唯不盈，是以能敝不成。(58)	古之善爲士者，必非溺玄達，深不可志。 是以爲之頌： 夜虐□奴冬涉川，猷虐亓奴愄四哭， 敢虐亓奴客，𩃟虐亓奴懌， 屯虐亓奴樸，坉虐亓奴濁。 竺能濁以朿者，牆舍清。竺能庀以迬者，牆舍生。 保此衍者不谷尚呈。 (甲組簡8-10)	□□□□□□□□□□□深不可志。 夫唯不可志，故强爲之容曰： 與呵其若冬□□□□□□畏四□， □呵其若客，涣呵其若淩澤， □呵其若楃，湷□□□□□□□若浴。 濁而情之余清，女以重之余生。 葆此道不欲盈，夫唯不欲□□以能□□□成。	古之□爲道者，微眇玄達，深不可志。 夫唯不可志，故强爲之容曰： 與呵亓若冬涉水，猷呵亓若畏四哭， 嚴呵亓若客，涣呵亓若淩澤， 沌呵亓若樸，湷呵亓若濁，湛呵亓若浴。 濁而靜之徐清，女以重之徐生。 葆此道□□欲盈，是以能㢢而不成。
•至虛，極；積正，督。 萬物竝作，吾以觀其復。 天物云＝，各復歸其根。曰靜＝曰復＝命＝，常也；智常，明也。 不智常，忘作，兇。 智常曰容＝乃公＝乃王＝乃天＝乃道＝乃久，没而不殆。(59)	至虛，亙也；獸中，䈞也。 萬勿方复，居以須復也。 天道員＝，各復亓堇。 (甲組簡24)	至虛，極也；守情，表也。 萬物旁作，吾以觀其復也。 天物雲＝，各復歸於其□□□＝是胃復＝命＝常也，知常，明也。 不知常，巿＝作，兇。 知常容＝乃公＝乃王＝乃天＝乃道□□□，沕身不怠。	至虛，極也；守靜，督也。 萬物旁作，吾以觀亓復也。 天物袪＝，各復歸於亓根。曰靜＝是胃復＝命＝常也，知常，明也。 不知常，芒＝作，凶。 知常容＝乃公＝乃王□天＝乃道＝乃，没身不殆。
•大上，下智有之；其次，親譽之；其次，畏之；其下，母之。 信不足，安有不信。猶虖其貴言。 成功遂事，百姓曰我自然。 故大道廢，安有仁義；智慧出，安有大偽；六親不和，安有孝茲；國家捪亂，安有貞臣。 絶聖棄智，民利百倍；絶仁棄義，民復孝茲；絶巧棄利，盗賊無有。 此參言以爲文未足，故令之有所屬。見素抱樸，少私寡欲。(60)	大上，下智又之；亓即，新譽之；亓既，愄之；亓即，柔之。 訦不足，安有不訦。猷虐亓貴言也。 成事述社，而百眚曰我自肰也。 古大道𡨥，安又𢡺義；六新不和，安又孝孳；邦豪緍亂，安又正臣。 (丙組簡1-3) 𢇍智弃㝸，民利百伓；𢇍攷弃利，覜惻亡又；𢇍㥪弃慮，民复季子。 三言以爲貞不足，或命之或虐豆。視索保僕，少厶須欲。 (甲組簡1-2)	大上，下知有之；其次，親譽之；其次，畏之；其下，母之。 信不足，案有不信。□□其貴言也。 成功遂事，而百省胃我自然。 故大道廢，案有仁義；知快出，案有大偽；六親不和，案有畜茲；邦家闅乳，案有貞臣。 絶聲棄知，民利百負；絶仁棄義，民復畜茲；絶巧棄利，盗賊无有。 此三言也，以爲文未足，故令之有所屬。見素抱□□□□□	大上，下知又□；亓□，親譽之；亓次，畏之；亓下，母之。 信不足，安有不信。猷呵亓貴言也。 成功遂事，而百姓胃我自然。 故大道廢，安有仁義；知慧出，安有□□；六親不和，安又孝茲；國家闅乚，安有貞臣。 絶耶棄知，而民利百倍；絶仁棄義，而民復孝茲；絶巧棄利，盗賊无有。 此三言也，以爲文未足，故令之有所屬。見素抱樸，少□而寡欲。

（續 表）

王弼本	河上公本	想爾注本	傅奕本
絶學無憂。唯之與阿，相去幾何？善之與惡，相去若何？ 人之所畏，不可不畏。 荒兮，其未央哉！衆人熙熙，如享太牢，如春登臺。 我獨泊兮其未兆，如嬰兒之未孩。儽儽兮，若無所歸。 衆人皆有餘，而我獨若遺。我愚人之心也哉！沌沌兮！ 俗人昭昭，我獨昏昏；俗人察察，我獨悶悶。 澹兮其若海，飂兮若無止。 衆人皆有以，而我獨頑似鄙。我獨異於人，而貴食母。(20)	絶學無憂。唯之與阿，相去幾何？善之與惡，相去何若？ 人之所畏，不可不畏。 荒兮，其未央哉！衆人熙熙，如享太牢，如春登臺。 我獨怕兮其未兆，如孾（嬰）兒之未孩。乘乘兮，若無所歸。 衆人皆有餘，而我獨若遺。我愚人之心也哉！沌沌兮！ 俗人昭昭，我獨若昏；俗人察察，我獨悶悶。 忽兮若海，漂兮若無所止。 衆人皆有以，而我獨頑似鄙。我獨異於人，而貴食母。(20)	絶學无憂。唯之與何，相去幾何？美之與惡，相去何若？ 人之所畏，不可不畏。 莽其未央！衆人熙熙，若亨大牢，若春登臺。 我魄未兆，若嬰兒未孩。魁無所歸。 衆人皆有餘，我獨若遺。我愚人之心純。 俗人照照，我獨若昏；俗人察察，我獨悶悶。 忽若晦，寂無所止。 衆人皆有已，我獨頑以鄙。我欲異於人，而貴食母。	絶學無憂。唯之與阿，相去幾何？美之與惡，相去何若？ 人之所畏，不可不畏。 荒兮，其未央！衆人熙熙，若享太牢，若春登臺。 我獨魄兮其未兆，若嬰兒之未咳。傫傫兮，其不足以無所歸。 衆人皆有餘，我獨若遺。我愚人之心也哉！沌沌兮！ 俗人皆昭昭，我獨若昏；俗人皆詧詧，我獨若閔閔。 淡兮其若海，飄兮似無所止。 衆人皆有以，我獨頑且圖。吾獨欲異於人，而貴食母。(20)
孔德之容，惟道是從。 道之爲物，惟恍惟惚。惚兮恍兮，其中有象。恍兮惚兮，其中有物。 窈兮冥兮，其中有精。其精甚真，其中有信。 自古及今，其名不去，以閲衆甫。吾何以知衆甫之狀哉？以此。(21)	孔德之容，唯道是從。 道之爲物，唯怳唯忽。忽兮怳兮，其中有象。怳兮忽兮，其中有物。 窈兮冥兮，其中有精。其精甚真，其中有信。 自古及今，其名不去，以閲衆甫。吾何以知衆甫之然哉？以此。(21)	孔德之容，唯道是從。 道之爲物，唯慌唯惚。慌惚中有物，惚慌中有像。 窈冥中有精。其精甚真，其中有信。 自古及今，其名不去，以閲終甫。吾何以知終甫之然？以此。	孔德之容，惟道是從。 道之爲物，惟芒惟芴。芴兮芒兮，其中有象。芒兮芴兮，其中有物。 幽兮冥兮，其中有精。其精甚真，其中有信。 自今及古，其名不去，以閲衆甫。吾奚以知衆甫之然哉？以此。(21)
曲則全，枉則直，窪則盈，敝則新，少則得，多則惑。 是以聖人抱一爲天下式。 不自見故明，不自是故彰，不自伐故有功，不自矜故長。 夫唯不爭，故天下莫能與之爭。 古之所謂曲則全者，豈虚言哉？誠全而歸之。(22)	曲則全，枉則直，窪則盈，弊則新，少則得，多則惑。 是以聖人抱一爲天下式。 不自見故明，不自是故彰，不自伐故有功，不自矜故長。 夫唯不爭，故天下莫能與之爭。 古之所謂曲則全者，豈虚言哉？誠全而歸之。(22)	曲則全，枉則正，窪則盈，弊則新，少則得，多則或。 是以聖人抱一爲天下式。 不自是故章，不自見故明，不自伐故有功，不自矜故長。 夫唯不爭，故莫能與爭。 古之所謂曲則全，豈虚語？故成全而歸之。	曲則全，枉則正，窪則盈，敝則新，少則得，多則惑。 聖人褎一以爲天下式。 不自見故明，不自是故彰，不自伐故有功，不自矜故長。 夫惟不争，故天下莫能與之争。 古之所謂曲則全者，豈虚言也哉？誠全而歸之。(22)
希言自然。故飄風不終朝，驟雨不終日。 孰爲此者？天地。天地尚不能久，而況於人乎？ 故從事於道者，道者同於道，德者同於德，失者同於失。 同於道者，道亦樂得之；同於德者，德亦樂得之；同於失者，失亦樂得之。 信不足，焉有不信焉。(23)	希言自然。飄風不終朝，驟雨不終日。 孰爲此者？天地。天地尚不能久，而況於人乎？ 故從事於道者，道者同於道，德者同於德，失者同於失。 同於道者，道亦樂得之；同於德者，德亦樂得之；同於失者，失亦樂失（得）之。 信不足焉，有不信焉。(23)	希言自然。飄風不終朝，趍雨不終日。 孰爲此？天地。天地尚不能久，而況於人？ 故從事而道得之， 同於德者德得之，同於失者道失之。 信不足，有不信。	稀言自然。故飄風不崇朝，驟雨不崇日。 孰爲此者？天地也。天地尚不能久，而況於人乎？ 故從事於道者，道者同於道；從事於得者，得者同於得；從事於失者，失者同於失。 於道者，道亦得之；於得者，得亦得之；於失者，失亦得之。 信不足，焉有不信。(23)
企者不立，跨者不行，自見者不明，自是者不彰， 自伐者無功，自矜者不長。 其在道也，曰餘食贅行，物或惡之，故有道者不處。(24)	跂者不立，跨者不行，自見者不明，自是者不彰， 自伐者無功，自矜者不長。 其於道也，曰餘食贅行，物或惡之，故有道者不處也。(24)	喘者不久，跨者不行，自見不明，自是不彰， 自饒無功，自矜不長。 其在道，曰餘食餟行，物有惡之，故有道不處。	企者不立，跨者不行，自見者不明，自是者不彰， 自伐者無功，自矜者不長。 其在道也，曰餘食贅行，物或惡之，故有道者不處也。(24)

漢簡本	郭店本	帛書甲本	帛書乙本
•絶學無憂。唯與何，其相去幾何？美與惡，其相去何若？ 人之所畏，不可以不畏人。 芒虖，未央哉！衆人配＝，若鄉大牢，而菖登臺。 我袙旖未佻，若嬰兒之未晐。 絫旖，台無所歸。 衆人皆有餘，而我蜀遺。我愚人之心也，屯＝虖。 猷人昭＝，我蜀若昏；猷人計＝，我獨昏＝。 没旖，其如晦；芒旖，其無所止。 衆人皆有以，而我獨抏以鄙。 我欲獨異於人，而唯貴食母。(61)	㡭學亡憂。佳與可，相去幾可？ 完丌亞，相去可若？ 人之所禔，亦不可以不禔人。 (乙組簡 4-5)	□□□□唯與訶，其相去幾何？美與惡，其相去何若？ 人之□□，亦不□□□□□ □□□□□衆人配＝，若鄉於大牢，而春登臺。 我泊焉未佻，若□□□□。纍呵，如□□□ □□皆有餘，我獨遺。我禺人之心也，惷＝呵。 鬻□□□□□□𨳿呵；鬻人蔡＝，我獨閩＝呵。 物呵其若□，朢呵其若無所止。 □□□□□□□□以悝。吾欲獨異於人，而貴食母。	絶學无憂。唯與呵，亓相去幾何？美與亞，亓相去何若？ 人之所畏，亦不可以不畏人。 朢呵，亓未央才！衆人配＝，若鄉於大牢，而春登臺。 我博焉未垗，若嬰兒未咳。纍呵，佁无所歸。 衆人皆又余。我愚人之心也，湷＝呵。 鬻人昭＝，我獨若閩呵；鬻人察＝，我獨閩＝呵。 沕呵亓若海，朢呵若无所止。 衆人皆有以，我獨閲以鄙。吾欲獨異於人，而貴食母。
•孔德之容，唯道是從。 道之物，唯訨唯没＝旖訨旖，其中有象旖。訨旖没旖，其中有物旖。 幽旖冥旖，其中有請旖。其請甚真，其中有信。 自今及古，其名不去，以說衆父。吾何以知衆父之然哉？以此。(62)		孔德之容，唯道是從。 道之物，唯朢唯物□□□呵，中有象呵。朢呵物呵，中有物呵。 灣呵鳴呵，中有請吔。其請甚真，其中□□。 自今及古，其名不去，以順衆仪。吾何以知衆仪之然？以此。	孔德之容，唯道是從。 道之物，唯朢唯沕＝呵朢呵，中又象呵。朢呵沕呵，中有物呵。 幼呵冥呵，亓中有請呵。亓請甚真，亓中有信。 自今及古，亓名不去，以順衆父。吾何以知衆父之然也？以此。
•曲則全，枉則正，洼則盈，敝則新，少則得，多則或。 是以聖人執一以爲天下牧。 不自見故明，不自視故章，不自發故有功，弗矜故長。 夫唯無爭，故天下莫能與之爭。 古之所謂曲全者，幾語邪？誠全歸之也。(63)		曲則金，枉則定，洼則盈，敝則新，少則得，多則惑。 是以聲人執一以爲天下牧。 不□視故明，不自見故章，不自伐故有功，弗矜故能長。 夫唯不爭，故莫能與之爭。 古□□□□□□□語才？誠金歸之。	曲則全，汪則正，洼則盈，𡚁則新，少則得，多則惑。 是以耶人執一以爲天下牧。 不自視故章，不自見也故明，不自伐故有功，弗矜故能長。 夫唯不爭，故莫能與之爭。 古之所胃曲全者，幾語才？誠全歸之。
•希言自然。故剽風不終朝，趨雨不終日。 孰爲此？天地弗能久，而兄於人虖？ 故從事而道者同於道，得者同於德，失者同於失。 故同於道者，道亦得之；同於失者，道亦失之。 信不足，安有不信。(64)		希言自然。飄風不冬朝，暴雨不冬日。 孰爲此？天地□□□□□□於人乎？ 故從事而道者同於道，德者同於德，者者同於失。 同於德□，道亦德之；同於□者，道亦失之。	希言自然。剽風不冬朝，暴雨不冬日。 孰爲此？天地而弗能久，有兄於人乎？ 故從事而道者同於道，德者同於德，失者同於失。 同於德者，道亦德之；同於失者，道亦失之。
•炊者不立，自見者不明，自視者不章， 自發者無功，矜者不長。 其在道也，斜食叕行，物或惡之，故有欲者弗居。(65)		炊者不立，自視不章，□見者不明， 自伐者无功，自矜者不長。 其在道，曰粽食贅行，物或惡之，故有欲者□居。	炊者不立，自視者不章，自見者不明， 自伐者无功，自矜者不長。 亓在道也，曰粽食贅行，物或亞之，故有欲者弗居。

王弼本	河上公本	想爾注本	傅奕本
有物混成，先天地生。 寂兮寥兮，獨立不改，周行而不殆，可以爲天下母。 吾不知其名，字之曰道，强爲之名曰大。大曰逝，逝曰遠，遠曰反。 故道大，天大，地大，王亦大。域中有四大，而王居其一焉。 人法地，地法天，天法道，道法自然。（25）	有物混成，先天地生。 寂兮寥兮，獨立而不改，周行而不殆，可以爲天下母。 吾不知其名，字之曰道，强爲之名曰大。大曰逝，逝曰遠，遠曰反。 故道大，天大，地大，王亦大。域中有四大，而王居其一焉。 人法地，地法天，天法道，道法自然。（25）	有物混成，先天地生。 寂漠，獨立不改，周行不殆，可以爲天下母。 吾不知其名，字之曰道，吾强爲之名曰大。大曰逝，逝曰遠，遠曰反。 道大，天大，地大，生大。域中有四大，而生處一。 人法地，地法天，天法道，道法自然。	有物混成，先天地生。 寂兮寞兮，獨立而不改，周行而不殆，可以爲天下母。 吾不知其名，故彊字之曰道，彊爲之名曰大。大曰逝，逝曰遠，遠曰返。 道大，天大，地大，人亦大。域中有四大，而王處其一尊。 人法地，地法天，天法道，道法自然。（25）
重爲輕根，静爲躁君。是以聖人終日行，不離輜重。 雖有榮觀，燕處超然。奈何萬乘之主，而以身輕天下？ 輕則失本，躁則失君。（26）	重爲輕根，静爲躁君。是以聖人終日行，不離輜重。 雖有榮觀，燕處超然。奈何萬乘之主，而以身輕天下？ 輕則失臣，躁則失君。（26）	重爲輕根，静爲躁君。是以君子終日行，不離輜重。 雖有榮觀，燕處超然。如何萬乘之主以身輕天下？ 輕則失本，躁則失君。	重爲輕根，靖爲躁君。是以君子終日行，不離其輜重。 雖有榮觀，宴處超然。如之何萬乘之主，而以身輕天下？ 輕則失本，躁則失君。（26）
善行無轍迹，善言無瑕讁，善數不用籌策。 善閉無關楗而不可開，善結無繩約而不可解。 是以聖人常善救人，故無棄人；常善救物，故無棄物，是謂襲明。 故善人者，不善人之師；不善人者，善人之資。 不貴其師，不愛其資，雖智大迷，是謂要妙。（27）	善行無轍迹，善言無瑕讁，善計不用籌策。 善閉無關揵（楗）而不可開，善結無繩約而不可解。 是以聖人常善救人，故無棄人；常善救物，故無棄物，是謂襲明。 故善人者，不善人之師；不善人者，善人之資。 不貴其師，不愛其資，雖智大迷，是謂要妙。（27）	善行無徹迹，善言無瑕適，善計不用籌筭。 善閉無關揵不可開，善結無繩約不可解。 是以聖人常善救人，而無棄人；常善救物，而無棄物，是謂襲明。 善人，不善人師；不善人，善人之資。 不貴其師，不愛其資，雖知大迷，此謂要妙。	善行者無徹迹，善言者無瑕讁，善數者無籌策。 善閉者無關鍵而不可開，善結者無繩約而不可解。 是以聖人常善救人，故人無棄人；常善救物，故物無棄物，是謂襲明。 故善人者，不善人之師；不善人者，善人之資。 不貴其師，不愛其資，雖知大迷，此謂要妙。（27）
知其雄，守其雌，爲天下谿；爲天下谿，常德不離，復歸於嬰兒。 知其白，守其黑，爲天下式；爲天下式，常德不忒，復歸於無極。 知其榮，守其辱，爲天下谷；爲天下谷，常德乃足，復歸於樸。 樸散則爲器，聖人用之則爲官長，故大制不割。（28）	知其雄，守其雌，爲天下谿；爲天下谿，常德不離，復歸於孾（嬰）兒。 知其白，守其黑，爲天下式；爲天下式，常德不忒，復歸於無極。 知其榮，守其辱，爲天下谷；爲天下谷，常德乃足，復歸於朴。 朴散則爲器，聖人用之則爲官長，故大制不割。（28）	知其雄，守其雌，爲天下奚；常德不離，復歸於嬰兒。 知白，守其黑，爲天下式；常德不貸，復歸於无極。 知其榮，守其辱，爲天下谷；爲天下谷，常德乃足，復歸於樸。 樸散爲器，聖人用爲官長，是以大制无割。	知其雄，守其雌，爲天下谿；爲天下谿，常德不離，復歸於嬰兒。 知其白，守其黑，爲天下式；爲天下式，常德不忒，復歸於無極。 知其榮，守其辱，爲天下谷；爲天下谷，常德乃足，復歸於樸。 樸散則爲器，聖人用之則爲官長。大制無割。（28）
將欲取天下而爲之，吾見其不得已。 天下神器，不可爲也。爲者敗之，執者失之。 故物或行或隨，或歔或吹，或强或羸，或挫或隳。 是以聖人去甚，去奢，去泰。（29）	將欲取天下而爲之，吾見其不得已。 天下神器，不可爲也。爲者敗之，執者失之。 故物或行或隨，或呴或吹，或强或羸，或載或隳。 是以聖人去甚，去奢，去泰。（29）	將欲取天下而爲之，吾見其不得已。 天下神器，不可爲。爲者敗之，執者失之。 夫物或行或隨，或嘘或吹，或彊或羸，或接或隨。 是以聖人去甚，去奢，去泰。	將欲取天下而爲之者，吾見其不得已。 夫天下神器，不可爲也。爲者敗之，執者失之。 凡物或行或隨，或噤或吹，或彊或剉，或培或墮。 是以聖人去甚，去奢，去泰。（29）

漢簡本	郭店本	帛書甲本	帛書乙本
•有物綸成，先天地生。 肅覺，獨立而不孩，偏行而不殆，可以爲天地母。 吾不智其名，其字曰道，吾强爲之名曰大＝曰豐＝曰遠＝曰反。 天大，地大，道大，王亦大。 或中有四大，而王居一焉。 人灋地＝灋天＝灋道＝灋自然。(66)	又脜蟲成，先天𨸏生。 敓纆，蜀立不亥，可以爲天下母。 未智亓明，𢇁之曰道，虐勥爲之明曰大＝曰瀳＝曰連＝曰反。 天大，𨸏大，道大，王亦大。 囩中又四大安，王𡰥一安。 人灋𨸏＝灋天＝灋道＝灋自肰。 (甲組簡 21-23)	有物昆成，先天地生。 繡呵繆呵，獨立□□□，可以爲天地母。 吾未知其名，字之曰道，吾强爲之名曰大□曰筮＝曰□□□□ □□，天大，地大，王亦大。 國中有四大，而王居一焉。 人法地□法□＝法□□法□□	有物昆成，先天地生。 蕭呵漻呵，獨立而不玹，可以爲天地母。 吾未知亓名也，字之曰道，吾强爲之名曰大＝曰筮＝曰遠＝曰反。 道大，天大，地大，王亦大。 國中有四大，而王居一焉。 人法地＝法天＝法道＝法自然。
•重爲輕根，靜爲趮君。是以君子冬日行，而不遠其輜重。 唯有榮館，燕處超若。奈何萬乘之王，而以身輕於天下? 輕則失本，趮則失君。(67)		□爲巠根，清爲趮君。是以君子眾日行，不離其甾重。 唯有環官，燕處□□若＝何萬乘之王，而以身巠於天下? 巠則失本，趮則失君。	重爲輕根，靜爲趮君。是以君子冬日行，不遠亓甾重。 雖有環官，燕處則昭若＝何萬乘之王，而以身輕於天下? 輕則失本，趮則失君。
•善行者無勶迹，善言者無瑕適，善數者不用檮筴。 善閉者無關鍵，不可啟；善結者無繩約，不可解。 故聖人恒善救人，而無棄人，物無棄財，是謂欲明。 善＝人＝之師也，不善＝人＝之資也。 不貴其師，不愛其資，唯智必大迷，此謂眇要。(68)		善行者无勶迹，□言者无瑕適，善數者不以檮箖。 善閉者无閞籥，而不可啟也；善結者□□約，而不可解也。 是以聲人恒善怵人，而无棄人，物无棄財，是胃愧明。 故善□□□之師，不善人，善人之齎也。 不貴其師，不愛其齎，唯知乎大眯，是胃眇要。	善行者无達迹，善言者无瑕適，善數者不用檮符。 善○閉者无關籥，而不可啟也；善結者无纆約，而不可解也。 是以耶人恒善怵人，而无棄人，物无棄財，是胃曳明。 故善＝人＝之師，不善人，善人之資也。 不貴亓師，不愛亓資，雖知乎大迷，是胃眇要。
•智其雄，守其雌，爲＝天＝下＝谿＝，恒德不離，復歸於嬰兒。 智其白，守其辱，爲＝天＝下＝谷＝，恒德乃足，復歸於樸。 智其白，守其黑，爲＝天＝下＝武＝，恒德不貣，復歸於無極。 樸散則爲成器，聖人用則爲官長。(69)		知其雄，守其雌，爲＝天＝下＝溪＝，恒＝德不＝雞＝，復歸嬰兒。 知其白，守其辱，爲＝天＝下＝浴，恒德＝乃＝□□□□□□□。 知其，守其黑，爲＝天＝下＝式＝，恒德＝不＝貣＝，復歸於无極。 楃散□□□□人用則爲官長。	知亓雄，守亓雌，爲＝天＝下＝雞＝，恒＝德＝不＝离＝，復□□□□ □亓白，守亓辱，爲＝天＝下＝○浴＝，恒＝德＝乃＝足＝，復歸於樸。 知亓白，守亓黑，爲＝天＝下＝式＝，恒＝德＝不＝貸＝，復歸於无極。 樸散則爲器，耶人用則爲官長。
•大制無畍。 將欲取天下而爲之，吾見其不得已。 天下神器，非可爲＝之者敗之，執之者失之。 物或行或隨，或熱或炊，或强或桎，或伓或隋。 是以聖人去甚，去奢，去泰。(70)		夫大制无割。 將欲取天下而爲之，吾見其弗□□。 □□□器也，非可爲者也。爲者敗之，執者失之。 物或行或隨，或炅或□□□□□或坏或撱。 是以聲人去甚，去大，去楮。	夫大制无割。 將欲取□□□□□□□□□得已。 夫天下神器也，非可爲者也。爲之者敗之，執之者失之。 ○物或行或隋，或熱或硅，或陪或墮。 是以耶人去甚，去大，去諸。

（續 表）

王弼本	河上公本	想爾注本	傅奕本
以道佐人主者，不以兵强天下，其事好還。 師之所處，荊棘生焉。大軍之後，必有凶年。 善有果而已，不敢以取强。 果而勿矜，果而勿伐，果而勿驕，果而不得已，果而勿强。 物壯則老，是謂不道，不道早已。（30）	以道佐人主者，不以兵强天下，其事好還。 師之所處，荊棘生焉。大軍之後，必有凶年。 善者果而已，不敢以取强。 果而勿矜，果而勿伐，果而勿驕，果而不得已，果而勿强。 物壯則老，是謂不道，不道早已。（30）	以道佐人主者，不以兵彊天下，其事好還。 師之所處，荊棘生。 故善者果而已，不以取彊。 果而勿驕，果而勿矜，果而勿伐，果而不得已，是果而勿彊。 物壯則老，謂之非道，非道早已。	以道佐人主者，不以兵彊天下，其事好還。 師之所處，荊棘生焉。大軍之後，必有凶年。 故善者果而已矣，不敢以取彊焉。 果而勿矜，果而勿伐，果而勿驕，果而不得已，是果而勿彊。 物壯則老，是謂非道，非道早已。（30）
夫佳兵者，不祥之器，物或惡之，故有道者不處。 君子居則貴左，用兵則貴右。兵者，不祥之器，非君子之器。 不得已而用之，恬淡爲上，勝而不美。 而美之者，是樂殺人。夫樂殺人者，則不可以得志於天下矣。 吉事尚左，凶事尚右。偏將軍居左，上將軍居右，言以喪禮處之。 殺人之衆，以哀悲泣之。戰勝，以喪禮處之。（31）	夫佳兵〔者〕，不祥之器，物或惡之，故有道者不處。 君子居則貴左，用兵則貴右。兵者，不祥之器，非君子之器。 不得已而用之，恬惔爲上，勝而不美。 而美之者，是樂殺人。夫樂殺人者，則不可以得志於天下矣。 吉事尚左，凶事尚右。偏將軍居左，上將軍居右，言以喪禮處之。 殺人之衆（衆多），以悲哀泣之。戰勝，以喪禮處之。（31）	夫佳兵者，不祥之器，物或惡之，故有道不處。 君子居則貴左，用兵則貴右。兵者，不祥器，非君子之器。 不得已而用之，恬惔爲上，故不美。 若美，必樂之，是煞人。夫樂煞者，不可以得意於天下。 故吉事尚左，喪事尚右。是以偏將軍居左，上將軍居右，言以喪礼處之。 煞人衆多，以悲哀泣之。戰勝，以喪礼處之。	夫美兵者，不祥之器，物或惡之，故有道者不處。 是以君子居則貴左，用兵則貴右。兵者，不祥之器，非君子之器。 不得已而用之，以恬憺爲上，故不美也。 若美，必樂之；樂之者，是樂殺人也。夫樂人殺人者，不可以得志於天下矣。 故吉事尚左，凶事尚右。是以偏將軍處左，上將軍處右。言居上勢，則以喪禮處之。 殺人衆多，則以悲哀泣之。戰勝者，則以喪禮處之。（31）
道常無名，樸雖小，天下莫能臣也。侯王若能守之，萬物將自賓。 天地相合，以降甘露，民莫之令而自均。 始制有名，名亦既有，夫亦將知止。知止可以不殆。 譬道之在天下，猶川谷之於江海。（32） 知人者智，自知者明。勝人者有力，自勝者强。 知足者富，强行者有志，不失其所者久，死而不亡者壽。（33）	道常無名，樸雖小，天下不敢臣。侯王若能守之，萬物將自賓。 天地相合，以降甘露，民莫之令而自均。 始制有名，名亦既有，天亦將知之。知之所以不殆。 譬道之在天下，猶川谷之與江海。（32） 知人者智，自知者明。勝人者有力，自勝者强。 知足者富，强行者有志，不失其所者久，死而不亡者壽。（33）	道常无名，樸雖小，天下不敢臣。王侯若能守，萬物將自賓。 天地相合，以降甘露，民莫之令而自均。 始制有名，名亦既有，夫亦將知止。知止不殆。 譬道在天下，猶川谷與江海。 知人者智，自知者明。勝人有力，自勝者彊。 知足者富，彊行有志，不失其所者久，死而不亡者壽。	道常無名，樸雖小，天下莫能臣。王侯若能守，萬物將自賓。 天地相合，以降甘露，民莫之令而自均焉。 始制有名，名亦既有，夫亦將知止。知止所以不殆。 譬道之在天下，猶川谷之與江海也。（32） 知人者智也，自知者明也。勝人者有力也，自勝者彊也。 知足者富也，彊行者有志也，不失其所者久也，死而不亡者壽也。（33）
大道氾兮，其可左右。 萬物恃之而生而不辭，功成不名有，衣養萬物而不爲主。 常無欲，可名於小；萬物歸焉而不爲主，可名爲大。 以其終不自爲大，故能成其大。（34）	大道氾兮，其可左右。 萬物恃之而生而不辭，功成不名有，愛養萬物而不爲主。 常無欲，可名於小；萬物歸焉而不爲主，可名爲大。 是以聖人終不爲大，故能成其大。（34）	大道氾，其可左右。 萬物恃以生而不辭，成功不名有，衣被萬物不爲主，可名於小。 萬物歸之不爲主，可名於大。 是以聖人終不爲大，故能成其大。	大道汎汎兮，其可左右。 萬物恃之以生而不辭，功成而不居，衣被萬物而不爲主。 故常無欲，可名於小矣；萬物歸之而不知主，可名於大矣。 是以聖人能成其大也，以其終不自大，故能成其大。（34）

漢簡本	郭店本	帛書甲本	帛書乙本
• 以道佐人主，不以兵强於天下，其事好睘。 師之所居，楚棘生之。 善者果而已，不以取强。 故果而毋矜，果而毋驕，果而毋發，果而毋不得已。 物壯則老，謂之不 = 道 = 蚤已矣。(71)	以衍差人宔者，不谷以兵弫於天下。 善者果而已，不以取弫。 果而弗癹，果而弗喬，果而弗稐。是胃果而不弫，亓事好長。 (甲組簡 6-8)	以道佐人主，不以兵强□天下，□□□□ □□所居，楚朸生之。 善者果而已矣，毋以取强焉。 果而毋驕，果而勿矜，果而□□，果而毋得已居，是胃□而不强。 物壯而老，是胃之不 = 道 = 蚤已。	以道佐人主，不以兵强於天下，亓□□□ □□□□□棘生之。 善者果而已矣，毋以取强焉。 果而毋驕，果而勿矜，果□□伐，果而毋得已居，是胃果而强。 物壯而老，胃之不 = 道 = 蚤已。
• 夫觟美，不恙之器也，物或惡之，故有欲者弗居也。 是以君子居則貴左，用兵則貴右。兵者，非君子之器也，不恙之器也。 不得已而用之，恬僂爲上，弗美。 若美之，是樂 = 之 = 是 = 樂 = 殺 = 人 = 不可以得志於天下。 是以吉事上左，喪事上右。扁將軍居左，上將軍居右，言以喪禮居之。 殺人眾，則以悲哀立之。戰勝，以喪禮居之。(72)	君子居則貴左，甬兵則貴右。 古曰：兵者□□□□□ □㝵已而甬之，銛纏爲上，弗媞也。 媞之，是樂殺人。夫樂□□□以㝵志於天下。 古吉事上左，喪事上右。是以支牆軍居左，上牆軍居右，言以喪豊居之也。 古殺□□，則以㤅悲位之。戰勳，則以喪豊居之。 (丙組簡 6-10)	夫兵者，不祥之器□，物或惡之，故有欲者弗居。 君子居則貴左，用兵則貴右。 故兵者，非君子之器也。□□不祥之器也。 不得已而用之，銛襲爲上，勿美也。 若美之，是樂殺人也。夫樂殺人，不可以得志於天下矣。 是以吉事上左，喪事上右。是以便將軍居左，上將軍居右，言以喪禮居之也。 殺人眾，以悲依立之。戰勝，以喪禮處之。	夫兵者，不祥之器也，物或亞□□□□□□□ □子居則貴左，用兵則貴右。 故兵者，非君子之器。兵者，不祥□器也。 不得已而用之，銛憹爲上，勿美也。 若美之，是樂殺人也。夫樂殺人，不可以得志於天下矣。 是以吉事□□□□□□。是以偏將軍居左，而上將軍居右，言以喪禮居之也。 殺□□□□□立□。□朕，而以喪禮處之。
• 道恒無名，樸唯小，天下弗敢臣。侯王若能守之，萬物將自賓。 天地相合，以俞甘露，民莫之令而自均安。 始正有名 = 亦既有，夫亦將智 = 止 = 所以不殆。 避道之在天下，猶小谷之與江海。 故智人者智，自智者明。勝人者有力，自勝者强。 智足者富，强行者有志，不失其所者久，死而不亡者壽。(73)	道亙亡明，僕唯妻，天坔弗敢臣。侯王女能獸之，萬勿牆自賓。 天坔相會也，以逾甘零，民莫之命而自均安。 訂折又明 = 亦既又，夫亦牆智 = 圭 = 所以不訂。 卑道之才天下也，猷少浴之與江海。 (甲組簡 18-20)	道恒无名，楃唯□□□□□□ □□王若能守之，萬物將自賓。 天地相合，以俞甘洛，民莫之□□□□焉。 始制有□□□□有，夫□□□□□□所以不□。 俾道之在□□□□□浴之與江海也。 知人者知也，自知者□□□□□有力也，自勝者□□。 □□□□也，强行者有志也，不失其所者久也，死不忘者壽也。	道恒无名，樸唯小，而天下弗敢臣。侯王若能守之，萬物將自賓。 天地相合，以俞甘洛，□□□令而自均焉。 始制有名 = 亦既有，夫亦將知 = 止 = 所以不殆。 卑□□在天下也，猷小浴之與江海也。 知人者知也，自知明也。朕人者有力也，自朕者强也。 知足者富也，强行者有志也，不失亓所者久也，死而不忘者壽也。
• 道泛旖，其可左右。 萬物作而生弗辤，成功而弗名有，愛利萬物而弗爲主。 故恒無欲矣，可名於小；萬物歸焉而弗爲主，可名於大。 是以聖人能成大也，以其不爲大，故能成大。(74)		道□□□□□□□ □□遂事而弗名有也，萬物歸焉而弗爲主。 則恒无欲也，可名於小；萬物歸焉□□爲主，可名於大。 是□聲人之能成大也，以其不爲大也，故能成大。	道渢呵，亓可左右也。 成功遂□□弗名有也，萬物歸焉而弗爲主。 則恒无欲也，可名於小；萬物歸焉而弗爲主，可命於大。 是以耶人之能成大也，以亓不爲大也，故能成大。

（續 表）

王弼本	河上公本	想爾注本	傅奕本
執大象，天下往；往而不害，安平太。 樂與餌，過客止。道之出口，淡乎其無味。 視之不足見，聽之不足聞，用之不足既。（35）	執大象，天下往；往而不害，安平太。 樂與餌，過客止。道之出口，淡乎其無味。 視之不足見，聽之不足聞，用之不可既。（35）	執大象，天下往；往而不害，安平大樂。 與珥，過客止。道出言，淡无味。 視不足見，聽不足聞，用不可既。	執大象者，天下往；往而不害，安平泰。 樂與餌，過客止。道之出言，淡兮其無味。 視之不足見，聽之不足聞，用之不可既。（35）
將欲歙之，必固張之；將欲弱之，必固强之； 將欲廢之，必固興之；將欲奪之，必固與之，是謂微明。 柔弱勝剛强。魚不可脱於淵，國之利器不可以示人。（36）	將欲噏之，必固張之；將使（欲）弱之，必固强之； 將欲廢之，必固興之；將欲奪之，必固與之，是謂微明。 柔弱勝剛强。魚不可脱於淵，國之利器不可以示人。（36）	將欲翕之，必固張之；將欲弱之，必固彊之； 將欲廢之，必固興之；將奪之，必固與之，是謂微明。 柔弱勝剛彊。魚不可勝於淵，國有利器，不可以視人。	將欲翕之，必固張之；將欲弱之，必固彊之； 將欲廢之，必固興之；將欲奪之，必固與之，是謂微明。 柔之勝剛，弱之勝彊。魚不可倪於淵，邦之利器不可以示人。（36）
道常無爲而無不爲。 侯王若能守之，萬物將自化。化而欲作，吾將鎮之以無名之樸。無名之樸，夫亦將無欲。不欲以靜，天下將自定。（37）	道常無爲而無不爲。 侯王若能守〔之〕，萬物將自化。化而欲作，吾將鎮之以無名之朴。無名之朴，亦將不欲。不欲以靜，天下將自定。（37）	道常無爲而無不爲。 王侯若能守，萬物將自化。化而欲作，吾將鎮之以无名之樸。无名之樸，亦將不欲。无欲以靜，天地自止。	道常無爲而無不爲。 王侯若能守，萬物將自化。化而欲作，吾將鎮之以無名之樸。無名之樸，夫亦將不欲。不欲以靖，天下將自正。（37）

漢簡本	郭店本	帛書甲本	帛書乙本
• 埶大象，天下往＝而不害，安平大。 樂與餌，過客止。道之出言曰:淡旖其無味。 視之不足見，聽之不足聞，用之不可既也。(75)	埶大象，天下往＝而不害，安坪大。 樂與餌，怎客歨。古道□□□，淡可亓無味也。 視之不足見，聖之不足䎽，而不可既也。 (丙組簡 4-5)	執大象，□□往＝而不害，安平大。 樂與餌，過格止。故道之出言也，曰談呵其无味也。 □□不足見也，聽之不足聞也，用之不可既也。	執大象，天下往＝而不害，安平大。 樂與□，過格止。故道之出言也，曰淡呵亓无味也。 視之不足見也，聽之不足聞也，用之不可既也。
• 將欲歙之，必古張之；將欲弱之，必古强之； 將欲廢之，必古舉之；將欲奪之，必古予之，是謂微明。 耎弱勝强。魚不可說於淵，國之利器不可以視人。(76)		將欲拾之，必古張之；將欲弱之，□□强之； 將欲去之，必古與之；將欲奪之，必古予之，是胃微明。 𡗗弱勝强。魚不脱於潚，邦利器不可以視人。	將欲擒之，必古張之；將欲弱之，必古〇强之； 將欲去之，必古與之；將欲奪之，必古予□，是胃微明。 柔弱朕强。魚不可說於淵，國利器不可以示人。
• 道恒無爲。 侯王若能守之，萬物將自化＝而欲作，吾將寘之以無＝名＝之＝樸＝，夫亦將不＝辱＝以靜，天地將自正。 • 凡二千三百三 (77)	衍亙亡爲也。 矦王能守之，而萬勿將自𢡟＝而雒复，將貞之以亡明之𣪠。夫亦將智＝足以束，萬勿將自定。 (甲組簡 13-14)	道恒无名。 侯王若守之，萬物將自𢡟＝而欲□□□□□□□＝名＝之＝楃＝，夫將不＝辱＝以情，天地將自正。	道恒无名。 侯王若能守之，萬物將自化＝而欲作，吾將闐＝之＝以＝无＝名＝之＝樸＝，夫將不＝辱＝以靜，天地將自正。 道 二千四百廿六

西漢竹書《老子》的文本特徵和學術價值

韓　巍

北京大學藏西漢竹書本《老子》，是繼馬王堆帛書甲、乙本和郭店楚簡本之後出土的第四個簡帛《老子》古本，而且在四個簡帛古本中保存最爲完整，對於《老子》一書的整理、校勘和古代思想文化史的研究具有極高價值。作爲整理者，有必要對這一新出《老子》古本的整體情況和主要學術價值做一個簡要介紹[一]。

一、保存狀況和抄寫年代

西漢竹書《老子》（以下簡稱「漢簡本」）現存完整、殘斷竹簡共計二百八十一枚，其中完整及接近完整的竹簡一百七十六枚，殘斷簡一百零五枚。《上經》（相當於傳世本《德經》）損壞比較嚴重，共有完整簡八十七枚、殘斷簡八十二枚，但多數斷簡均可拼綴復原，拼綴後共有完整簡一百十三枚、殘簡十枚[二]；另有兩枚完整簡遺失，第二十四章（傳世本六十一章）缺第三簡（約二十八字）[三]，第二十九章（傳世本六十五章）缺最末一簡（約十字）。《下經》（相當於傳世本《道經》）保存相對完好，共有完整簡八十九枚，斷簡二十三枚，拼綴後得完整簡九十八枚。由此推測，漢簡本原書應有完整有字竹簡二百二十三枚，其中《上經》一百二十五枚，《下經》九十八枚。

西漢竹書《老子》的完整簡長三十一·九——三十二·二厘米（以長三十二·一厘米者最多），寬〇·八——〇·九厘米，三道編繩，有契口。寫滿

[一] 關於西漢竹書《老子》的基本情況，我們以前曾發表過一些簡要介紹，見韓巍《北京大學藏西漢竹書本〈老子〉的文獻學價值》，《中國哲學史》二〇一〇年第四期；《北大漢簡〈老子〉簡介》，《文物》二〇一一年第六期；《北大漢簡〈老子〉分章問題初探》，全國高校古委會第三屆青年學者學術研討會論文，二〇一一年十月。本文是在以上三文基礎上修改、增補而成，若有與以上三文不合之處，應以本文爲準。

[二] 此處「完整簡」包括物理狀態殘缺但未損及字跡的簡。

[三] 本文所稱「傳世本某章」，若無特殊說明，皆指八十一章本。

字的竹簡一般每簡二十八字，文字分佈極爲均勻整齊，極少數簡寫到二十九字[四]。除分章提示符號（圓形墨點）外，全書未見其他符號。文字書體清秀飄逸，體勢略向左下方傾斜，與成熟的漢隸接近，但獨具特色，堪稱西漢中期隸書藝術的瑰寶。

據統計，漢簡本《上經》正文現存二千八百九十五字，另重文四十九字，計字尾題七字，簡背篇題四字；推測原書正文應有二千九百五十九字，另重文五十三字。《下經》正文現存二千三百零五字（僅殘缺一字），另重文六十一字，計字尾題六字，簡背篇題四字。合計漢簡本全書正文現存五千二百字，另重文一百一十字，計字尾題十三字，簡背篇題八字；推測其原書正文應有五千二百六十五字，另重文一百十四字。其中有不少殘缺文字可據上下文補出，對理解文義有影響的闕文總計不超過全書的百分之一，在北大藏西漢竹書的各種文獻中是保存比較完好的一種。

漢簡本中無法據上下文補出的殘缺部分，大多不涉及重要的學術爭論，唯有第十一章（傳世本四十八章）：「•爲學者日益，爲道者日損，【損】之有（又）損之，至於無……」，「無」字以下殘缺約十一字。王弼本此處作「以至於無爲，無爲而無不爲」，其餘傳世本多同，唯嚴遵本作「無爲而無以爲」，過去學者多認爲嚴本更符合《老子》本意。馬王堆帛書甲、乙兩本此句均殘缺，無從驗證；郭店本此句卻作「無爲而無不爲」，對學者此前的認識提出挑戰。漢簡本此句的殘缺使這一疑案無法得到新的證據，不能不説是一大遺憾。

漢簡本《上經》與《下經》篇末均記有全篇字數，前有圓形墨點「•」作爲提示符，書體與正文一致，應是抄寫者寫畢之後所加，陳夢家先生稱之爲「計字尾題」[五]。《上經》計字尾題爲：「•凡二千九百卌二」，《下經》計字尾題爲：「•凡二千三百三」，合計總字數爲五千二百四十五字。抄寫者所統計的字數略少於我們統計的實際字數，但明顯沒有將重文計算在內，這符合簡帛文獻計算字數的慣例。馬王堆帛書《老子》乙本《德經》篇末自注字數：「三千卌一」，《道經》篇末自注字數：「二千四百廿六」，合計五千四百六十七字，比漢簡本自注字數多出二百二十二字。

以往所見的三種簡帛《老子》古本雖然年代早於漢簡本，但都不夠完整。郭店本僅有傳世本內容的五分之二。帛書本雖是相當成熟的全本，但殘破較甚；雖然甲、乙兩本可互相補充，但仍有不少殘缺的文句無法補出[六]。因此，漢簡本是目前保存最爲完整的簡帛《老子》古本，對於《老子》文本的整理校勘具有重大意義。

從漢簡本文字中沒有找到足以判斷其抄寫年代的直接證據。過去學者在推斷出土簡帛文獻的抄寫年代時，常將避諱字作爲一項重要根據。如帛書《老子》甲本不避「邦」字諱，乙本避「邦」字諱改爲「國」，而不避「盈」、「恒」字。學者據此認爲甲本抄寫於漢高帝時（或認爲在高帝前），乙本則在文帝

〔四〕寫到二十九字的竹簡只有四枚，其中簡三六和簡一五四都是該章末簡，爲節省一枚竹簡故寫到二十九字，簡一五四最後一字還破例寫在第三道編繩之下，簡八和簡一二則可能是因爲抄漏之後補字而寫到二十九字。

〔五〕陳夢家《由實物所見漢代簡册制度》，見《漢簡綴述》，中華書局，一九八〇年，第三〇三頁。

〔六〕如傳世本六十四章「其安易持也」以下，帛書甲、乙兩本都殘缺三十餘字。

時期（或認爲在高帝時）。但漢簡本在這方面顯得非常寬鬆，有些應避諱的字完全不避。如「邦」字皆寫作「國」，與帛書乙本同，似爲避諱所改；但「盈」、「恒」兩字均多見，「啟」字三見，「𢿚（徹）」字一見[七]，也就是説漢惠帝、文帝、景帝、武帝之諱皆不避。類似這種避諱不嚴的現象在北大西漢竹書的其他文獻中也比較普遍[八]。近年有學者提出，秦漢時期官府文書等屬於「公領域」的文件避諱比較嚴格，而私人文書、藏書等「私領域」的文獻避諱則較爲寬鬆[九]，此説值得重視。至少就這批竹書看來，利用避諱字進行斷代似不可行。

北大西漢竹書的字體特徵總體上比較接近成熟的漢隸，其抄寫年代不會相差太遠，多數可能在武帝後期，不晚於宣帝（參看本書前言）。《老子》的字體在這批竹書的各種文獻中屬於相對較早的一種，但仍然明顯晚於銀雀山漢簡，估計其抄寫年代有可能到武帝前期，但不太可能早到景帝。

二、分篇和篇題

西漢竹書《老子》分爲上、下兩篇。簡二（相當於傳世本《德經》第一章的第二簡）背面上端有「老子上經」四字，簡一二四（相當於傳世本《道經》第一章的第一簡）背面上端有「老子下經」四字，其書體與正文一致，應爲抄寫者所題，即漢簡本上、下兩篇的篇題。從兩個篇題和兩個計字尾題看來，漢簡本《老子上經》和《老子下經》原來應該是各自編爲一篇簡册；簡册收起的時候正面向内，自篇尾向篇首收卷，卷畢之後寫於篇首竹簡背面的篇題正好露在外面，便於查找，這也是出土書籍類簡册最爲常見的形制。以往所見戰國秦漢簡帛古書，大多只保存篇題、章題，真正的「書題」還很少見。《老子》一書的書題，在郭店本和帛書本中都未見到，此次是簡帛古本的首次發現。

《上經》、《下經》的區别，説明漢簡本兩篇的順序與帛書本一樣，都是以《德經》在前，《道經》在後[一〇]。不同的是，帛書乙本以《德》、《道》名篇，漢簡本則是以《上經》、《下經》名篇。《史記・老子韓非列傳》：「於是老子乃著書上下篇，言道德之意五千餘言而去。」這説明司馬遷所見的《老子》古本就是分爲上、下兩篇。宋人謝守灝《混元聖紀》引《七略》：「劉向讎校中《老子》書二篇，……定著二篇，八十一章。《上經》第一，三十七章；《下經》第二，四十四章。」可見劉向所校讎的中秘藏本《老子》也分爲「上經」、「下經」，不過是以《道經》爲上，《德經》爲下。漢簡本篇題的發現，印證了傳世文獻關於《老子》分《上經》、《下經》的記載。而帛書乙本的篇題説明以「德」、「道」名篇的版本至少在西漢初年已經存在。以「上」、「下」和以「德」、

[七]「盈」字傳世本多不改，「恒」字傳世本多避諱改爲「常」，「啟」改爲「開」。

[八]銀雀山漢簡有時似避「邦」字諱，有時又不避；「盈」、「恒」、「徹」諸字常見，「雉」、「啟」二字也都出現過（銀雀山漢墓竹簡整理小組編《銀雀山漢墓竹簡（壹）》，文物出版社，一九八五年，第五頁）。北大竹書情況與之相似。

[九]來國龍《避諱字與出土秦漢簡帛的研究》，卜憲群、楊振紅主編《簡帛研究（二〇〇六）》，廣西師範大學出版社，二〇〇八年。

[一〇]帛書甲本未見篇題，乙本在篇末「計字尾題」之前分别有「德」、「道」二字，是爲篇題。

「道」命名的兩種版本系統很可能在戰國晚期已經並行。

《漢書·藝文志》著録有《老子鄰氏經傳》、《老子傅氏經説》、《老子徐氏經説》三書，如今《老子》稱「經」又得到漢簡本的證明。《漢志》著録之諸子書多以人名或「某子」爲書題，稱「經」者除《老子》外只有道家之《黄帝四經》，足見《老子》在戰國秦漢時期的特殊地位。這與《老子》成書年代較早、經典化程度較高以及漢初崇尚黄老之學都有關係。

漢簡本與帛書本都是《德經》在前、《道經》在後，與現存《道德經》傳本不同。「德道」與「道德」兩種篇序的版本是否爲不同學派所傳？這個問題一時恐怕還難以解答[一一]。從戰國諸子的引述看來，「德道」和「道德」兩種版本至少在戰國晚期已經並存。帛書本和漢簡本的先後發現，以及前引《七略》佚文，説明這兩種版本直到西漢中期仍然並行不衰。「德道」本究竟是何時退出歷史舞臺的？這還是一個疑案。

三、分章和章序

傳世各《老子》版本除嚴遵本外多分爲八十一章，對於其中有些章節的分合以及分章的具體位置，歷代學者爭論不絶，解決問題的希望只能寄托在出土簡帛古本上。郭店本每章之末多有方形墨釘或短墨綫作爲分章標誌[一二]，證明《老子》一書的分章起源甚早；但其内容僅相當於傳世本的五分之二，章節劃分和順序也與傳世本有很大不同，反映了《老子》分章的早期形態。帛書甲、乙兩本均連續抄寫，乙本没有任何分章標誌。甲本在《德經》部分的少數段落之前殘留有十九個圓形墨點，《道經》部分只有篇首一個墨點；大多數墨點的位置與傳世本的分章位置一致，少數則不同。

與以上三個版本相比，漢簡本最重要的優點之一就是保存了完整的篇章結構。每章均另起一簡抄寫，章首（第一道編繩之上）有圓形墨點「•」作爲分章提示符號，章尾未寫滿的簡形成「留白」，因此其分章情況一目瞭然。而且漢簡本内容保存最爲完整，尤其是章首、章尾基本没有殘缺，這就爲探討古本《老子》分章問題提供了最爲寶貴的原始資料。

漢簡本《上經》共分四十四章，與傳世本《德經》章數相同；《下經》共分三十三章，較傳世本《道經》少四章。全書共分七十七章，與傳世八十一章本相比，相同之處居多，不同者只有七處。

漢簡本分章大多與傳世本相同，這就爲解決以往學者對傳世本分章的很多質疑和爭議提供了新的證據。例如，傳世本二十章之首句「絶學無憂」，過去很多學者懷疑應屬上一章，與十九章之末句連讀爲「見素抱樸，少私寡欲，絶學無憂」[一三]。無論從句式還是文理上看，這一懷疑可以説是順理成章，

[一一] 過去曾有「德道」本爲法家傳本、「道德」本爲道家傳本的説法（見高亨、池曦朝《試談馬王堆漢墓中的帛書〈老子〉》，《文物》一九七四年第一一期），但目前已少有學者支持。

[一二] 這兩種符號在郭店本中也用作句讀符號，往往混用不加區别。

[一三] 參看高明《帛書老子校注》，中華書局，一九九六年，第三一五頁。

說服力很强。郭店本出土後，我們發現《老子》乙組竹簡中「絶學無憂」一句是相當於傳世本二十章的首句；而《老子》甲組竹簡中，「見素抱樸，少私寡欲」則是相當於傳世本十九章的末句；二者非但不屬同一章，而且不屬同一抄本。然而帛書本中十九章與二十章已經連抄，且無分章標誌，持懷疑論者仍可辯稱郭店本是早期雛形，漢代成熟的古本已非如此。現在我們在漢簡本中發現「見素抱樸，少私寡欲」和「絶學無憂」兩句正是分屬於上、下兩章：前者爲第六十章（傳世本十九章）之末句，後者爲第六十一章（傳世本二十章）之首句。這一强有力的證據不僅回答了歷代學者的懷疑，而且也提醒我們，古籍整理中缺乏直接版本依據而單純依靠「理校」，在方法上存在很大缺陷。

漢簡本分章與傳世本的不同之處分爲以下三種情況：

一、漢簡本將傳世本數章合爲一章，共有四處，其中三處是傳世本兩章合爲一章，一處是傳世本三章合爲一章。

（一）第四十二章相當於傳世本七十八、七十九兩章：

• 天下莫柔弱於水，而功（攻）堅强者莫之能失〈先〉也，以其無以易之也。故水之勝剛，弱之勝强，天下莫弗智（知），而莫能居，莫能行。故聖人之言云：受國之詢，是謂社禝（稷）之主；受國之不恙（祥），是謂天下之王。正言若反。（以上傳世本七十八章）和大怨，必有餘怨，安可以爲善？是以聖人執左契，而不以責於人。故有德司契，無德司肆（徹）。天道無親，恒與善人。（以上傳世本七十九章）

傳世本七十八章以水爲喻，闡明「柔弱勝剛强」的道理，七十九章則是説善人要寬以待人。兩章主旨相去較遠，傳世本將其分開似更爲合理。但嚴遵《老子指歸》將此二章合爲一章（名「柔弱於水篇」）[一四]，與漢簡本相同，可見這種分章方式亦自有其文本依據和流傳脈絡。

（二）第五十章（《下經》第六章）相當於傳世本第六、七兩章：

• 谷神不死，是謂玄牝；玄牝之門，是謂天地之根。緜（緜）虖若存，用之不墐（勤）。（以上傳世本第六章）天長地久。天地之所以能長且久者，以其不自生也，故能長生。是以聖人後其身而身先，外其身而身存。不以其無私虖？故能成其私。（以上傳世本第七章）

這兩章内容密切相關。傳世本第七章「天地之所以長且久者，以其不自生」，正是照應第六章「玄牝之門，是謂天地之根」而發。「天地」是由神秘的宇宙本源「玄牝」所生，故曰「不自生」。由「不自生故能長生」發展到下文的「無私故能成其私」，正合乎《老子》一書中常見的由「天道」推衍至「人事」的敘述模式。傳世本第六章只有短短兩句，重點在第一句對「玄牝」的議論，第二句則是對其狀態的形象描述，全章止於「天道」而未及「人事」。

[一四] 見嚴遵著、王德有點校《老子指歸》，中華書局，一九九四年，第一一四頁。

漢簡本將兩章合一，結構上形成了一個完整的單元，顯得比傳世本更爲緊湊合理。

（三）第七十三章（《下經》第二十九章）相當於傳世本三十二、三十三兩章：

•道恒無名，樸唯（雖）小，天下弗敢臣。侯王若能守之，萬物將自賓。天地相合，以俞（輸）甘露，民莫之令而自均安（焉）。始正有名，名亦既有，夫亦將智（知）止，智（知）止所以不殆。避（譬）道之在天下，猶小谷之與江海。（以上傳世本三十二章）故智（知）人者智，自智（知）者明。勝人者有力，自勝者强。智（知）足者富，强行者有志，不失其所者久，死而不亡者壽。（以上傳世本三十三章）

漢簡本在「知人者智」之上有一「故」字，顯示承接上文。傳世各本及帛書甲、乙本皆無此「故」字，説明帛書本此處的分章可能與傳世本相同。傳世本三十二章重在闡述「道」與「名」之間的關係，三十三章則是列舉爲人處世的八種境界，兩者内容上没有多大聯繫，傳世本分爲兩章似更爲合理。

（四）第六十章（《下經》第十六章）相當於傳世本十七、十八、十九三章：

•大（太）上，下智（知）有之；其次，親譽之；其次，畏之；其下，母（侮）之。信不足，安（焉）有不信。猶虖其貴言。成功遂事，百姓曰我自然。（以上傳世本十七章）故大道廢，安（焉）有仁義；智慧出，安（焉）有大僞；六親不和，安（焉）有孝茲（慈）；國家捪（昏）亂，安（焉）有貞臣。（以上傳世本十八章）絶聖棄智，民利百倍；絶仁棄義，民復孝茲（慈）；絶巧棄利，盜賊無有。此參（三）言以爲文未足，故令之有所屬。見素抱樸，少私寡欲。（以上傳世本十九章）

從文意看來，傳世本十八、十九章顯然是前後相承，十九章的「絶聖棄智」、「絶仁棄義」、「絶巧棄利」，是十八章「大道廢，有仁義；智慧出，有大僞；六親不和，有孝慈」的自然推論。故學者多懷疑這兩章本應爲一章，而遭後人强行割裂，現在就得到漢簡本的證實。至於傳世本十七章與十八章之間，表面看來不像十八、十九兩章關係那麽明確，傳世本將十七章劃分出來似乎也有其道理。但細味文意，傳世本十七章的宗旨是爲上治民需順其自然、反對人爲，十八、十九章則是圍繞此宗旨展開論述。與此前的十六章和此後的二十章相比，十七章與十八、十九章的關係顯然更爲密切。而且漢簡本在「大道廢」之前還有一個連詞「故」，將上下文連接在一起。帛書甲、乙本亦有此「故」字，説明兩章合爲一章的可能性也很大。郭店本爲此提供了更爲有力的證據，相當於傳世本十七、十八章的内容見於丙組竹簡一至三號，文字連續抄寫，中間没有任何符號，僅在最後有方形墨釘作爲分章號，故多數學者認爲這段文字應爲同一章。可見將傳世本十七、十八章合爲一章的傳統起源甚早，且流傳有緒，漢簡本應有其文本和師説的依據。傳世本十九章在郭店本中是位於甲組竹簡的開頭[一五]，説明將此章置於傳世本十八章之後的做法可能出現較晚，但也不能排除郭店本有意裁切的可能。

［一五］見荆門市博物館編《郭店楚墓竹簡》，文物出版社，一九九八年。李零先生把《老子》甲組竹簡分爲上下兩篇，而將此章置於「下篇」之首，見《郭店楚簡校讀記（增訂本）》，中國人民大學出版社，二〇〇七年。

二、漢簡本將傳世本一章分爲兩章，僅有一處。

（五）漢簡本第二十七、二十八兩章相當於傳世本六十四章：

•其安易持也，其未兆易謀也，其脃（脆）易判也，其微易散也。爲之其無有也，治之其未亂也。合抱之木，作於豪（毫）末；九成之臺，作於絫（虆）土；百仞之高，始於足下。

•爲者敗之，執者失之。是以聖人無爲，故無敗也；無執，故無失也。民之從事也，恒於其成事而敗之。故慎終如始，則無敗事矣。是以聖人欲不欲，不貴難得之貨；學不學，而復衆人之所過。以輔萬物之自然，而弗敢爲。

這兩章的宗旨判然有別，第二十七章强調的是「防微杜漸」，二十八章强調的是「無爲」、「無執」。在郭店本甲組竹簡中，相當於漢簡本二十八章的內容在前，二十七章的內容在後，二者之間至少相隔了相當於傳世本四章的內容[一六]。另外相當於漢簡本二十八章的內容亦見於郭店本丙組一一至一四號簡，文字與甲組有所不同。學者多由此指出傳世本六十四章原應分爲兩章，漢簡本的發現再次證明了這一點。傳世本將宗旨不同、文意没有多大關聯的兩章合爲一章，應該是爲了湊合特殊數字而强爲之，嚴遵本已然如此。

三、漢簡本分章位置與傳世本不同，有兩處。

（六）第二十一（傳世本五十八章）、二十二（傳世本五十九章）兩章：

•其正（政）昏昏，其民萅萅（惷惷）；其正（政）計計（察察），其國夬夬（缺缺）。福，禍之所倚；禍，福之所伏。夫孰智（知）其極？其無正，正復爲倚（奇），善復爲芺（妖）。人之廢，其日固久矣。

•方而不割，廉而不刖（劌），直而不肆，光而不燿。治人事天，莫如嗇。夫唯嗇，是以蚤（早）服。蚤（早）服是謂重積德，重積德則無不克，無不克則莫智（知）其極，莫智（知）其極則可以有國，有國之母可以長久。是謂深根固抵〈柢〉，長生久視之道也。

「方而不割，廉而不刖，直而不肆，光而不燿」四句，傳世本多屬上章，且句首多有「是以聖人」四字，顯示與上文的承接關係。帛書甲本此段殘缺，乙本無「聖人」二字，但仍有「是以」二字承接上文，故其分章方式應與傳世本相同。漢簡本「方而不割」四句屬於下章，且句首無「是以聖人」四字。此四句是形容有國治民者道德修養的理想狀態，應該低調收斂，避免鋒芒外露。傳世本五十九章的主旨在「治人事天莫若嗇」一句，「嗇」即收斂、愛惜之義，「方

[一六] 郭店本相當於漢簡本二十八章的內容（簡一〇—一三）之後，連抄有相當於傳世本三十七章、六十三章、第二章、三十二章的內容（簡一三—二〇），保留有五個相當於分章符號的墨釘。由於相當於漢簡本二十七章的內容（簡二五—二七）是另外起頭，其是否連接於簡二〇之後，學者還有不同意見。《郭店楚墓竹簡》一書是將相當於傳世本二十五章、五章、十六章的內容（簡二一—二四）排在簡二〇與二五之間。

而不割」四句正與「嗇」的宗旨相合。相比之下，此四句與傳世本五十八章內容上的聯繫似乎不是那麼明顯。值得注意的是，傳世各本中只有嚴遵本的分章方式與漢簡本相同，「方而不割」四句屬下章，名「方而不割篇」[一七]，且無「是以聖人」四字。

（七）第六十九（傳世本二十八章）、七十（傳世本二十九章）兩章：

•智（知）其雄，守其雌，爲天下谿；爲天下谿，恒德不離，復歸於嬰兒。智（知）其白，守其辱（黭），爲天下谷；爲天下谷，恒德乃足，復歸於樸。智（知）其白，守其黑，爲天下武〈式〉；爲天下武〈式〉，恒德不貣（忒），復歸於無極。樸散則爲成器，聖人用則爲官長。

•大制無畍（割）。將欲取天下而爲之，吾見其不得已。天下神器，非可爲，爲之者敗之，執之者失之。物或行或隨，或熱（噓）或炊（吹），或强或桂〈挫〉，或伓（培）或隋（墮）。是以聖人去甚，去奢，去泰。

「大制無割」四字，传世本屬上章，且多數版本句首多一「故」字，顯示與上文的承接關係[一八]。漢簡本「大制無畍（割）」四字屬下章，而且前無「故」字。「大制無割」是指剪裁衣服的最高境界不需要切割，與傳世本四十一章「大方無隅」、「大象無形」句式相同。此處强調的是「無爲」，與傳世本二十九章「天下神器非可爲」的主旨密合，而與二十八章「守雌」、「歸樸」的主旨相去較遠。本章用此句開頭，也符合《老子》一書用比喻「起興」、引出正文議論的慣例。值得注意的是，傳世本「故」字，帛書兩本皆作「夫」，爲句首語氣詞，因此帛書本「夫大制無割」五字很可能也是屬於下章；若按通行做法將其劃歸上章，則章末文意未盡即戛然而止，顯得非常突兀。傳世本可能正是著眼於此，才將「夫」字改爲「故」。

以上所舉漢簡本與傳世八十一章本分章的七處差異中，只有第一、三兩例是傳世本優於漢簡本，其餘五例都是漢簡本顯得更爲合理。而第一例的分章方式與嚴遵本相同，說明它雖然不盡「合理」，但至少在西漢中期已經出現，並有一定範圍的流傳[一九]。七例中有兩例與嚴本相合，說明二者之間應該存在一些文本上的聯繫；但我們還不能說兩者屬於同一版本系統，因爲嚴本的分章與八十一章本有五處不同，其中只有兩處與漢簡本相合，還有三處不合[二〇]。嚴本爲了湊合「七十二」的數字，分章上儘量採取「合」的做法，有些地方甚至罔顧文意。漢簡本雖然也是以「合」爲主，但仍有一個「分」的

〔一七〕見《老子指歸》，第六五頁。

〔一八〕僅景龍碑本、傅奕本等少數版本無「故」字。

〔一九〕由於嚴本《道經》部分早已亡佚，故第三例是否與嚴本相合已無法得到證實。但嚴本《道經》只分三十二章，較漢簡本還少一章，其將傳世本數章合爲一章的做法應該比漢簡本還多，因此第三例與嚴本相合的可能性是存在的。

〔二〇〕這五處不同是：一、將八十一章本的第三十九（昔之得一者）、四十章（反者道之動）合一，名「得一篇」；二、第五十七（以正治國）、五十八章（其政悶悶）合一，名「以正治國篇」；三、第六十七（天下謂我大）、六十八章（善爲士者不武）合一，名「天下謂我篇」；四、第七十八（天下莫柔弱於水）、七十九章（和大怨）合一，名「柔弱於水篇」；五、「方而不割，廉而不劌，直而不肆，光而不耀」四句屬下章，前無「是以聖人」四字，名「方而不割篇」。可惜嚴本《道經》早佚，否則其分章與漢簡本相合之處可能會更多一些。

例子（例五），而嚴本此處的做法恰與八十一章本相同，可見漢簡本的分章宗旨與嚴本大異其趣。另外，從帛書甲、乙本保存的少數有關分章的綫索看來，有與漢簡本相同之處，也有不同之處。如例七帛書本與漢簡本相同，例六則帛書本與漢簡本、嚴本不同，而是同於八十一章本。這説明在西漢時期，《老子》的章序雖然已經大體固定，但具體的分章形式尚未最後定型，當時不同家派傳授的文本，其分章形式可能多少有些差異。

裘錫圭先生曾根據郭店本指出，《老子》分章方面的變化，其主要趨勢是合而不是分[二一]。應該説這一判斷符合《老子》文本演變的大趨勢，在戰國至西漢早期表現得尤爲明顯。但是現在從漢簡本看來，在《老子》文本趨於定型的最後階段，即西漢中期至東漢時期，情況發生過反復，出現了「先合後分」的現象。一些在漢簡本中已經合併的章，在八十一章本中又分開了，當然這種「分」只是少數，而且大多有其文本方面的歷史淵源。

漢簡本每章均另起一簡抄寫，使章序的排列成爲難題，整理工作初期只能暫依傳世本章序排列。但我們也發現，漢簡本《上經》第四十四章（傳世本八十一章）之末緊接計字尾題，説明這一章的確是《上經》最後一章；這一點與傳世本一致，而與帛書甲、乙本不同[二二]。後來我們又根據簡背劃痕對章序進行了驗證，結果證明：若按帛書本章序排列，則凡帛書本與傳世本章序不同之處，其簡背劃痕均無法銜接；而按傳世本章序排列，則簡背劃痕基本可以銜接[二三]。這説明漢簡本的章序在《上經》和《下經》之内應與傳世本一致。過去學者根據帛書本四十二章（「道生一」）緊接四十章（「反者道之動」）之後，認爲傳世本章序乃錯簡所致[二四]；漢簡本證明這只是不同抄本之間的差異，不能斷定孰是孰非。由此可知，至遲在西漢中期已經出現了與傳世本章序一致的《老子》版本，説明《老子》一書章序的固定可能要早於分章形式的固定。

四、用字習慣

學者早已指出，帛書兩本並不是「善本」，抄寫者的文化水平不高，態度也不算認真，衍文、錯字、漏字比比皆是。與之相比，漢簡本抄寫者的文化水平要高得多，而且態度一絲不苟，通篇基本不見衍文、漏字，錯字也屈指可數[二五]。我們推測，漢簡本的抄寫者應非尋常以抄書爲生的書手，甚至不排除學者親自校訂手錄的可能。將漢簡本稱爲西漢中期的一個「善本」，應該是不過分的。

[二一] 裘錫圭《郭店〈老子〉簡初探》，參見《中國出土古文獻十講》，復旦大學出版社，二〇〇八年，第二〇四頁。

[二二] 帛書甲、乙本的章序大多與傳世八十一章本一致，僅有幾處不同：四十章與四十一章位置互倒；八十、八十一章提前至六十六章和六十七章之間；二十四章提前至二十二章之前（此處的章號皆為傳世本章號）。

[二三] 參看附錄四《西漢竹書〈老子〉簡背劃痕的初步分析》。

[二四] 《帛書老子校注》，第一九頁。

[二五] 明顯的錯字如第四十二章（傳世本七十八章）「攻堅强者莫之能失」，「失」爲「先」之訛；第五十三章（傳世本第十章）「愛民沽國」，「沽」爲「治」之訛。

帛書乙本篇末自注字數較漢簡本多出二百餘字，原因主要在於帛書兩本文句比較繁冗，使用虚詞較多。漢簡本文句顯得更爲精煉，一些不必要的虚詞已被删減，但仍然比傳世本（尤其是王本、河本）要多。例如第四十六章（傳世本第二章）：「故有無之相生，難易之相成，短長之相刑（形），高下之相頃（傾），言〈音〉聲之相和，先後之相隨。」郭店本及帛書兩本於「生」、「成」、「形」、「盈」[二六]、「和」之後皆有「也」字，王本、河本則「也」字與「之」字皆無，傳本則有「之」字、無「也」字，與漢簡本同。類似的例子還有很多，讀者可參看附録二。

在用字習慣方面，與傳世本相比，郭店本和帛書本使用假借字和異體字較多。雖然漢簡本也存在大量假借字[二七]，但總體上其用字習慣已更接近傳世本。例如「損」字，郭店本作「員」，帛書乙本多作「云」，皆爲假借字；帛書甲本作「敗」，即「損」之異體；漢簡本皆同傳世本寫作「損」。「谷」字，郭店本和帛書本多寫作「浴」，應該是戰國至漢初通行的異體字；漢簡本大多同傳世本作「谷」，僅一處作「浴」。但需要指出的是，用字習慣的變化非常複雜，與抄寫者的出身地域、文化傳統和個人習慣都有關係，並非時代越晚的版本越接近傳世本。比如王本第十三章「寵辱若驚」的「寵」字，漢簡本作「寵」，郭店本作「龘」，可視爲「寵」之異體；帛書甲本作「龍」，乙本作「弄」，皆爲音近假借字。同一章的「患」字，郭店本、帛書乙本和漢簡本皆同傳世本作「患」，而帛書甲本卻作「梡」，爲假借字。又如作爲動詞的「知」字，帛書兩本皆同傳世本作「知」，漢簡本卻同郭店本作「智」。

但是在少數具有顯著時代特徵的用字習慣上，漢簡本與郭店本、帛書本仍有接近之處。例如凡傳世本「不+及物動詞」結構中的「不」字，漢簡本皆作「弗」，如「弗爲」、「弗智」、「弗去」、「弗有」等，郭店本亦同，而帛書本已有個别地方改爲「不」（如甲本第七十三章「不召而自來」）。又如傳世本之「處」字，漢簡本多作「居」，與帛書本同。這些用法都反映出語言上的時代特點。

另外，漢簡本用字也有不同於帛書本和傳世本的獨特之處。比如傳世本常見的感歎詞「兮」，帛書本均作「呵」，漢簡本則多數作「旖」，少數作「虖」。阜陽漢簡《詩經》中的「兮」字也寫作「旖」，整理者認爲「或與方言不同」有關[二八]。這種用字差異值得重視和思考，如果確實是地域性特點，或能爲漢簡本抄寫者所出地域的推測提供綫索。

最後，漢簡本中有少數字形可能保存了戰國寫本的字形特徵，即所謂「隸古定」。如傳世本第二十五章「大曰逝，逝曰遠」的「逝」字，漢簡本作「慸」。此字亦見於阜陽漢簡《詩經》，如S034「毋慸我□」即《毛詩・邶風・谷風》「毋逝我梁」，S050「苞＝其慸」即《邶風・二子乘舟》「汎汎其逝」，S126「明星慸＝」，即《陳風・東門之楊》「明星哲哲」。胡平生先生指出，「慸」、「逝」古音同屬定母月部，古書中亦多見從「帶」與從「折」之字通用

[二六] 帛書兩本「傾」作「盈」，郭店本作「浧（盈）」。

[二七] 比如傳世本「形」字，漢簡本皆作「刑」；「妙」字，漢簡本皆作「眇」等。

[二八] 胡平生、韓自强《阜陽漢簡〈詩經〉研究》，上海古籍出版社一九八八年，第四六頁。

之例，如朱駿聲《説文通訓定聲》引《古文奇字》云：「𧃟，古文逝」[二九]。從這一綫索看來，讀爲「逝」的「𧃟」很可能也是戰國古文的隸定，但與郭店本的「灊」字不屬同一系統。另外同一章「獨立而不改」的「改」字，漢簡本作「孩」，郭店本作「亥」、帛書乙本作「玹」，顯然有一脈相承的關係。又如傳世本第十五章「强爲之容」的「容」字，帛書兩本亦作「容」，漢簡本卻與郭店本同作「頌」；「容」寫作「頌」應該是戰國時期流行的書寫習慣，上博楚簡《容成氏》之篇題作「訟成氏」，「訟」通「頌」。傳世本第三十五章「執大象」之「執」字，郭店本作「埶」，裘錫圭先生指出此處「埶」應讀爲「設」，古書及出土文獻多見以「埶」表「設」之例，帛書兩本「埶」已訛爲「執」[三〇]；漢簡本此字正作「埶」，保存了戰國寫本的正確字形[三一]。

五、文句方面的特點以及與其他《老子》版本的關係

與郭店本、帛書本以及傳世的幾種有代表性的《老子》版本相比較，漢簡本在總體上更接近帛書本，但也有一些與傳世本甚至郭店本相合之處，還有少數與各本皆異的獨特之處。

漢簡本文句接近帛書本之處可以第五十五章（傳世本第十二章）爲例：

• 五色令人目眂（盲），敺（驅）騁田獵令人心發狂，難得之貨令人行方（妨），五味令人之口爽，五音令人之耳聾……

漢簡本的文句順序與帛書甲、乙本完全相同。王本、河本、傅本、想本等此段皆作「五色令人目盲，五音令人耳聾，五味令人口爽，馳騁畋（田）獵令人心發狂，難得之貨令人行妨」。從文意看來，傳世本的順序顯得更加通順合理，但與簡帛古本不合，應是後人加以整齊的結果。另外值得注意的是，漢簡本的五個「令」字與傳世本相同，帛書兩本均作「使」。漢簡本句序同於帛書本，用字卻同於傳世本，這對於認識古書文本流傳的複雜性頗有啓發意義[三二]。

另外，漢簡本第二十章（傳世本五十七章）：「灋物茲（滋）章（彰）」，「灋物」傳世本多作「法令」，唯河本作「法物」。帛書甲本此二字殘，乙本殘存「物」字，郭店本亦作「灋勿（物）」，漢簡本與郭店本、帛書本顯然屬於同一系統。此處作「法令」者又見於《淮南子・道應》、《文子・微明》及《史記・酷吏列傳》等書引《老子》，應屬另一版本系統。「法物」和「法令」的内涵有所不同，「法令」即法律制度，「法物」的概念則更爲寬泛。馬王堆帛書《二三子問》有「德義廣大，灋物備具」之句，張政烺先生注釋引《管子・七法》：「尺寸也，繩墨也，規矩也，衡石也，斗斛也，角量也，謂之法。」注：「角

[二九] 見《阜陽漢簡〈詩經〉研究》，第四九—五〇頁。
[三〇] 裘錫圭《郭店〈老子〉簡初探》，參見《中國出土古文獻十講》，第二一五—二一六頁；《再談古文獻以「埶」表「設」》，收入何志華、沈培等編《先秦兩漢古籍國際學術研討會論文集》，社科文獻出版社，二〇一一年。
[三一] 帛書本尤其是乙本也保存了不少戰國寫本的字形，比如「四鄰」、「鄰國」之「鄰」，帛書乙本作「叟」，與郭店本相同，帛書甲本與漢簡本已作「鄰」，同於傳世本。
[三二] 漢簡本同於帛書本之例還很多，此處不煩多舉，讀者可參考注釋及附錄二。

亦器量之名，凡此十二事，皆立政者所以爲法也。」[三三]丁四新先生指出「灋物」不僅指法令之物，而是泛指大人行施教化的模範之物，包括禮樂、儀制用物，其説甚是；他還認為戰國至漢初的《老子》文本當作「法物」而非「法令」，二者的文本變異大概發生在西漢文景時期，與當時的社會思潮有關，也有一定道理[三四]。

漢簡本與帛書本的相同之處，可以回答過去學者對帛書本的一些懷疑。例如漢簡本第二十一章（傳世本五十八章）：「其正（政）昏昏，其民萅萅（蠢蠢）；其正（政）計計（察察），其國夬夬（缺缺）。」「其國夬夬」，帛書甲本作「其邦夬夬」，乙本僅殘存「其」字；傳世本大多作「其民缺缺」，「民」或作「人」，「缺」或作「鈌」。高明先生認爲帛書甲本的「邦」字乃「民」之誤，並將乙本殘缺之處也補爲「民」；他引用高亨先生之説，認爲「夬」、「缺」皆讀爲「狭」，「狭」同「獪」，狡詐也；此句意爲其政嚴明苛細，則民必狡猾狭詐[三五]。今得漢簡本之證，可見帛書甲本作「其邦夬夬」不誤，乙本的缺字也未必是「民」，或有可能是「國」。如果此句的主語作「邦（國）」，高亨先生將「缺」讀爲「獪」的舊解就不太合適了。帛書及漢簡本的「夬」字仍應讀爲「缺」，「缺缺」形容殘破之狀，主語作「邦（國）」或作「民」於句意並無太大影響。《淮南子·道應》引《老子》已作「其民缺缺」，可見西漢早期已並存兩種版本。

在漢簡本中還發現了一些與帛書本不同，但合於郭店本的地方。例如：

（一）第六十六章（傳世本二十五章）：「天大，地大，道大，王亦大。或（域）中有四大，而王居一焉。」帛書兩本及傳世各本此句均作「道大，天大，地大，王亦大」，而郭店本及《淮南子·道應》引《老子》則與漢簡本順序一致。從下文「人法地，地法天，天法道，道法自然」的順序看來，帛書本與傳世本以「道大」在「天大」之前，似乎更爲合理，故裘錫圭先生認爲郭店本順序「顯然不會是《老子》原貌」[三六]。漢簡本爲「天大」在前的順序又增添了一個文本證據，説明這種順序的文本從戰國中期到西漢中期一直流傳不絶，應視爲不同於帛書本的另一系統，而不是偶然的改動或筆誤。

（二）第五十六章（傳世本十三章）「何謂寵辱？寵爲下，是謂寵辱」一句，各本皆無「是謂寵辱」四字。「何謂寵辱」，帛書兩本及王本、傅本皆作「何謂寵辱若驚」；郭店本及河本皆無「若驚」二字，與漢簡本同。想本作「何謂寵辱爲下」，「辱」下疑脱重文號，則原文應作「何謂寵辱？辱爲下」，同於河本。

（三）第七十七章（傳世本三十七章）：「道恒無爲，侯王若能守之，萬物將自化。」「道恒無爲」，郭店本同，只「爲」下多「也」字；帛書兩本皆作「道恒無名」，傳世本作「道常無爲而無不爲」。漢簡本中將「道」與「無名」連言者只有兩處，其一即第四章（傳世本四十一章）「道殷無名」，其二

〔三三〕 張政烺著、李零等整理《張政烺論〈易〉叢稿》，中華書局，二〇一一年，第一六四頁。
〔三四〕 丁四新《郭店楚竹書〈老子〉校注》，武漢大學出版社，二〇一〇年，第一六四—一六六頁。
〔三五〕 《帛書老子校注》，第一〇九—一一〇頁。
〔三六〕 裘錫圭《郭店〈老子〉簡初探》，參見《中國出土古文獻十講》，第二〇九頁。

即第七十三章（傳世本三十三章）：「道恒無名，樸唯（雖）小，天下弗敢臣。侯王若能守之，萬物將自賓。」傳世本及郭店本亦同（郭店本僅有傳世本三十三章）。帛書本中相當於傳世本三十七章之處作「道恒無名」，很可能是受三十三章影響。而傳世本在「道恒無爲」之後加上「無不爲」，顯然是從四十八章「損之又損，以至於無爲，無爲而無不爲」移植而來。

漢簡本不同於帛書本，而同於傳世本之處，最具代表性者可舉以下三例：

（一）第一章（傳世本三十八章）：

• 上德不德，是以有德；下德不失德，是以無德。上德無爲而無以爲，下德【爲】之而無以爲，上仁爲之而無以爲，上義爲之而有以爲，上禮爲之而莫之應，則攘臂而乃（扔）之。……

「下德爲之而無以爲」一句，帛書甲、乙兩本均無。傳世本此句多作「下德爲之而有以爲」，唯傅奕、范應元、樓古三本作「下德爲之而無以爲」，與漢簡本同。此句若作「下德爲之而有以爲」，則與下文「上義」重複；若作「下德爲之而無以爲」，則與下文「上仁」重複。高明先生曾認爲傳世本衍「下德」一句，詞義重疊，造成內容混亂，純屬多餘，絕非《老子》原文所有，當爲後人妄增[三七]。但漢簡本的發現，說明此句的「妄增」至少在西漢中期已經出現。其出現的原因究竟是什麼？是抄寫時涉下文而誤衍，還是別有用意？值得繼續探討。

（二）第五十七章（傳世本十四章）：

……隨而不見其後，迎而不見其首。執古之道，以御今之有，以智（知）古以（始），是謂道紀。

第一句「隨而不見其後，迎而不見其首」同於帛書本。王本此句作「迎之不見其首，隨之不見其後」，現存各本順序多與之相同，唯景福碑本同於帛書、漢簡本。「執古之道，以御今之有」一句，漢簡本同於傳世本。帛書兩本「執古之道」均作「執今之道」，與傳世本文義恰好相反。高明先生認爲當以帛書本爲是[三八]。但漢簡本證明傳世本此句也有其版本依據，非後人妄改；帛書本未必正確，也有涉下文而誤的可能。

（三）第六十六章（傳世本二十五章）：

• 有物綸（混）成，先天地生。肅（寂）覺（寥），獨立而不孩（改），偏（遍）行而不殆，可以爲天地母。……

「偏（遍）行而不殆」一句，郭店本及帛書兩本皆無，傳世本作「周行而不殆」。高明先生曾認爲此句與「獨立而不改」形成駢體對文，爲六朝人所

[三七]《帛書老子校注》，第三頁。

[三八]《帛書老子校注》，第二八八—二八九頁。

增入[三九]。許抗生先生亦認爲此句是傳世本對「道」理解有誤而妄加的[四〇]。漢簡本證明此句至遲在西漢中期已經出現。

將漢簡本與最具代表性的幾種傳世版本對校，我們發現漢簡本與嚴遵《道德指歸》本相合之處頗多。除第三節介紹的兩處分章相同外，典型的語句相合之處可舉以下幾例：

（一）漢簡本第二章（傳世本三十九章，嚴本名「得一篇」）「谷得一以盈」句下，傳世本大多有「萬物得一以生」一句，嚴本及帛書兩本皆無。下文「谷毋已盈將恐渴（竭）」句下，傳世本多有「萬物無以生將恐滅」一句，與上文「萬物得一以生」相對應，嚴本及帛書本亦無。

（二）第二十章（傳世本五十七章，嚴本名「以正治國篇」）末句：「故聖人之言云：我無爲而民自化，我無事而民自富，我好靜而民自正，我欲不欲而民自樸。」帛書本及多數傳世本都是「好靜」句在「無事」句之前，只有嚴本句序與漢簡本相同。郭店本則以「無事」、「無爲」、「好靜」、「欲不欲」爲序，與各本皆異。

（三）第四十四章（傳世本八十一章，嚴本名「信言不美篇」）：「智者不博，博者不智；善者不辯，辯者不善。」傳世本大多作「善者不辯，辯者不善；知者不博，博者不知。」唯嚴本作「知者不博，博者不知；善者不辯，辯者不善。」句序同於漢簡本。帛書本此句作：「知者不博，博者不知；善者不多，多者不善。」與各本皆異。

（四）第二十七章（傳世本六十四章，嚴本名「其安易持篇」）末句：「百仞之高，始於足下。」傳世本「百仞之高」多作「千里之行」，嚴本及帛書本與漢簡本同。

（五）第十三章（傳世本五十章，嚴本名「出生入死篇」）：「蓋聞善聶（攝）生者，陵行不避冢（兕）虎」，「陵」字帛書本同，傳世本訛爲「陸」。「避」，帛書乙本作「辟」（甲本殘），通「避」，傳世本大多作「遇」，唯嚴本作「避」。此處作「避」，是說「善攝生者」在山林中行走不用躲避兕虎，即使遇見兕虎也不能加害於我；如作「遇」，則是說消極的不會遇見兕虎。顯然「避」比「遇」更符合本章的主旨。

以上所舉尚有未盡之處，讀者可參看釋文、注釋及附録「《老子》主要版本全文對照表」。這些例證說明漢簡本與嚴本之間的確存在一些文本上的聯繫，反過來也證明現存嚴本保存了一些西漢古本的原始面貌，其在《老子》文本校勘方面的價值應受到更多重視。但這並不是說漢簡本與嚴本屬於同一版本系統，因爲二者之間的差異比共同點還是要多得多。

除嚴本外，漢簡本與王弼本、河上公本、傅奕本、想爾注本等版本之間也或多或少存在一些聯繫。王弼本是唐代以後流傳較廣，影響較大的版本，

[三九] 《帛書老子校注》，第三四九頁。

[四〇] 許抗生《初讀郭店楚簡〈老子〉》，見姜廣輝主編《中國哲學》第二十輯，遼寧教育出版社，一九九九年，第九七頁。

也是學者公認受後世改動較多的版本。但由帛書本與漢簡本看來，王弼本仍然有一些與古本相合之處。例如：

（一）漢簡本第十四章（王本五十一章）：「亭（成）之孰（熟）之」，傳世本多作「成之熟之」，河本作「成之孰之」，帛書乙本及王本、傅本皆作「亭之毒之」（甲本殘存一「亭」字）。此句王本、傅本的用字還處於未破讀的狀態，較漢簡本更爲原始。

（二）第十八章（傳世本五十五章）：「𧒒（蜂）蠆蚖蛇弗赫（螫）」，「𧒒蠆蚖蛇」四字，帛書甲本作「逢𢓴螝地」，帛書乙本作「蠭癘虫蛇」，皆應如王本讀爲「蜂蠆虺蛇」。郭店本作「蚰（虺）蠆=（蟲）它（蛇）」，略有不同。其餘傳世本如河本、嚴本作「毒蟲」，傅本作「蜂蠆」，范應元本作「毒蟲虺蛇」，與古本的差異都比王本更大。

（三）第五十二章（傳世本第九章）：「功遂身退，天之道也」，帛書乙本、王本與漢簡本全同；郭店本、帛書甲本「遂」作「述」，其餘亦同。其餘傳世本「功遂身退」多作「功成名遂身退」，傅本作「成名功遂身退」，想本作「名成功遂身退」，與古本差別較大。

傅奕本據説源自北齊武平五年（五七四年）彭城人盜發「項羽妾冢」所獲的古《老子》。帛書本出土之後，學者注意到傅本與帛書本有很多相合之處，開始重視其版本價值。一九七六年出版的《馬王堆漢墓帛書——老子》（釋文簡注本）和一九八〇年出版的《馬王堆漢墓帛書（壹）》（皆文物出版社出版）都將傅本與帛書兩本製成全文對照表作爲附錄。漢簡本的發現再次證明傅本在很大程度上保存了古本面貌。例如在用字方面，王本第十四章「惚恍」二字，漢簡本作「没芒」，帛書乙本作「沕朢」；傅本作「芴芒」，「芴」字與帛書本相近，「芒」字則與漢簡本相同。凡傅本與帛書本、漢簡本皆相同之處這裏不再列舉，僅舉與帛書本不同而合於漢簡本的兩例：

（一）漢簡本第三十一章（傳世本六十七章）「以陳（陣）則正」四字，帛書乙本作「以單（戰）則朕（勝）」，甲本殘存「則勝」二字。傳世本大多作「以戰則勝」，與帛書本相合；唯傅本作「以陳則正」，同於漢簡本。

（二）第三十七章（傳世本七十三章）「繟（默）然善謀」，「繟然」二字，帛書甲本作「彈而」，乙本作「單而」，王本、河本作「繟然而」（《經典釋文》引河本「繟」作「墠」），嚴本作「坦然而」，傅本作「默然而」。「繟」即「默」之異體，「彈」、「單」、「繟」、「墠」皆讀爲「坦」。漢簡本與傅本爲同一系統，作「默然」；帛書兩本與王本、河本、嚴本爲同一系統，作「坦然」。

除以上介紹的漢簡本與各種出土和傳世《老子》版本之間的聯繫外，漢簡本還有少數與其他版本都不相同的獨特之處。其中最爲重要的是第七十二章（傳世本三十一章）：

• 夫觟（畫）美不恙（祥）之器也，物或惡之，故有欲者弗居也。是以君子居則貴左，用兵則貴右。兵者，非君子之器也，不恙（祥）之器也。不得已而用之，恬（銛）僂（鏤）爲上，弗美。若美之，是樂之；樂之，是樂殺人。是樂殺人，不可以得志於天下。……

「夫絓美」，帛書兩本皆作「夫兵者」，王本、河本、想本作「夫佳兵者」，樓古碑作「夫嘉兵者」，傅本作「夫美兵者」。學者很早就指出「佳兵」或「美兵」於文義難通，王念孫認爲「佳」乃「隹（唯）」之誤，盧文弨則認爲「佳」、「美」是動詞，其下「之器」二字應是衍文[四一]。帛書本出土之後，學者多認爲帛書作「夫兵者」是正確的，傳世本「兵」上之「佳」或「美」字應是衍文。

如今漢簡本又提供了新的文本證據。李零先生在討論漢簡本注釋時指出，「絓」應讀爲「佳」或「嫿」，「絓（佳）美」應指有美麗裝飾之物；《史記·扁鵲倉公列傳》引《老子》曰：「美好者，不祥之器」，與漢簡本屬同一版本系統。李先生之説給我很大啓發，但經過反復考慮，我覺得此句仍可有其他的解讀方式。若將「絓美」理解爲華美之物，則凡此類器物皆被視爲「不祥之器」而遭人厭惡，有些不合常理，與以下談「兵」的内容也没有直接聯繫；而且下文稱「有欲者弗居」，「有欲者」即有貪欲之人，華美之物正是其所「欲」，説「弗居」豈非自相矛盾[四二]？我覺得「絓」在此還可讀爲「畫」[四三]，「畫」在先秦古書中雖然多作「界劃」或「畫策」講，但也有「繪畫」、「裝飾」之義。如《爾雅·釋言》：「畫，形也」，郭璞注：「畫者，爲形象」，《釋名·釋書契》：「畫，繪也，以五色繪物象也」，《書·顧命》「畫純」孔疏曰：「彩色爲畫」。西周册命金文常見賞賜的車器有「畫輯」、「畫轉」，「畫」就是指彩繪裝飾（有可能是漆繪），另外小臣宅簋銘文有「畫干」，應該是漆繪的盾牌。「畫」由「彩繪」引申爲用各種手段裝飾美化，包括先秦時期先後流行的鑲嵌緑松石、錯金銀、鎏金銀等工藝，大概都可泛稱爲「畫」。「絓（畫）美」在此可作動詞解，「大絓（畫）美不祥之器也」應該連讀，是指裝飾、美化「不祥之器」的行爲[四四]。河上公注：「佳，飾也。祥，善也。兵者驚精神，濁和氣，不善之器，不當修飾之。」[四五]同樣是把「佳」理解爲動詞，義爲「修飾」，與我們上面的解釋相近[四六]。「物或惡之」是指美化「不祥之器」的行爲受到人們的普遍厭棄；「有欲者弗居」，是説即使有貪欲之人也不會蓄積這樣的「不祥之器」。這樣理解，本句就與下文「兵者不祥之器」及「恬僾爲上」等句密切銜接起來了。而《史記》引文作「美好者不祥之器」，「美好」應該是將「絓

[四一] 參看《帛書老子校注》，第三八七—三八九頁。

[四二] 「有欲者」，帛書甲本同（乙本殘），傳世本多作「有道者」，高明先生認爲「欲」假爲「裕」，「裕」、「道」音近可通，「有欲者」即「有道者」（《帛書老子校注》，第三八九頁），其說似非。與本句相似者亦見於漢簡本第六十五章（傳世本二十四章）：「其在道也，斜（餘）食叕（贅）行，物或惡之，故有欲者弗居。」帛書兩本亦皆作「有欲者」，傳世本作「有道者」。帛書整理組曰：「居，儲蓄。此言惡物爲人所棄，雖有貪欲之人亦不貯積。」其說較高先生之說更爲合理，傳世本「有道者」應是後人不解古本而誤改。

[四三] 「絓」屬匣母支部，「畫」屬匣母錫部（見郭錫良編著《漢字古音手册（增訂本）》，商務印書館，二〇一〇年，第一九頁），聲母相同，韻母陰入對轉，故可通假。

[四四] 在「絓」讀爲「佳」的前提下，也可將「佳美」理解爲形容詞，「佳美不祥之器」即有美麗裝飾的「不祥之器」；雖然其文意與將「絓美」理解爲動詞相差不大，但於「器」上疊置多個形容詞畢竟過於拖沓，故本文未取此說。

[四五] 「佳，飾也」三字影宋本無，據《經典釋文》補。

[四六] 現存河上公本經文已作「夫佳兵者不祥之器」（影宋本無「者」字，《道藏》河本有），將「佳」理解爲「修飾」，就其經文來講顯然不夠通順。因此頗疑此處經文可能經過後世改動或有訛誤，注文反而保存了早期文本的解說。

美」破讀爲「佳美」而來；增添「者」字之後又衍生出一種新的解釋，即凡有華麗裝飾之器物皆爲「不祥之器」。

「恬僂」二字，王本作「恬淡」，河本、想本作「恬惔」，傅本作「恬憺」，郭店本作「鋗𦆽」，帛書甲本作「銛襲」，乙本作「銛㦟」。勞健《老子古本考》已疑王本「恬淡」二字乃「銛鋭」之訛，謂兵器但取銛鋭，無用華飾也。裘錫圭先生肯定勞氏之説，認為郭店本「鋗」即「銛」字，「𦆽」應讀爲「功苦」之「功」，「銛功」就是説兵器以堅利爲上；帛書乙本的「㦟」亦可讀為「功」，甲本的「襲」應是從「龍」聲之字的形近訛字；「襲」、「淡」二字古音相去不遠，可能有人將「銛襲」一類異文讀爲「恬淡」，遂爲今本所襲用[四七]。裘先生之説很有道理[四八]。漢簡本的「恬僂」疑應讀爲「銛鏤」，《説文·金部》：「鏤，剛鐵也」，「銛鏤」即鋒利的鐵製兵器。郭店本的「𦆽」與帛書本的「襲」、「㦟」均從「龍」得聲，「龍」屬東部，「僂」屬侯部，二字聲母相同、韻母爲陰陽對轉，故可通假。「僂」、「惔」形近，疑「僂」先訛爲「惔」，再進一步變爲音近的「淡」、「憺」等字。漢簡本「恬僂」二字將帛書本、郭店本與傳世本銜接起來，讓我們看到這兩個字是如何一步步演變爲今天的形態。

「銛鏤爲上，弗美」，就是説兵器以鋒利爲上，不要加以裝飾、美化。春秋晚期至戰國時期的青銅兵器，多用錯金銀、鎏金銀、鑲嵌寶石等工藝加以裝飾，「弗美」就是反對這種奢靡之風（裘錫圭先生已有此説）。兵器是用來殺人的「不祥之器」，因此裝飾、美化這種「不祥之器」的行爲當然是不好的行爲，是以殺人爲樂，有志於天下之人不會這樣做。按照這種理解，本章的文氣就顯得非常順暢，層層遞進，首尾貫通。只是第二句「是以君子居則貴左，用兵則貴右」的「是以」二字顯得有些突兀，因爲此句與首句之間看不出因果承接關係。帛書兩本和多數傳世本此處皆無「是以」二字，唯傅奕本有，或爲衍文。

從郭店本和漢簡本看來，本章的宗旨並不是簡單的反對「兵」——兵器和戰爭，因爲戰爭在當時顯然是不可避免的；其重點在於强調「兵」是「不得已而用之」，反對統治者美化兵器、以戰爭爲樂的行爲，主張用一種莊重、謹慎的態度來對待戰爭。值得注意的是，郭店本此章恰好沒有首句，多數學者認為這一句是後來才添加進去或是從另外一章混入本章的[四九]。從郭店本看來，即使沒有首句，本章的文意也已經比較圓滿，添加首句未免有畫蛇添足之嫌。本章首句之所以出現如此複雜的版本歧異，或許正是因爲不同學派對本章主旨有不同的理解，所以在「嫁接」首句之時對其文字做了不同的處理。

帛書兩本開頭就講「夫兵者不祥之器」，下文又説：「故兵者，非君子之器。兵者，不祥之器也。」[五〇]如此反復强調，不避重複之嫌，説明其反對的對象首先是「兵」本身，而不是美化兵器的行爲。按照帛書本的理解，本章的核心應該是「不祥之器」，而不是「不得已而用之」和「弗（勿）美」。帛

[四七] 《郭店〈老子〉簡初探》，參見《中國出土古文獻十講》，第二一三—二一四頁。

[四八] 仍有不少學者認為帛書和郭店本的這兩個字應從王本讀爲「恬淡」，見《帛書老子校注》，第三九〇—三九一頁；《郭店楚竹書〈老子〉校注》，第三九八—四〇二頁。

[四九] 參看丁四新《郭店楚竹書〈老子〉校注》，第三九四—三九五頁。當然還有一種可能，即郭店本的編寫者已經見到包含首句的版本，但由於覺得該句與下文重複或文義難解而將其刪去了，不過這種可能性較小。

[五〇] 漢簡本此句作：「兵者，非君子之器也，不恙（祥）之器也。」王本作：「兵者，不祥之器，非君子之器。」其餘傳世本多同，都比帛書本要簡練。

書本與漢簡本的文字歧異背後，隱藏的是對本章宗旨的不同認識，也就是對待戰爭態度的微妙差别。單純從文句的簡潔通順看來，漢簡本似乎顯得更好一些，但由於其用字偏僻，很容易引起訛字或誤解，所以没有能夠流傳下來。

通過漢簡本，我們看到本章首句在西漢時期可能並存「兵者」與「觟（畫）美」（或「美好」）兩個版本系統。傳世本的「佳兵」和「美兵」應該是糅合這兩種版本而成，「佳」應爲「觟」之破讀，「佳兵」之「兵」也有可能是「美」之訛。漢簡本的發現，不僅爲校訂本章文句增添了重要證據，而且爲認識郭店本、帛書本與傳世本之間的演變脈絡提供了綫索。

結　語

總體看來，西漢竹書《老子》的文本形態介於帛書甲、乙本與傳世本之間，而更接近帛書本。無論是上、下篇的先後，分章和章序，還是具體到用字習慣和文句異同，無不反映出這種「過渡性」特徵，這與其所處時代也是相符的。同時，我們也不能簡單將漢簡本視爲任何一種傳世本的直接前身，因爲漢簡本與傳世各本的差異，比傳世各本之間的差異還是要大得多。

漢簡本最重要的學術價值，是爲我們提供了一個處於「定型」階段的完整而精善的《老子》古本，這固然爲《老子》一書的校勘增添了不少新的文本證據，但更重要的則是在郭店本、帛書本與傳世本之間架起了一座橋樑。現有的四個出土簡帛《老子》古本，形成了由戰國中期到西漢中期，由萌芽到成熟的完整鏈條，這在各種出土簡帛經典中是獨一無二的。不僅使我們對《老子》一書産生、發展、定型的過程有比較清晰的認識，也爲研究簡帛古書的演變規律提供了一個很好的範例。

在目前所見各種出土簡帛古書中，《老子》文本的穩定性顯得最爲突出。秦漢之際的帛書本與傳世本相比，其相同之處已遠多於差異，西漢中期的漢簡本則更接近傳世本。這一點不僅遠遠超越同時代的諸子類、兵書類簡帛古本，甚至連六藝類經典也罕有能與之相比者[五一]。古書文本的穩定性，與其「經典化」的年代和程度有很大關係。一般説來，「經典化」年代越早，程度越高，文本的固定就越早，穩定性也越强。從現有材料看來，《老子》的「經典化」及其文本的相對固定，很可能在戰國晚期已經完成，西漢時期的變化很有限。

漢簡本也讓我們進一步認識到古書文本傳承與演變的複雜性。漢簡本中的很多實例，有力地證明古書文本的演變不是一條簡單的直綫，而是多條綫索相互交錯形成的複雜「網絡」。一種古書在同一時代存在多個版本系統乃是常態，其中只有少數版本得以流傳至今或見於文獻記載。更多的版本雖然早

[五一]　比如大約抄寫於文景至武帝初年的銀雀山漢簡《吴孫子》、《齊孫子》、《晏子》、《尉繚子》、《太公書》，以及年代更早的馬王堆帛書和阜陽漢簡本《周易》、阜陽漢簡《詩經》等，與傳世本之間的差異都比較大。

已湮没無聞，但其文本特徵卻可能通過「隱伏」的形式傳遞下來，在時隔數百年甚至上千年以後「浮出水面」，出現在較晚的版本中。古書文本的演變既有同一版本系統的傳承、延續，也有不同系統之間的交互影響。古書傳抄過程中不斷加以校訂、改動，文本與解讀方式相隨而變，實際上相當於一種「再創造」[五二]。一種版本流行時間越長、範圍越廣、複製和注釋越多，其文本形態的變化就越大，一般來説也越接近現代人的閱讀習慣，河上公注本和王弼注本《老子》就是典型例證。不那麼受重視的版本由於傳抄、複製較少，後人的改動也少，反而能保存更多的古本特徵，嚴遵本與漢簡本的相似之處就充分説明了這一點。另外，個别出現較晚的版本由於參考了出土古本，所以呈現出很多較原始的特徵，傅奕本就是罕見的一例。當然，嚴本、傅本在流傳過程中不可避免的要受其他版本影響（尤其是流行程度較高的王本、河本），而改動較大的王本、河本也會或多或少保存一些與古本相合之處。

認識到這種複雜性，對於古籍整理尤其是出土簡帛文獻的整理和校勘，乃至古代思想文化史的研究，都有很重要的啟示意義。二十世紀七十年代幾批簡帛古書的大發現，在上古文獻和思想史研究領域產生了革命性的推動作用，尤其是解決了有關很多古書真僞的疑問，使「古書辨僞學」向「古書年代學」演進。但當時在簡帛古本有限的情況下，學者仍然將很多注意力放在簡帛本與傳世本孰是孰非的爭論上，實際上是把從簡帛本向傳世本的演變看做一種「單綫進化」。近年來，隨着上博簡、清華簡、北大簡等新出簡帛古書資料的面世，簡帛文本得到極大的擴充，一種古書往往有多個同時或不同時代的版本可供比較，這就促使我們超越過去的「單綫進化論」思維，更多的考慮古書文本演變的複雜性。對於一種古書乃至某一個文本特徵，不僅要研究其產生的年代早晚以及與傳世本的關係，更要將其放在當時的歷史背景中，進一步追問其產生的具體原因和過程。這種我們稱之爲「古書形態學」的研究，其最終目的是要揭示古書是如何一步步從簡帛古本的形態演變爲今天我們所看到的樣子。《老子》作爲出土簡帛古本最爲豐富、時代序列最爲完整的一種重要經典，無疑是「古書形態學」研究的最佳樣本，值得我們爲其付出更多的努力。

[五二] 夏含夷先生稱之爲"Rewriting"，見 Edward L' Shaughnessy: *Rewriting Early Chinese Texts*, State University of New York Press, 2006。

西漢竹書《老子》簡背劃痕的初步分析

韓巍

北京大學藏西漢竹書的竹簡背面普遍有極細的斜直刻劃痕跡[一]。我們發現這種劃痕與簡册的編聯順序有關，是極爲重要的信息，應妥善加以記録，並與竹簡其他資料一同公佈。由於多數劃痕既淺且細，肉眼在適宜光綫下可以觀察到，但照片卻很難清晰再現。經過研究，我們決定對全部竹簡背面的劃痕進行測量，記録其起止位置的數據，並以竹簡背面輪廓綫圖和測量數據爲基礎，繪製成「簡背劃痕示意圖」。現在，讀者根據本書中的「簡背劃痕示意圖」和附録一「西漢竹書《老子》竹簡一覽表」所收劃痕數據，就可以比較準確地掌握簡背劃痕的信息，並據以開展研究。《老子》在北大西漢竹書中是保存較爲完整的一種古書，而且有傳世本可以參照，其簡序排列不存在太大困難，從而爲驗證簡背劃痕的分佈規律提供了難得的樣本。

漢簡《老子》所有竹簡背面的劃痕均爲左高右低，也就是説，刻劃時的方向是從左上方向右下方斜行。據目前觀察，北大漢簡各種文獻的簡背劃痕都屬於類似的刻劃方式[二]。所有竹簡上的劃痕都細如髮絲，且十分平直，可見是用非常鋒利的金屬鋭器刻劃。刻劃使劃綫處的竹簡纖維結構變得相對脆弱，竹簡腐朽之後，在外力壓迫下容易從劃綫處折斷。漢簡《老子》的不少斷簡都有斜直平齊的斷茬，初看上去很像是被利刃所切斷，但經與相鄰竹簡的簡背劃痕位置對照，可以確定這些竹簡大多是從劃痕處折斷的[三]。這種斷簡的劃痕雖然大多已殘失，但從其折斷處仍能看出劃痕經過的位置。北大漢簡的其他簡册，以及已發表的部分清華簡中，也存在這種從劃痕處折斷而留下斜直斷茬的現象。大多數竹簡背後只有一道劃痕，但有十九枚竹簡有上、下兩道劃痕，上劃痕在接近竹簡頭端處，下劃痕接近竹簡中部。還有兩枚竹簡背後沒有發現劃痕（簡八四、一八七）。

［一］簡背劃痕現象是北京大學考古文博學院二〇〇九級本科生孫沛陽同學在參與清理北京大學藏秦簡牘時首先發現的，隨後我們檢查西漢竹書簡背，也普遍發現了劃痕。孫沛陽還注意到其他出土戰國秦漢簡册的背面也存在類似的劃痕或墨綫，並已撰文論述，見《簡册背劃綫初探》，《出土文獻與古文字研究》第四輯，上海古籍出版社，二〇一一年，第四四九—四六二頁（下引孫沛陽意見皆見該文）。

［二］據孫沛陽研究，目前所見戰國秦漢簡册的背劃綫絶大部分都屬於這種類型，僅清華簡《耆夜》存在少量的「反向」劃痕，説明當時可能還存在「W」形或「V」形的背劃綫形式。另外，目前所見簡册背劃綫大多是利器刻劃而成，但也有少數毛筆畫成的墨綫，見於包山楚簡和上博楚簡；北大秦簡中有一卷木簡背面也有類似的墨綫，但北大漢簡的簡背劃綫均爲刻綫。

［三］比如簡一三、四一、五九、八〇、一二三、一三一、一五一、一五四等都是從a段和b段之間折斷，簡一五二、一六九是從b段和c段之間折斷，劃痕都已經觀察不到。也有一些竹簡是從劃痕偏上方或下方折斷，劃痕仍有殘留，比如簡四〇、七〇、八三、一三四等都是如此。

我們首先根據今本《老子》章序排定了漢簡《老子》的竹簡次序，然後再觀察其簡背劃痕的走向，發現相鄰竹簡背面的劃痕大多能夠前後銜接，形成一條條完整的「劃綫」[四]。這些劃綫都是從竹簡上端開始，向右下方斜行，劃至竹簡中部，大多終止於第二道編繩上方[五]。大多數劃綫的起始處都接近竹簡頭端，穿過了第一道編繩所在位置。如果劃綫是在竹簡編聯成册之後形成的，那麼必然會避開編繩，從而使劃綫在編繩處中斷，而實際情況卻並非如此，這充分證明刻劃是發生在編聯之前。最初我們曾設想刻劃是在竹簡製成之後實施的，也就是説將修治完成的竹簡背面向上，整齊排成一排，然後在其上劃出一條條劃綫。但是我們也注意到，在前後兩條劃綫交界之處往往會出現劃綫不能正常銜接的現象，似乎不能用簡序在劃綫完成後發生顛倒、錯亂等理由來解釋。經過反復觀察並核對原簡，我們終於認識到劃綫不是形成於竹簡製成之後，而是在製簡之前；也就是説，製簡工匠先在截成適宜長度的竹筒上劃出螺旋狀的劃綫，然後再將竹筒劈破，製成一枚枚竹簡[六]。根據這一認識，我們將漢簡《老子》簡背的劃綫分爲十四組，其中《老子上經》部分有八組，《老子下經》部分有六組，見下表：

《老子上經》

劃綫分組	簡號	簡數
一	一—一八	十八
二	一九—三四	十六
三	三五—五三	十九
四	五四—七〇	十七
五	七一—八六	十六
六	八七—一〇〇	十四
七	一〇一—一一七	十七
八	一一八—一二三	六

《老子下經》

劃綫分組	簡號	簡數
一	一二四—一四一	十八
二	一四二—一五七	十六
三	一五八—一七四	十七
四	一七五—一八八	十四
五	一八九—二〇四	十六
六	二〇五—二二一	十七

〔四〕孫沛陽將若干支簡背後的刻綫或墨綫段連貫而成的直綫稱爲「簡册背劃綫」，本文所説的「劃綫」含義與之接近。本文所説的「劃痕」除了泛指竹簡背面由製作者有意留下的刻劃痕跡外，也特指單枚簡上的小段刻劃痕跡。

〔五〕清華簡已發表資料所見簡背劃綫均位於竹簡上半段，嶽麓秦簡《三十四年質日》的簡背劃綫亦位於竹簡上半段，《二十七年質日》和《三十五年質日》的簡背劃綫則位於竹簡下半段。

〔六〕孫沛陽前引文已經提出，清華簡《耆夜》和《皇門》的簡背劃綫似乎是先刻劃在竹筒上，再破筒製簡。據清華大學出土文獻保護與研究中心沈建華先生介紹，清華簡《繫年》的簡背劃痕應該是刻劃在竹筒上的（孫沛陽在與筆者交流時也提出同樣的意見）。我們也由此得到重要的啓發。

下面對每組劃綫做一下簡單分析（讀者可同時參看「簡背劃痕示意圖」及「西漢竹書《老子》竹簡一覽表」）。

《老子上經》

第一組：簡一——簡一八

簡一（上 0.8/1.4，下 10.2/10.6）[七]和簡一八（上 0.1/0.7，下 7.9/10.1）都是上、下兩道劃痕，簡一的兩道劃痕均可上接簡一八，但簡一八的上劃痕不能與其後的簡一九（1.0/1.7）銜接，説明簡一九不屬於本組。本組劃綫是從簡一八的上劃痕開始，至簡一的下劃痕結束，在兩枚竹簡上發生重疊，整條劃綫基本可以銜接（圖一）。

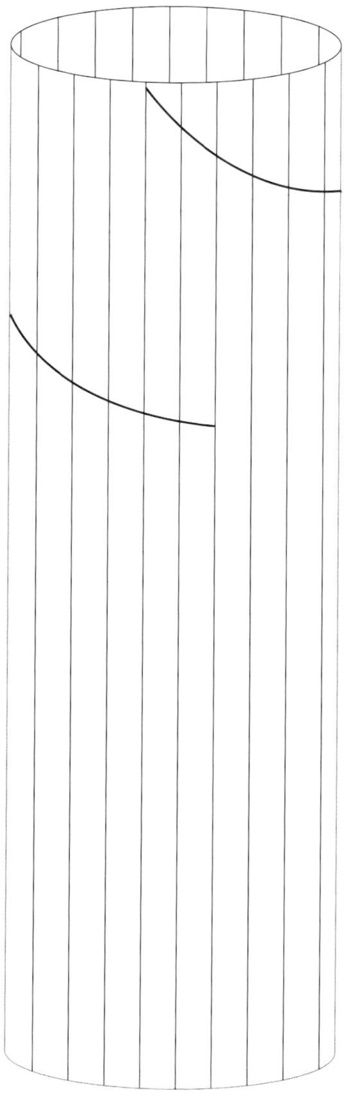

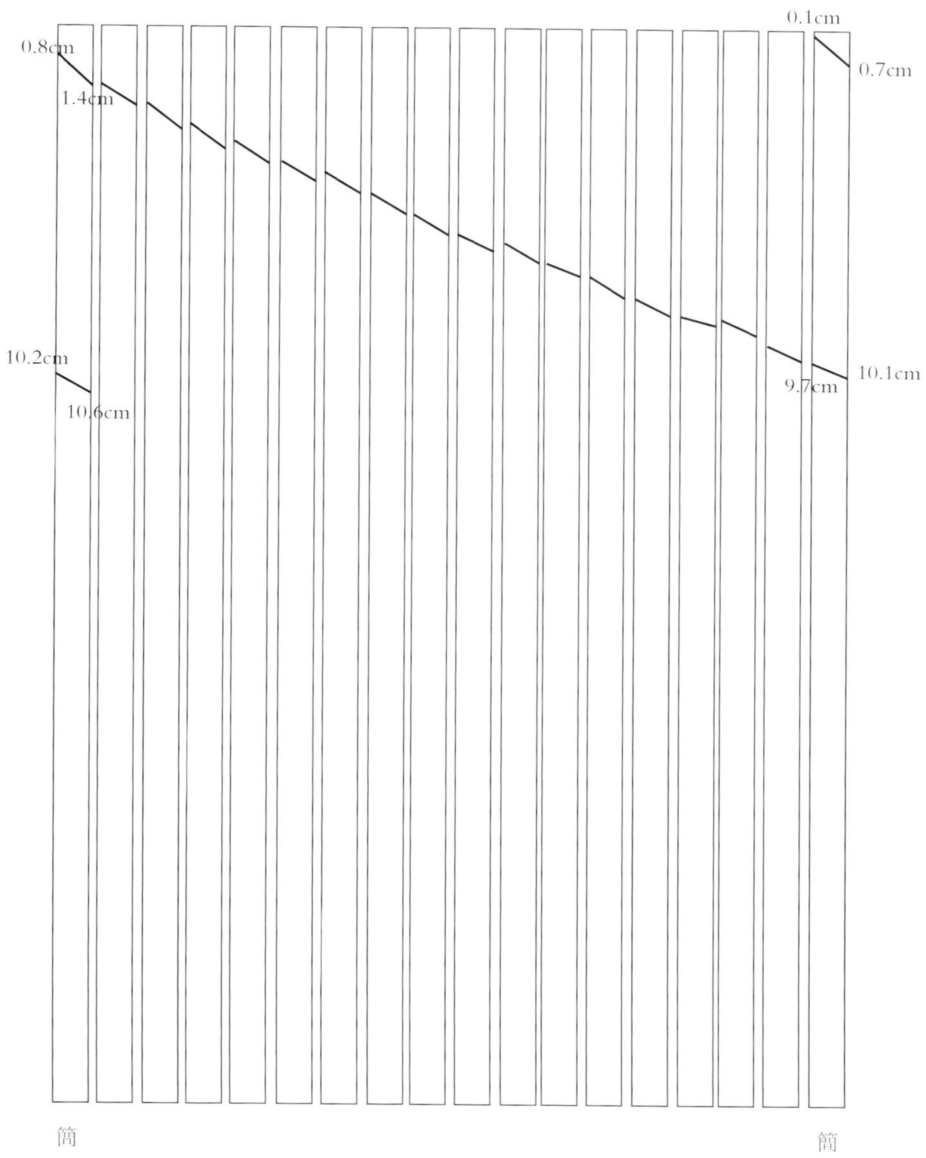

圖一

[七] 括號内爲簡背劃痕數據，斜綫前後分别爲劃痕左端和右端距該簡頭端的長度，單位爲「厘米」。

第二組：簡一九——簡三四

簡三四爲兩道劃痕（上0.1/0.9，下10.6/11.1），其下劃痕可以上接簡三三（10.0/10.4），其上劃痕可下接簡一九（1.0/1.7）。但簡三四與其後的簡三五（上0.9/1.5，下13.4/13.9）之間，上劃痕可以銜接，下劃痕却無法銜接，説明兩簡並非同組。本組劃綫是從簡三四的上劃痕開始，至簡三四的下劃痕結束，只在一枚竹簡上發生重疊。簡三二背面未發現劃痕，但似乎是從劃痕處折斷，其折斷位置比相鄰竹簡的劃痕高出一厘米多，除此之外，整條劃綫基本可以銜接。

第三組：簡三五——簡五三

簡三五（上0.9/1.5，下13.4/14.9）和簡五三（上0.1/0.9，下12.8/13.4）均爲兩道劃痕，簡三五恰好上接簡五三。簡五三的兩道劃痕與其後的簡五四（2.7/3.4）都無法銜接，説明兩簡並非同組。本組劃綫是從簡五三的上劃痕開始，至簡三五的下劃痕結束，在兩枚竹簡上發生重疊，整條劃綫基本可以銜接。

第四組：簡五四——簡七〇

簡六九（上0.1/1.2，下15.3/16.0）和簡七〇（上1.5/2.5，下16.3/16.9[八]）均爲兩道劃痕，且基本可以銜接。簡七〇的上劃痕可下接簡五四（2.7/3.4），但其兩道劃痕均無法與簡七一（上1.3/2.3，下15.9/16.4）銜接，説明兩簡並非同組。本組劃綫是從簡六九的上劃痕開始，至簡七〇的下劃痕結束，在兩枚竹簡上發生重疊。而且本組劃綫傾斜度較大，相鄰兩簡的劃痕大多有兩毫米左右的間隔。簡六六與簡六七之間遺失一簡，從兩簡劃痕位置看來，中間恰好相隔一簡。簡六〇與簡六一的劃痕相隔〇·六厘米，中間可能缺少一簡，但正面文字是連貫的。簡六三、簡六二的劃痕分别比簡六二、簡六一高出〇·二厘米，除此之外，整條劃綫基本可以銜接。

第五組：簡七一——簡八六

簡七一（上1.3/2.3，下15.9/16.4）和簡八六（上0.1/1.2，下15.3/15.8）均爲兩道劃痕。簡八六恰好可以下接簡七一，但其上劃痕無法與簡八七（1.7/2.2）銜接，説明簡八七不屬於本組。本組劃綫是從簡八六的上劃痕開始，至簡七一的下劃痕結束，在兩枚竹簡上發生重疊。簡八〇與簡八一之間遺失一簡，從兩簡劃痕位置看來，中間恰好相隔一簡。簡八四背後未發現劃痕，從簡八三、簡八五劃痕位置看來，中間也恰好相隔一簡。除此之外，整條劃綫基本可以銜接。

〔八〕　因此簡折斷，下劃痕原爲距竹簡下端測量，此處數據乃用三十二·一厘米減去原測量數據而得。

第六組：簡八七——簡一〇〇

本組簡均只有一道劃痕。簡一〇〇（0.1/0.8）的劃痕是從竹簡頭端開始，與簡九九（10.0/10.4）、簡一〇一（1.7/2.4）以及簡八七（1.7/2.2）的劃痕都無法銜接。考慮到第七組劃綫的情況，仍將簡一〇〇歸入本組。本組劃綫是從簡一〇〇開始，至簡九九結束，簡一〇〇與簡八七之間應該缺少一簡。簡九二和簡九三的劃痕相隔〇·五厘米，中間可能也缺少一簡。除此之外，整條劃綫基本可以銜接。

第七組：簡一〇一——簡一一七

簡一一六爲兩道劃痕（上0.1/0.8，下11.7/12.1）。簡一一七（0.9/1.6）可上接簡一一六的上劃痕，下接簡一〇一（1.7/2.4），但與簡一一八（0.1/1.0）不能銜接，説明簡一一八不屬於本組。本組劃綫是從簡一一六的上劃痕開始，至該簡的下劃痕結束，只在一枚竹簡上發生重疊。簡一〇六和簡一〇七的劃痕相隔〇·五厘米，中間可能缺少一簡，除此之外整條劃綫基本可以銜接。

第八組：簡一一八——簡一二三

簡一一八爲兩道劃痕（上0.1/1.0，下13.5/14.0[九]）。本組劃綫僅有六枚竹簡，應該不完整，而且與《老子下經》的第一組劃綫不能銜接。估計當時只取用了本組開頭的六枚簡，其餘竹簡可能被用於他處或廢棄。

《老子下經》

第一組：簡一二四——簡一四一

簡一二四爲兩道劃痕（上0.1/0.6，下9.5/9.9）。簡一四一（9.0/9.5）可以下接簡一二四的下劃痕，但不能與簡一四二的下劃痕（10.2/10.6）銜接，説明簡一四二不屬於本組。本組劃綫是從簡一二四的上劃痕開始，至該簡的下劃痕結束，只在一枚竹簡上發生重疊。簡一四〇與簡一四一的劃痕相隔〇·五厘米，中間可能缺少一簡，除此之外，整條劃綫基本可以銜接。

第二組：簡一四二——簡一五七

簡一四二（上0.9/1.4，下10.2/10.6）和簡一五七（上0.3/0.8，下9.6/10.1）均爲兩道劃痕，簡一五七恰好可以下接簡一四二，但簡一五七的兩道劃痕都無法與簡一五八（1.2/1.9）銜接，説明兩簡並非同組。本組劃綫是從簡一五七的上劃痕開始，至簡一四二的下劃痕結束，在兩枚竹簡上發生重疊，整條劃綫基本可以銜接。

[九] 因此簡折斷，下劃痕原爲距竹簡下端測量，此處數據乃用三十二·一厘米減去原測量數據而得。

第三組：簡一五八——簡一七四

本組簡均只有一道劃痕，整條劃綫可以銜接。

第四組：簡一七五——簡一八八

簡一七五（上1.2/1.9，下11.5/11.9）和簡一八八（上0.1/1.0，下11.0/11.4）均爲兩道劃痕。簡一八八可以下接簡一七五，但與簡一八九（上0/0.6，下12.3/12.8）無法銜接，説明兩簡並非同組。本組劃綫是從簡一八八的上劃痕開始，至簡一七五的下劃痕結束，在兩枚竹簡上發生重疊。簡一八七背面未發現劃痕，從簡一八六和簡一八八的劃痕位置看來，中間可能相隔一到兩枚竹簡；另外簡一八〇和簡一八一的劃痕相隔〇·六厘米，中間可能缺少一簡，除此之外整條劃綫基本可以銜接。

第五組：簡一八九——簡二〇四

簡一八九（上0/0.6，下12.3/12.8）、簡一九〇（上0.9/1.6，下12.9/13.4）均爲兩道劃痕。本組劃綫是從簡一八九的上劃痕開始，至簡一九〇的下劃痕結束，在兩枚竹簡上發生重疊。簡一九〇的上劃痕與簡一九一（2.5/3.3）之間相差〇·九厘米，簡二〇四（11.3/11.8）與簡一八九的下劃痕之間相差〇·五厘米，中間可能各缺少一枚竹簡；除此之外，整條劃綫基本可以銜接。

第六組：簡二〇五——簡二二一

簡二二一爲兩道劃痕（上0.1/0.8，下12.1/12.7），其上劃痕可下接簡二〇五。本組劃綫是從簡二二一的上劃痕開始，至該簡的下劃痕結束，只在一枚竹簡上發生重疊，整條劃綫可以銜接。

通過以上分析，可以大致總結出漢簡《老子》簡背劃綫分佈的幾點規律。

一、每組劃綫最後一枚簡的劃痕大多能夠與該組第一枚簡銜接，而不能與下一組劃綫的第一枚簡銜接，也就是説一組劃綫可以閉合爲一個完整的螺旋形圓周（圖一）。這説明劃綫應該是在製簡之前刻劃在竹筒上的，每組劃綫所包含的竹簡都是由同一個竹筒破開製成。劃綫在竹筒上形成一個完整的螺旋形圓周後，往往還要再向前延伸一小段，與劃綫的起始處發生重疊，因此多數劃綫都會有一到兩枚竹簡出現上下兩道劃痕〔一〇〕。未出現重疊的劃綫，

〔一〇〕在清華簡和嶽麓秦簡已公佈的資料中，也存在劃綫發生上下重疊的現象；不同的是，清華簡和嶽麓秦簡的重疊部分可跨越五六枚竹簡，而北大漢簡《老子》的重疊部分只有一到兩枚竹簡。孫沛陽認爲，嶽麓秦簡《質日》的背劃綫是在竹簡製作完成後再劃的，而清華簡《耆夜》和《皇門》簡背劃綫的情況似乎是先在竹筒上劃綫再破筒製簡。清華簡《繫年》的劃痕很可能也是先刻劃在竹筒上的。看來在製作竹簡之前先在竹筒上劃綫的工藝傳統非常悠久，從戰國中期一直延續到西漢。而在先製簡後劃綫的情況下，也會出現兩條劃綫發生重疊的現象，其原因還需要進一步研究。

可能是刻劃時就没有發生重疊，也可能是重疊處的竹簡被廢棄。一條完整的劃綫包含十六至十九枚竹簡不等，由於竹簡的粗細有别，製成的竹簡數量自然不盡相同。由漢簡《老子》竹簡的平均寬度〇·八至〇·九厘米，乘以每組竹簡的數量，再加上製簡時的損耗（大約每簡〇·一厘米），即可推算出竹筒的直徑大約在五至六厘米之間。北大漢簡的竹材種屬經過科學鑒定，認定是剛竹[一一]，漢簡《老子》所用竹筒的直徑與剛竹的屬性相符。

二、每組劃綫的起始處距離竹簡頭端〇至〇·三厘米不等，考慮到製簡時邊緣的損耗，每條劃綫應該都是從竹筒頂端開始刻劃的[一二]。但在竹簡製成後擺放之時，很少把位於劃綫起始處的竹簡放在每組第一位，大多是把第二或第三枚竹簡放在第一位。因爲竹筒是圓柱體，從何處破開製簡，竹簡從何處開始擺放，完全可以是隨意的行爲。但漢簡《老子》簡背劃綫顯示，製簡工匠是有意識地從一條劃綫的接近起始處開始擺放一組竹簡，儘量保持一條劃綫視覺上的完整性。這應該是爲了更好地發揮簡背劃綫在指示竹簡編聯次序時的作用。

三、很多相鄰竹簡的劃痕不能嚴密銜接，後一枚簡的劃痕往往比前一枚簡低〇·五到〇·三厘米左右，而且前後幾枚竹簡劃痕的間隔距離往往接近。這是因爲劃綫先刻劃在竹筒上，在破開竹筒、製作竹簡的過程中，必然要對竹簡邊緣刮削修治，帶來一些損耗，由此造成相鄰竹簡劃痕之間的間隔。還有少數地方，相鄰幾枚竹簡之間出現後一枚簡的劃痕比前一枚簡高出幾毫米的「反常」現象；這也是由於劃痕事先刻劃於竹筒上，在破筒、製簡過程中會發生一些特殊情況（比如竹簡的一端被截短等），造成這種少量的劃痕「錯位」。

四、大約有八處相鄰兩枚竹簡的劃痕不能銜接，而劃痕之間的距離恰好相當於一枚竹簡的情況。其原因有兩種可能：一是製簡時兩簡之間有一枚竹簡損壞而被廢棄，二是抄寫時兩簡之間的一枚竹簡寫錯而被廢棄[一三]。《老子下經》第三組劃綫是從距離竹簡頭端一·二厘米處（簡一五八）開始，位於該劃綫起始處的一到兩枚竹簡應該也是由於損壞或寫錯而被廢棄了。另外簡八四和簡一八七背面未發現劃痕，其原因也有兩種可能：一是刻劃時由於特殊原因恰好没有在該簡所在位置留下劃痕，二是抄寫時原在該位置的竹簡因寫錯而被廢棄，替換上一枚背面無劃痕的竹簡。漢簡《老子》簡背劃綫總體上銜接比較緊密，「廢簡」數量不多，這説明無論是製簡工匠還是抄寫者，其技藝都非常純熟。

將簡背劃綫分組與竹簡文字内容分章相對照，兩組劃綫的交界處既有在兩章之間的（如《老子上經》第一組和第二組、第三組和第四組之間），也有在一章之内的（如《老子上經》第二組和第三組、《老子下經》第一組和第二組之間），這説明劃綫分組與簡文分章並無一定的對應關係。如果按照傳世八十一章本《老子》的章序來排列竹簡，簡背劃綫絶大多數可以正常銜接，每組劃綫都能保持完整，前後兩組劃綫的交界處也非常清晰；而按帛

[一一] 見胡東波、王愷、張瓊《北大西漢竹簡的科技分析》，《文物》二〇一一年第六期，第九〇頁。
[一二] 一般説來，接近竹簡頭端的劃痕較粗而深，接近竹簡中部的劃痕較細而淺，這也證明刻劃是從竹筒頂端開始，至中部結束。
[一三] 孫沛陽指出，在清華簡和嶽麓簡已發表的資料中，也存在正面文字可連讀，而背面劃綫不能銜接的現象，有些劃綫也是正好間隔了一到數枚竹簡；他認爲這些缺少的竹簡應該是抄寫時損壞或寫錯而廢棄的，稱之爲「廢簡」。

書《老子》的章序排列竹簡，結果是多處簡背劃綫不能正常銜接。通過簡背劃綫的驗證，確定漢簡《老子》的章序在《上經》和《下經》之内應與傳世本一致。《老子上經》的結尾處只有一組劃綫的開頭六枚簡，《老子下經》的開頭則是一組完整的劃綫，兩者之間不能銜接；這説明《上經》和《下經》不是連續抄寫、合編爲一册，而應該是各自編爲一册，兩個書寫於簡背的篇題也證明了這一點。

漢簡《老子》簡背的劃綫是在製簡之前刻劃於竹筒上的，劃綫形成之後還要經過破筒、製簡、修治、等齊、殺青、刻契口、書寫、編聯成册等工序。漢簡《老子》文字書寫非常整齊，字距均匀，而且在編繩所在位置留有明顯的空白。按照通常的認識，應該是在編聯成册之後再抄寫文字。但也有學者提出中國古代的書寫習慣是一手執簡、一手執筆書寫，這與畫像和陶俑所見「寫簡」形象相符；而且竹簡在編聯之前還要刻上用於固定編繩的契口，即使没有編繩，抄寫者根據契口位置的指示也很容易在編繩處預留空白。漢簡《老子》簡背劃綫非常連貫，説明在劃綫形成之後，簡序基本没有擾亂。如果是先寫後編的話，那麽製簡、書寫、編聯三個環節必須銜接非常緊密，最好在同一地點完成，形成流水綫作業；尤其是在竹簡製成之後、書寫之前，不能經過長途搬運，否則很難保證竹簡次序不發生混亂。但在這種情況下，寫錯的竹簡可以隨時廢棄或替换，而不必在簡面上刮削，保證了簡册的高質量。如果是先編後寫，則製簡、編聯可以與書寫分離，前兩個環節在製簡作坊完成，製成的簡册可以經過長途搬運和長期放置，待需要時再抄寫文字。但在事先編好的簡册上書寫，出錯時只能將錯字削去，否則就要解散簡册來替换「廢簡」，非常麻煩。漢簡《老子》有多處相鄰竹簡的劃痕不能銜接，中間相隔一枚竹簡的情況，這中間的一枚「廢簡」既有可能是在製簡過程中損壞，也有可能是在抄寫過程中寫錯而廢棄〔一四〕。如果是前一種情況，漢簡《老子》簡册屬於先編後寫或先寫後編的可能性都存在；如果是後一種情況，則只能是先寫後編。我們覺得先寫後編的可能性更大，但目前還不能完全排除先編後寫的可能〔一五〕。

孫沛陽指出，簡册背劃綫形成於編聯之前，其目的是爲竹簡標示次序，爲編聯成册作準備；而且在竹簡編繩斷裂、簡册散亂、需要重新編聯之時，還可以指示竹簡次序，防止發生錯簡、漏簡；對於今天整理出土竹簡的工作，也有重要的參考價值。因爲出土簡册編繩大多腐朽，簡册往往有過移動，竹簡次序發生混亂，與古代「韋編三絶」的情況非常相似；尤其是一些非考古發掘出土的竹簡，其原始狀態往往遭破壞，甚至竹簡本身也有損壞；而今人在釋讀古文字方面又面臨更大的困難，在這種情況下，任何一點指示竹簡編聯次序的綫索都極其寶貴。簡背劃綫現象的發現，對於出土竹簡的整理，

〔一四〕　這一認識的前提是漢簡《老子》簡背劃綫形成於製簡之前，如果是像嶽麓秦簡《質日》那樣在竹簡製成後再劃綫，那麽出現上述情況就只有抄寫時寫錯而造成「廢簡」這一種可能。

〔一五〕　孫沛陽認爲，在製作簡册的流程中，劃綫、編聯、書寫這三個環節的先後順序有三種類型：像《質日》、《爲吏之道》等分欄書寫、横讀類的簡册，應該是先劃綫，再編聯，最後書寫；而對於普通豎行直讀的簡册，則可能存在「書寫—劃綫—編聯」與「劃綫—書寫—編聯」兩種情況（他也認爲這類簡册是「先寫後編」）。無論哪種流程，劃綫的環節都在編聯之前。這一認識已得到漢簡《老子》的證實。不過分欄書寫的簡册是否都是先編聯、再書寫，還值得進一步研究；古人可以先在竹簡上刻劃或畫出欄綫，借助它來保證書寫的整齊，睡虎地秦簡《爲吏之道》就有鋒刃劃出的欄綫。

尤其是簡序的編排有很大幫助，同時也大大推動了古代簡册制度的研究，這些孫沛陽前引文都有舉例説明。但他也謹慎地指出，在簡册書寫、編聯過程中存在一些不可知因素，因此在整理竹簡時不能孤立運用簡背劃綫，而應綜合考慮竹簡尺寸、文字内容等信息，將其與簡背劃綫彼此互證。

因爲有傳世本可供參照，漢簡《老子》一章之内的簡序編排並無問題，但由於每章均另起一行書寫，其章序的編排在整理工作初期一直困擾着我們，而簡背劃綫在解決這個難題時發揮了關鍵作用。然而我們也注意到漢簡《老子》同一卷簡册背面存在多條劃綫，如果不考慮簡文内容，同屬一條劃綫的竹簡固然可以根據劃綫走向依次編排，但屬於不同劃綫的竹簡卻會出現多種銜接的可能性。對於那些没有傳世本可供參考的古佚書，即使將簡文内容與簡背劃綫互相參照，也仍然會出現某簡既可與甲簡銜接，又可與乙簡銜接的情況。而且簡背劃綫還存在一些不能緊密銜接的地方，在這種情況下更容易發生錯誤。但簡背劃綫因素的加入，畢竟使簡序編排時的選擇範圍大大縮小，降低了發生錯亂的概率，其作用不可小視。

以上僅以西漢竹書《老子》爲例，就其簡背劃痕的分佈規律以及對竹簡整理工作的參考價值做了一點初步的研究。在北大藏西漢竹書其他文獻的整理中，我們也將簡背劃痕作爲簡序編排的重要參考，並已取得一定成果；但其他文獻簡背劃痕的分佈規律是否與《老子》相同，目前還無法確定。相信隨着西漢竹書整理工作的繼續開展，以及其他出土簡册資料的陸續公佈，我們對簡背劃痕現象的形成原因和規律性的認識也會不斷深入，它在出土簡册的整理工作中也一定會發揮更大的作用。

圖書在版編目（CIP）數據

北京大學藏西漢竹書.貳/北京大學出土文獻研究所
編.-- 上海：上海古籍出版社，2012.12（2021.8 重印）
ISBN 978-7-5325-6099-8

Ⅰ.①北… Ⅱ.①北… Ⅲ.①竹簡文－研究－中國－
西漢時代 Ⅳ.① K877.54

中國版本圖書館 CIP 資料核字（2011）第 209494 號

責任編輯：吳旭民　孫　暉
裝幀設計：吳均卿
技術編輯：王建中
數碼攝影：蔡志榮　熊　洋

北京大學藏西漢竹書［貳］

北京大學出土文獻研究所　編

上　海　古　籍　出　版　社　出版發行
（上海瑞金二路 272 號　郵政編碼 200020）

網　址：www.guji.com.cn
E-mail：guji1@guji.com.cn
易文網：www.ewen.co

上海界龍藝術印刷有限公司印刷
開本 889×1194　1/8　印張 31　插頁 6　字數 250,000
2012 年 12 月第 1 版　2021 年 8 月第 3 次印刷
ISBN 978-7-5325-6099-8/K.1441
定價：1280.00 元
如發生質量問題，請與承印公司聯繫